나, 너 그리고 우리
교회를 살다

마음으로 읽는 에베소서

나, 너 그리고 우리
교회를 살다

초판인쇄일 | 2022년 11월 27일
초판발행일 | 2022년 11월 27일

지은이 | 이준행
펴낸곳 | 밥티조출판사
주   소 | 인천시 중구 홍예문로 68번길 4-5
등록번호 | 제2012-000009호
등록일자 | 2012년 12월 3일

Printed in Korea
ISBN 979-11-970573-9-7 03230
값 18,000원

마음으로 읽는 에베소서

나, 너 그리고 우리
교회를 살다

이준행 지음

밥티조

추천의 글

이준행 목사의 『나, 너 그리고 우리 교회를 살다』가 출간된 것을 진심으로 축하한다. 사선을 넘은 지 6년째인 이목사는 이미 생사를 초월한 삶을 날마다 몸으로 살아내고 있다. 오늘이 마지막이라는 마음과 자세로 하루하루를 선물처럼 소중히 여기며 단순하게 세 가지에 집중하는 삶을 누리고 있는데, "하나님과 아내와 교회를 사랑하는 일"이다. 그것으로 자신이 존재해야 할 목적과 이유이며 중요한 가치라고 고백하는데 그것만 봐도 이 책이 얼마나 중요한지 알 것이다.

이 목사에게 교회는 단순히 제도나 조직이 아니라 생명의 공동체이다. 그에게 교회는 목회의 일부나 생활의 터전이 아닌 삶의 전부다. 그와 교제할 때마다 느끼는 것이지만 교회를 빼고선 이 목사를 말할 수가 없으며 온전히 이해할 수도 없을 만큼 그는 교회와 하나이다. 교회가 주님의 몸이듯, 이 목사도 주님의 몸 된 교회를 떠나서는 아무것도 아닐 정도로 교회 그 자체다.

그와 함께 읽을 에베소서가 벌써 기다려지고 기대되는 이유가 이것이다. 자신의 말대로 이 목사는 신학자가 아니며, 본서는 이론적으로 정립한 책이나 학문적으로 접근한 책도 아니다. 그와 함께 읽는 에베소서는 그의 삶의 발자취이며 눈물의 흔적이자 기도와 사랑의 결정체이다.

오늘날 세상에서 빛을 잃고, 맛을 잃어가는 소금같이 교회가 무기력해지고, 흔들리며, 위축되고 있는 때에 이 책이야말로 시의적절하게 출간되었다고 믿는다. 이 책이 한국교회에 주시는 아름다운 선물이 되어, 한국교회를 새롭게 인도하는 나침반이 되길 바라며 기쁘게 추천한다.

순회 선교사 김형윤 목사

추천의 글

이준행 목사님을 알게 된 것은 선교지에서 돌아와 명일동의 아름다운 교회를 목회하면서입니다. 만나면 만날수록 '겸손하시고, 사랑이 많으시구나'라고 느꼈습니다. 그런데 이번에 귀한 책을 편찬하시며 추천의 글을 부탁하셨기에 천천히 목사님께서 써 내려가신 글을 보았습니다. 목회자라는 인생의 길에서 조용히 그동안 걸어왔던 믿음의 길을 되새기며 쓰신 한 문장 한 문장의 글이 울림이 되었습니다. 하나님의 말씀을 삶으로 녹여 에베소서를 기록으로 남기셨습니다. '마음으로 해석한 에베소서'라고 말해도 지나치지 않을 것 같습니다.

천천히 한 장 한 장 읽을 때 마음속에서 깊은 감동이 일어났습니다. 그동안 제가 했던 설교가 너무나 초라하게 여겨졌습니다. 삶을 담고 녹이는 설교가 바로 이런 것이구나를 깨닫게 되었습니다. 에베소서 안에 하나님의 사랑을 너무나 부드럽게 담아내어 주셨습니다.

나, 너 그리고 우리 교회를 살다

하나님의 손길에 변화된 목사님 자신의 모습으로 지금까지 목회하시면서 그 사랑을 너무나 감동스럽게 설교에 담아내셨습니다.

지금도 주님과 믿음의 동역자들과 함께 걸으시며 목회하시는 목사님을 예수님의 이름으로 축복합니다. 그리고 많은 독자에게 이준행 목사님의 삶으로 해석한 『나, 너 그리고 우리 교회를 살다』를 기쁨으로 추천합니다.

아름다운교회 이영은 목사

"목사님, 기도하며 기다릴게요."

내 손을 꼭 잡고 미소짓는 지체들 유재영, 박진영, 성요창, 안하성, 김영임, 강희숙… 그리고 사랑하는 아내의 환송을 받으며 수술실로 옮겨졌다.

"숨을 크게 들이 마시세요."

8시간을 넘게 하는 수술을 염려하는 사람들도 많았지만, 오히려 나는 깊은 잠을 주시는 하나님께 감사하며 흥얼흥얼 노래를 부르다가 잠이 들었다. 얼마를 지났을까? 누군가 나를 흔들며 깨우는 소리가 들려왔다. 눈을 떠보니 형광 불빛 사이로 낯익은 얼굴들이 보였다. 잠들기 전에 미소짓던 사랑하는 지체들의 얼굴이었다. 여전히 미소짓는 그들이 팔과 다리를 주무르며 나를 흔들어 깨우고 있었다. 내 심장을 뛰게 하는 사람들, 교회들이었다.

목회자의 한 사람으로 모세가 처한 상황이 너무 가슴 아프게 들려온다. 평생 약속의 땅을 꿈꾸며 살아왔다. 모세가 겪었던 40년의 광야 생활은 눈물과 땀, 피로 얼룩진 시간이었다. 고달팠던 시간도 약속의 땅이 있었기에 참고 견뎌낼 수 있었다. 이제 그 약속의 땅 앞에 서 있는데, 청천벽력과 같은 말씀을 하신다. "너는 여기까지다."

아직도 기력이 쇠하지 않고 눈이 흐려지지도 않아서 정정한데, 죽어야 한다면 억울할 것이다. 능력과 지혜가 탁월하고 앞으로도 충분한 지도력을 발휘할 수 있는데도 불구하고 죽어야 한다면 하나님이 원망스러울 수도 있을 것이다.

죽음이라는 상황이 눈앞에 다가왔을 때 모세와 비슷한 생각이 들었다. "하나님, 여기까지입니까?" 육십 세가 거의 다 되었으면 아쉬울 것도 없다는 생각과 아직은 좀 아쉽다는 생각이 교차되었다. 죽음이 다가오면 아쉽고 두려워서 우울해지는 사람이 있고, 오히려 "나의 남아있는 인생에 가장 중요한 일은 무엇인가? 어떻게 내 인생을 집중시켜야 하는가?" 삶의 우선순위가 명확해지는 사람이 있다. 모세가 광야 40년을 정리하여 신명기 설교에 집중했듯이, 나 역시 생명의 복음과 교회에 집중하고 싶었다. 가능하지 않으리라고 생각했던 요한복음 설교를 마치고, (마음으로 읽는 요한복음)『도망갈 수 없었던 그 길』과 『저항할 수 없었던 그 길』을 출간할 때 얼마나 가슴이 벅찼던가? 하나님의 말씀은 정확하지만, "1년 정도 살 것입니다."라던 의사의 말은 틀릴 수도 있어서 감사하다.

나는 목회 혹은 교회에 관한 책을 쓸 생각이 없었다. 신학적인 질문과 해석은 전공한 학자들의 몫이라고 생각한다. 다만 목회자로 살아온 날들을 되돌아보며 나의 남은 인생에 채우고 싶은 중요한 가치들을 사랑하는 이들의 마음에 안겨주고 싶었다. 그 염원으로 미션월드에 기고했던 칼럼의 내용을 정리하여 『아하, 이것이 교회구나』라는 책을 집필했었다. 독자들로부터 교회를 새롭게 이해하게 되었다는 감사의 말도 들었고, 그 내용을 지금의 목회 시각으로 다시 정리하면 어떻겠느냐고 권면하는 이들도 있었다.

이 책을 집필한 후 나에게 목회 위기라 할 수 있는 엄청난 변화가 있었다. 췌장을 누르고 있는 하부 담도암이 발견되었고, 나와 교회 모두는 이 상황이 주는 하나님의 교훈에 집중하였다. 우여곡절 끝에 수술하고 치료하는 과정에서 깨닫게 된 목회의 패러다임이 새롭게 정비되었다. "무엇을 위하여 이렇게 달려왔고, 어떻게 나아가야 하는가?" 나와 교회는 기본적인 질문 앞에서 새로운 답을 찾아야만 했다. 이 질문은 나와 교회만의 문제가 아니라 독자나 혹은 예수 그리스도를 모르는 분들에게도 매우 중요한 질문이다. 속도보다 중요한 것이 방향이라고 하지 않는가? 이 질문을 가지고 하나님 앞에 단독자로 서 보지 못했다면 매우 불행한 삶이라 할 수 있다.

예수님도 고통으로 고민하여 죽게 된 때도 있었는데 하물며 주님을 따르는 제자들에게 어찌 예측 불가능한 고통이 없겠는가? 나름대로 밤낮 수고하며 지체들과 함께하려고 애썼고, 돈 욕심도 드러내지 않고, 주님의 십자가를 붙들고 눈물 흘리며 바르게 목회하려고 애써왔는데도 불구하고 목회를 뒤흔드는 고통은 한순간에 다가왔고, 사랑하는 지체들도 크게 영향을 받았다.

1년 후 재발 될 확률이 80% 이상이며 방사선 치료 후 6개월 동안 항암치료를 받아야 한다는 의사에게 "그리스도인에게는 죽음도 하나님 우리 아버지의 품 안으로 달려가는 새로운 희망"이라는 말로 거절하고, 걸어온 삶과 걸어갈 나의 삶에 꼭 필요한 질문을 던졌다. "나의 남은 인생에 채우고 싶은 소중한 가치는 무엇인가?" 이 질문에 대한 답을 하나하나 찾아가며 조심조심 목회해왔고, 이 답이 지극히 주관적일지라도 사랑하는 이들의 마음에 들려줌으로 그들의 사랑에 조금이나마 보답하고 싶어서『나는 너로, 너는 나로 이룬 교회로 살다』를 집필하게 되었다.

한 순간에 찾아온 고통이 나와 지체들을 당황하게 했지만, 그 고통이 준 유익한 점이 더 많았다. 먼저 중요한 일과 덜 중요한 일의 우선순위를 명확하게 구분하여 중요한 일에 집중할 수 있게 되었고, 영혼의 가치도 새롭게 보였다. 지체들이 겪는 고통에 매우 실제적으로 접근하려는 태도도 생겨났다. 중요한 가치는 두말할 것도 없이 하나님을 사랑하는 일, 아내를 사랑하는 일, 교회를 사랑하는 일이다. 이 가치야말로 내가 이 땅에 존재해야 할 이유요 목적이다.

내게 다가온 고통은 이 가치에 집중할 수 있도록 내 삶을 이끌어가는 하나님의 지침이 되었다. 나에게 남겨진 시간이 얼마나 될지 알 수 없다. 하지만 묵묵히 손잡아주며 아름다운 추억 하나하나를 마음에 새겨가는 아내와 지체들이 진심으로 고맙다. 이 책이 사랑하는 이들을 향한 내 마음의 선물이 되길 소망하며 도와주신 모든 지체들에게 감사를 드린다.

차례

에베소서 1장

하나님의 뜻으로 말미암아

에베소서 2장

허물과 죄로 죽었던 너희를 살리셨도다

■ 에필로그

에베소서 1장

하나님의 뜻으로
말미암아

◆

건강하고 행복한 사랑 공동체
찬송하리로다
우리는 하나님의 자녀입니다
사랑의 기적을 만드는 사람들
하나님 나라의 상속자들
마음의 눈을 열어 주소서
멈출 것, 멈출 수 없는 것

건강하고 행복한
사랑 공동체

에베소서 1장 1절

하나님의 뜻으로 말미암아 그리스도 예수의 사도 된 바울은
에베소에 있는 성도들과 그리스도 예수 안에 있는
신실한 자들에게 편지하노니

형제들이 이야기할 때 자매들이 싫어하는 주제가 있습니다. 군대 이야기, 축구 이야기, 군대에서 축구한 이야기… 한 사람이 군대 이야기를 꺼내면 덩달아서 자기도 고생한 이야기를 꺼냅니다. 방위로 다녀오신 분은 할 이야기가 좀 적겠지만, 그래도 조금은 할 이야기가 있습니다. 빡시게 훈련받으며 고생한 경험이 오래도록 뇌리에 남아 있기 때문입니다. 함께 동역하며 얻은 이익을 나누는 것도 좋은 일이지만, 함께 고생하며 고난을 견디어낸 경험이 더 행복하고, 할 말도 훨씬 더 많습니다.

요즈음 QT에서 빌레몬서와 골로새서를 묵상하고 있습니다. 바울이 빌레몬에게 문안하는 사람들을 거론하면서, 갇힌 중에서 낳은 아들 오네시모, 나와 함께 갇힌 자 에바브라, 나의 동역자 마가, 아

나, 너 그리고 우리 교회를 살다

리스다고, 데마, 누가라고 소개합니다. 십자가 생명의 복음을 전하면서 함께 감옥에 갇히며, 고난을 공감하고 있기에 그 이름만 불러도 할 이야기도 많고, 서로의 심장을 뛰게 하는 사람들입니다. 함께 고난을 겪으며 성숙한 사랑이기에, 형제의 사랑으로 자신의 인생이 아름답고, 평화롭고, 비록 갇힌 자로 있어도 형제들을 생각하면 감사가 솟구치고 그 이름을 기도로 올립니다. 이런 관계를 이룬 사람들을 우리는 믿음으로 교제하는 지체요, 한 몸이요, 교회라고 말합니다.

한 몸을 이룬 교회의 이름으로 전에는 종이었으나 이제는 형제인 오네시모, 전에는 무익했으나 이제는 유익한 오네시모, 예수 그 이름으로 변화된 오네시모를 용납해 달라고 부탁하는 편지에서 주목할만한 문장 하나를 발견합니다. "네 집에 있는 교회에 편지한다." 빌레몬의 집에 있는 교회가 골로새서입니다. 그래서 빌레몬서와 골로새서를 함께 읽으면 이해가 쉽습니다.

우리는 "교회를 다닌다. 교회에 가서 예배드린다."라는 표현에 익숙합니다. 교회를 장소나 혹은 건물의 개념으로 인식합니다. 그런데 바울은 집 안에 교회가 살고 있다고 생각합니다. 바울에게 있어서 교회는, 자신의 심장을 뛰게 하는 형제 빌레몬, 자매 압비아, 함께 용사된 아킵보…이런 사람들입니다. 그 이름이 감사요, 기도요, 사랑이요, 생명입니다. 이런 사랑의 관계 속에서 편지를 읽어야 심장이 뛰고, 감사가 터지고, 기도에 그 이름을 올려 드리게 됩니다.

입대하여 장교가 되기 위해 좀 힘든 훈련을 받을 때, 아버지에게

바울이 보낸 편지가 2천 년 만에
우리 대공원 교회에 도착하여,
우리가 그 편지를 펼쳐 들고,
우리 교회를 그리워하는 바울의 마음을
생각하며 함께 읽어가는 편지입니다.

서 편지가 왔습니다. "아들아, 날씨가 징그럽게 추운데 훈련받느라 고생한다. 우리는 다 잘 지내니 집안 걱정은 말고, 건강하게 지내거라. 보고 싶구나. 사랑하는 아들!" 맞춤법도 틀리고, 중요한 내용도 별로 없는 편지였지만, 편지를 받고 엉엉 울었던 기억이 있습니다. 다른 사람이 읽으면 별로 감동이 없는 평범한 내용이지만, 아버지와 아들의 관계 속에서 읽으면 아버지의 마음이 보이기에, 심장이 뛰고 그리움으로 북받치는 눈물이 흘러내리고 사랑의 감격이 넘치는 편지입니다.

이처럼 성경은 하나님이 사랑하는 자녀에게 보낸 연애편지입니다. 아버지와 아들의 관계 속에서 읽어야 십자가 생명의 사랑이 흘러넘쳐서, 읽다가 가슴 뭉클하여 울고, 감사해서 웃고, 위로와 격려를 받아 일어설 힘을 갖게 됩니다.

우리는 이러한 편지를 함께 읽어가려고 합니다. 에베소서는 바울이 교회를 그리워하며 한 글자 한 글자 사랑을 담아 보낸 편지입니다. 에베소 교회에게 보낸 편지지만, 좀 더 넓게 해석하면 이 세상에 있는 모든 교회에게 보낸 편지입니다. 바울이 보낸 편지가 2천 년 만에 우리 대공원 교회에 도착하여, 우리가 그 편지를 펼쳐 들고, 우리 교회를 그리워하는 바울의 마음을 생각하며 함께 읽어가는 편지입니다.

에베소서를 바울서신의 꽃이요, 면류관이라고 부르는 신학자들

나, 너 그리고 우리 교회를 살다

이 있습니다. 그만큼 바울의 마음에 담긴 교회의 모습이 가장 잘 나타나 있는 서신서라는 의미입니다. "하나님의 마음에 담긴 교회는 어떠한 모습인가?" "하나님은 많고 많은 교회들 중에 왜 대공원 교회를 세우셨는가?" 이러한 질문에 대한 답을 주는 편지입니다.

우리 교회는 작은 교회 중의 하나입니다. 그렇지만 작은 교회라고 해서 건강하지 못하다는 의미는 아닙니다. 큰 교회도 건강하지 못한 교회들이 참으로 많습니다. 성경은 그 어디에서도 교회들을 향하여 "대형 교회가 되라."고 말한 곳이 없습니다. 다만 "복음을 증거하는 일에 게으르지 말고, 열심을 품고, 잃어버린 영혼을 구원하라."고 말씀합니다.

교회는 크고 작은 것의 문제가 아닙니다. 교회 자체로서 영광스럽고 생명력을 지닌 주님의 몸이요, 하나님의 가족 공동체입니다. 여러분이 아버지라면 가족의 수가 늘어가는 것을 목표로 세우겠습니까? 아니면 건강하고 행복하고 뜨겁게 사랑하는 것을 목표로 세우겠습니까? 우리 하나님 아버지도 마찬가지입니다. 교회가 건강하고 행복하고 뜨겁게 사랑하는 것을 기대하실 것입니다.

약 40년 후, 로마의 도미티안 황제의 박해로 교회가 어려움을 당할 때 요한은 계시록에서 에베소 교회를 언급합니다. "너를 책망할 것이 있나니 너의 처음 사랑을 버렸느니라"(2:4) 에베소 교회를 향하여 처음 사랑을 버렸다고 책망합니다. 그렇다면 계시록 상황이 오기 전의 에베소 교회는 서로를 향한 뜨거운 사랑이 흘러넘쳤던 교회였음을 짐작할 수 있습니다.

에베소 교회에게 나타난 사랑의 출발은 하나님이십니다. 우리가 먼저 주님을 사랑한 것이 아닙니다. 주님이 먼저 우리를 사랑했습니다. 주님이 먼저 우리를 택하여 불러주셨고 교회를 이루도록 사랑을 부어주셨습니다. 그 사랑이 내 안에 흘러넘쳐야 서로를 사랑할 수 있는 힘이 생겨납니다.

이 사랑을 경험한 바울은 말합니다. "만일 하나님이 나를 택하셨다면, 하나님이 나를 사랑하셨다면 누가 우리를 송사하리요 누가 우리를 괴롭히리요 누가 우리를 죽이겠느냐 그 무엇으로도 우리를 하나님의 사랑에서 끊을 수 없느니라" 이런 확신이 있는 사람들은 형제를 사랑하고 섬기는 일을 주저하지 않습니다. 바울은 이러한 형제들에게 편지를 보냅니다.

> **1절** 하나님의 뜻으로 말미암아 그리스도 예수의 사도된 바울은 에베소에 있는 성도들과 그리스도 예수 안에 있는 신실한 자들에게 편지하노니

발신자는 하나님의 뜻으로 말미암아 그리스도 예수의 사도가 된 바울입니다. 수신자는 에베소에 있는 성도들입니다. 성도는 거룩한 자, 구별된 자라는 의미입니다. "거룩하십니까?"라고 물으면 대부분 "나는 예수님을 잘 믿으려고 노력하지만 거룩하지는 못한 것 같습니다."라고 대답하는 분들이 많습니다. "거룩하다"라고 말하려면 자신의 양심, 언어와 삶의 태도들이 생각나서 자신이 없어지고 조금

부담스럽습니다. 그래서 오늘날 교회가 세상을 비추는 빛과 소금의 역할을 감당하지 못합니다.

"우리 교회는 어떻게 빛을 발하고 있는가? 우리 교회의 좋은 점과 부족한 점은 무엇인가?" 여러 영역에서 평가할 수 있지만, 우리가 나누고 있는 메시지와 묵상의 영역을 먼저 살펴봅니다. 칼 베이터스 목사는 "나는 이런 설교가 듣고 싶다."라는 강의를 통해 말씀이 흘러가는 기준을 제시합니다.

1. 나는 하나님의 말씀을 있는 그대로 듣고 싶다. 성경 말씀을 우리의 상황에 꿰어맞추기 위해 억지로 꾸미는 것이 아니라 가능한 성경 본문이 말하는 내용을 그대로 풀어가며 전하는 것이 좋은 설교입니다.

2. 나는 예수님이 얼마나 위대한지를 듣고 싶다. 예수님이 중심이 되는 설교가 좋은 설교입니다. 물론 도덕도 있고, 정치와 세상을 살아가는 지혜도 있지만 성경은 "예수님이 우리를 얼마나 사랑하는가? 예수 그리스도의 십자가 피 흘리신 사건이 얼마나 위대한 일인가?"를 말하는 것이 핵심입니다.

3. 나는 설교자에게서 그들의 힘든 고민을 듣고 싶다. 설교하는 목사도 수많은 갈등과 고민이 있습니다. 반면에 하나님과 성경은 언제나 옳습니다. 하지만 목사의 삶은 언제나 옳은 것은 아닙니다. 이런 목사의 고민과 갈등을 숨기지 않고, 말씀 앞에 노출시키는 설교가 좋은 설교입니다.

4. 나는 성도를 잘 알고 사랑하는 목사에게 듣고 싶다. 인터넷이나 TV에서도 유명한 분의 설교를 들을 수 있습니다. 하지만 그들과 우리

는 사랑하는 마음이 연결되어 있지 않습니다. 사랑하는 목사에게 설교를 들어야 좋은 설교입니다. 저는 여러분을 사랑합니다. 사랑하기에 탁월한 설교는 하지 못해도 마음과 마음이 소통하는 설교를 하려는 마음으로 준비합니다.

5. 나는 설교를 듣고 무언가 할 수 있기를 원한다. 은혜만 받는 설교는 좋은 설교라고 할 수 없습니다. 은혜를 받았으면(채움) 변화(회개)와 사명(나눔)으로 이어져야 합니다. 건강한 사람은 잘 먹기도 하지만 그 에너지를 사용하는 운동이나 일을 잘합니다. 잘 먹기만 하면 비만해지고, 먹지 못하고 일만 하면 병이 생깁니다. 채웠으면 나누어야 건강합니다. 회개와 나눔을 도전하는 설교가 좋은 설교입니다. 저는 이런 내용을 적용하여 설교하고 아침 묵상을 나누려고 애씁니다. 개인적인 생각이지만 우리 교회의 메시지와 아침마다 나누는 묵상이 생명력이 있다고 감히 말합니다. 그리고 이 메시지를 함께 나누며 교제하는 것이 장점이라고 생각합니다.

하지만 지난 시간을 되돌아보면 단점도 많이 발견됩니다. 잘 아는 것 같은데 간증도 적고, 목자로 섬기려는 열정도 부족하고, 새로운 영혼이 전도되지 못하여 정체되어 있다는 느낌을 받습니다. 은혜는 받는데, 적극적으로 사명을 감당하는 영역이 좀 부족하다는 느낌입니다. 물론 코로나로 인하여 교회에 대한 부정적인 이미지도 많이 생겼고 믿음의 교제도 활발할 수 없지만 복음을 전하는 일은 그 어떤 것으로도 핑계댈 수 없습니다. 우리는 성도입니다. 거룩함을 회복해야 합니다. 세상과는 가치관이나 삶의 양식이 구별되어야 합니

나, 너 그리고 우리 교회를 살다

다. 이 거룩함을 이루려는 열정을 위해 기도하기 바랍니다. 열정은 혼자 느끼는 것보다 함께 느껴야 강력해집니다. 모닥불처럼 타오르려면 모아야 합니다.

교회가 이 땅에 존재하는 이유가 무엇일까요? 우리끼리 은혜받고, 우리끼리 잘 먹고, 우리끼리 충만히 누리기 위함은 결코 아닐 것입니다. 채우기만 하면 비만해지고 병이 듭니다. 교회가 커져도 건강하지 못합니다. 건강하려면 혈액이 활발하게 온몸을 흐르듯이 믿음의 교제를 나누어야 합니다. 잃어버린 영혼에게 생명의 복음을 말하며 선교에 적극적으로 참여해야 합니다. 가난한 이웃을 적극적으로 구제해야 합니다. 이러한 나눔에 우리의 열정을 모아야 합니다. 이처럼 협력하는 사람들을 동역자라고 합니다.

바울은 이러한 동역자들을 또 다른 표현으로 "예수 그리스도 안에서 신실한 자들"이라고 표현합니다. 신실하다는 것은 믿음직스럽다는 의미입니다. "형제는 내 가슴을 뜨겁게 하는 믿음직스러운 사람입니다. 자매는 보증수표입니다. 서로를 지지하고, 격려하고, 기도하는 후원자입니다." 이런 의미를 담고 있는 자가 신실한 자입니다. 거룩한 자로, 신실한 자로, 서로 뜨겁게 사랑하는 자로 마음을 모아서 행복하고 건강한 사랑 공동체를 꿈꾸길 소망합니다.

찬송
하리로다

에베소서 1장 3-4절

찬송하리로다 하나님 곧 우리 주 예수 그리스도의 아버지께서
그리스도 안에서 하늘에 속한 모든 신령한 복을 우리에게 주시되
곧 창세 전에 그리스도 안에서 우리를 택하사

병으로 나약해진 한 남자가 건강해지고 싶은 소원을 가지고 기도했습니다. 어느 날 하나님이 꿈에 나타나 말하였습니다. "사랑하는 아들아! 집 앞에 있는 바위를 매일 기도하면서 밀어라!" 그 집 앞에는 큰 바위가 있었는데 그 바위 때문에 집 출입이 너무 힘들었습니다. 움직일 것 같지 않았지만 그는 믿음으로 매일 기도하면서 바위를 밀었습니다. 1년이 지난 후에 바위의 위치를 자세히 측량해 보았습니다. 그 결과 바위가 1cm도 옮겨지지 않은 것을 발견했습니다. 그는 현관에 앉아 지난 8개월 이상의 헛수고가 원통하고 슬펐습니다. "내가 개꿈을 꾸고 헛짓을 했구나."

그날 밤에 꿈속에서 하나님이 찾아와 그 옆에 앉으며 말했습니다. "사랑하는 아들아! 왜 그렇게 슬퍼하지?" "지난 1년 동안 희망을 품고 바위를 밀었는데 바위가 전혀 옮겨지지 않았습니다." "나는 네게 바위를 옮기라고 말한 적이 없단다. 그냥 바위를 밀라고 했을 뿐이야. 이제 거울로 가서 너 자신을 보렴." 거울 앞에서 그는 자신의 변화된 모습에 깜짝 놀랐습니다. 거울에 비춰진 남자는 병약한 남자가 아니라 근육질의 남자였습니다. 동시에 깨달음이 스쳐 지나갔습니다. "지난 1년 동안 밤마다 하던 기침이 없어졌구나! 매일 기분이 상쾌했었고 잠도 잘 잤었지."

하나님의 계획은 '바위를 옮기는 것'이 아니라 '그를 변화시키는 것'이었습니다. 그의 변화는 '바위를 옮겼기 때문'이 아니라, '바위를 밀었기 때문'에 생겼습니다. 지난해 우리는 움직이지 않는 바위처럼 우리 앞을 막아선 코로나를 밀어내느라 애썼습니다. 새해 첫 시간이 되어도 코로나는 여전히 우리 앞에 버티고 있습니다. 하지만 우리는 코로나로 인해서 느슨했던 신앙을 점검했고 감사하지 못했던 일상을 회개했습니다. 하나님의 은혜와 평강은 우리가 생각할 수 없었던 전혀 다른 방법으로 우리의 삶 속에 충만하게 밀려옵니다. 하나님은 때때로 우리 앞에 있는 시련을 없애는 것이 아니라, 그 시련으로 우리를 단련하시기도 합니다.

어느 사회학 교수가 빈민가에서 살면서도 성공한 사람들을 찾아가 인터뷰했습니다. "당신이 성공할 수 있었던 가장 큰 이유가 무엇입니까?" 대답은 모두 한결같았습니다. "우리에게는 좋은 선생님 한 분이 계셨습니다. 그분이 우리에게 바른 길을 가르쳐주셔서 잘못된 길로 가지 않을 수 있었습니다." 그 선생이 아직도 생존해 있다는 사실이 알고 수소문 끝에 그 선생을 찾아가서 물었습니다.

"도대체 어떤 기적적인 교육 방법으로 빈민가 청소년들을 이처럼 성공적인 인생으로 이끌 수 있었습니까?" 나이가 지긋이 든 선한 눈을 간직한 선생은 작은 미소를 지으며 이렇게 말했습니다. "그것은 정말 간단한 일이었어요. 난 그 아이들을 가르친 것은 별로 없습니다. 다만 그 아이들을 사랑했답니다."

사랑의 힘은 '위대하다'라는 말로도 표현이 안될 만큼 크고도 아름답습니다. 똑똑한 교사가 위대한 교사가 아닙니다. 아이들의 영혼을 사랑하는 교사가 위대한 교사입니다. 성경 지식과 교회 행정을 탁월하게 잘 아는 사람이 선한 목자가 아닙니다. 지체들을 사랑하는 목자가 선한 목자입니다. 서로를 사랑하는 지체들로 이루어진 교회가 아름다운 교회입니다. 바울이 꿈꾸었던 교회가 바로 이런 교회입니다.

이와 같은 사랑의 힘이 움직이는 교회를 말하려고 펜을 들었는데 교회라는 말을 하기 전부터 마음에 감동이 되어 온몸을 부르르 떨립니다. 생각만 해도 가슴이 떨리고 찬송이 나옵니다. 첫마디를 다음과 같이 시작합니다.

> **3절** 찬송하리로다 하나님 곧 우리 주 예수 그리스도의 아버지께서 그리스도 안에서 하늘에 속한 모든 신령한 복으로 우리에게 복 주시되

본래 '할렐루야'는 하나님을 찬송한다는 말입니다. 감옥 안에서 편지를 쓰면서 첫마디로 '할렐루야'를 외쳤습니다. 이와 같은 놀라운 감격으로 시작할 수밖에 없는 이유가 무엇일까요? 교회에게 주신 신령한 복 때문에 그렇습니다. 이 복은 바울을 감옥에 가두어도 막을 수 없는 복입니다. 이 복은 어떤 어려운 환경이나 고통이나 억압으로도 막을 수 없는 복입니다. 감옥 안에서도 찬송을 부르게 하는 복입니다. 환경을 초월하는 복입니다. 거친 풍랑 앞에서도 여유를 가질 수 있는 복입니다.

신령한 복으로 "우리에게 복 주시되" 이 문장은 현재 완료형입니다. 신령한 복이 과거에 끝나버린 것이 아니라 어제 주신 그 복을 오늘도 주실 것이고, 오늘 주시는 그 복을 내일도 주실 것이고, 영원토록 주실 것입니다. 이 복은 우리가 사는 날 동안 계속해서 우리에게 임할 것입니다. 그러니 이 복을 알고 있는 사람이라면 날마다 '할렐루야'를 외치지 않겠습니까?

1996년 10월 3일로 기억합니다. 제가 피지에서 생활하고 있을 때, 멋진 결혼기념일을 보내기 위해 분위기 있는 선상 식당에서 저녁 식사를 했습니다. 그 식당에서 제일 비싼 바닷가재를 통째로 구운 랍스타 그릴을 주문했습니다. 물론 그 식당 안에는 평소에 볼 수 없는 온갖 진귀한 열대 과일과 음식들이 줄지어 뷔페로 차려져 있었습니다. 그 음식들도 먹고 싶었지만 우리는 그보다도 더 비싼 바닷가재를 통째로 구운 랍스타 그릴을 시켰으므로 뱃속에서 쪼르륵 소리가 날지라도 참아 기다릴 수 있었습니다.

한참을 기다리고 있는데 종업원이 와서 묻습니다. "왜 음식을 먹지 않고 있습니까?" "랍스타 그릴을 주문하고 기다리는 중입니다." 그러자 종업원이 말했습니다. "랍스타 그릴을 주문하면 이 배 안에 있는 모든 음식은 공짜입니다. 랍스타 그릴에 모든 음식의 요금이 포함되어 있습니다. 자유롭게 음식을 즐기십시오." 그 순간 저는 뒤로 넘어질 뻔했습니다. 이와 같은 상황에서 터져 나온 감탄사가 "찬송하리로다"입니다.

나를 위해서 준비된 이 모든 음식을 하마터면 하나도 먹지 못할 뻔했지만, 내게 주어진 권리를 안 순간부터 저의 태도는 확 달라졌습니다. 그때부터 모든 음식을 즐기기 시작했습니다. 너무 많이 먹어서 바닷가재는 먹지도 못하고 포장해서 들고 왔습니다. 만일 모든 음식을 먹을 권리가 있다는 사실을 몰라서 나를 위해 준비된 음식들을 하나도 먹지 못하고 왔다면 얼마나 억울했을까요?

그리스도인 중에도 이런 분들이 있습니다. 예수 그리스도를 주님으로 영접하고 그분과 함께 교회를 이루는 순간부터 하늘에 속한 신령한 복들이 왕창 임했는데, 제대로 알지 못해서 신령한 복을 하나도 누리지 못하고 고통 가운데 살아간다면 얼마나 억울하고 속상하겠습니까? 바울은 이 사실을 알려주고 싶어서 신령한 복을 말하려다가 너무 큰 감동이 밀려와서 신령한 복을 말하기도 전에 "찬송하리로다"라고 감탄의 소리를 먼저 발하는 것입니다.

이 복은 예수님과 사랑에 빠지는 복입니다. 그 사랑이 너무 깊어져서 초지일관 예수님 없으면 죽겠다고 쫓아가는 복입니다. 남녀 간의 사랑도 "당신 없으면 못 살겠다."는 남자하고 살아야 행복합니다. "당신 없으면 세상을 다 주어도 재미없다."는 여자하고 살아야 복 받은 남자입니다. 이런 사랑 한번 해보아야 하지 않겠어요? 춘향이에게 몽룡이가 있어서 행복한 것 아니겠습니까? 비록 거지꼴로 왔을지라도 감사한 것입니다. 천하 은금을 다 주어도 변 사또와 살면 살아가는 재미가 없습니다.

남녀 간의 사랑과는 비교할 수도 없이 영원한 사랑에 푹 빠지는 복이 있습니다. 이 복이 신령한 복입니다. 이런 복을 받은 사람은 "주님 덕분에 행복합니다. 주님이 좋아서 미치겠어요. 살맛이 납니다." 이런 말을 합니다. 이런 내용을 담아낸 표현이 "찬송하리로다."라는 감탄사입니다. 하나님께서도 교회를 이룬 하나님의 자녀들에게 이런 말을 합니다. "너 때문에 좋아 죽겠다. 너 때문에 내가 행복해. 내가 살맛이 난다." 하나님께 이런 말을 듣게 된다면 어떻게 반응하시겠습니까? 머리 조아리고, 목숨이 붙어 있는 한 죽기로 충성을 다짐하고 다짐해야 하지 않겠어요? 하나님께서는 이렇게 고백하는 형제자매들로 교회를 만드신 것입니다. 그렇다면 언제부터 이런 교회로 계획되었을까요?

> **4절** 곧 창세 전에 그리스도 안에서 우리를 택하사 우리로 사랑 안에서 그 앞에 거룩하고 흠이 없게 하시려고

언제? 창세 전에, 어디서? 그리스도 안에서, 어떻게? 우리를 택하사, 하나님의 마음속에 우리를 사랑하시려는 위대한 계획이 세워졌습니다. 그리스도 안에서 우리를 택하시는 것입니다. 그리스도 안에서 사랑으로 우리의 모든 흠을 깨끗하게 없애버리는 것입니다. 우리의 모든 죄를 흰 눈보다도 더 희게, 양털보다도 더 희게 씻어서 다시는 기억도 하지 않는 것입니다. 예수 그리스도의 십자가 피로, 그분의 생명으로 우리를 거룩하게 만들어 영원토록 사랑하시는 것입니다. 이 모든 계획이 그리스도 안에서 이루어집니다. 그리스도 밖에서는 절대로 이루어지지 않습니다. 오직 그리스도 안에서만 이루어집니다.

바울은 습관처럼 '그리스도 예수 안에서'라는 말을 자주 사용합니다. 그리스도 안에 있는 것과 그리스도 밖에 있는 것이 엄청나게 다르기 때문입니다. 그리스도 밖에 있는 사람이 그리스도 안에 들어오는 것은 천지가 개벽하는 것과 같습니다. 그리스도 밖에서 이 세상에 뭔가 소망이 있는 줄 알고 물질과 소유, 명예를 붙들고 살다가 어느 날 그것이 아니라는 사실을 깨닫고, 항복을 선언하고 그리스도 안으로 들어왔더니, 놀라운 하나님의 축복이 준비되어 있습니다. 창세 전부터 준비된 복입니다. 세상 환경이 우습게 보이는 복입니다. 주 예수 그리스도의 이름으로 승리하는 복입니다. 하나님이 우리와 함께하는 복입니다. 영원토록 하나님이 나를 사랑하시는 복입니다. 사람의 운명이 확 바뀌는 복입니다.

주님은 우리를 사랑하는 일에 생명을 걸었습니다. 그것이 십자가의 길입니다. 우리를 사랑하는 일에 생명을 걸 것을 창세 전에 계획하셨습니다. 사랑의 프러포즈를 받아보신 경험이 있습니까? 주님이 다이아몬드 반지보다 더 귀한 십자가를 내밀면서 사랑의 프러포즈를 하신 것입니다. 우리의 신랑이 되겠다고 교회를 신부로 초청하셨습니다. 주님을 사랑하는 일에 생명을 걸고 그리스도 안으로 들어오라고 손을 내미셨습니다. 그 안으로 들어오면 그리스도가 누리는 하늘의 신령한 복을 영원토록 함께 누리게 하십니다.

바울은 이 복이 너무 커서 감옥 안에서도 기뻐하며, "찬송하리로다. 할렐루야!" 고통 앞에서도 노래하며, 주님의 사랑으로 인하여 환경을 초월하는 인생을 살아갈 수 있었습니다. 이 복을 에베소 교회 지체들에게 말하며 "찬송하리로다. 할렐루야"라고 외친 것입니다.

주님이 생명으로 우리를 사랑하시고, 하늘의 모든 신령한 복을 바울과 에베소 교회에게만 주신 것이 아닙니다. 주님의 몸을 이루는 모든 교회에게 주셨고, 특별히 우리 대공원 교회에게 이 복을 충만하게 주신 줄 믿습니다. 이 복을 모르고 살아가면, 예수님을 믿는다고 말하면서도 힘든 인생이 될 것입니다. 그러나 이 복을 알면 우리의 인생이 확 달라집니다. 환경을 초월해서 서로를 사랑하며, 주님이 주신 이 사랑 때문에 할렐루야 찬송의 고백이 넘쳐날 것입니다. 이 찬송의 고백이 여러분의 삶에 충만하기를 소망합니다.

우리는 하나님의 자녀입니다

에베소서 1장 5-6절

그 기쁘신 뜻대로 우리를 예정하사 예수 그리스도로 말미암아
자기의 아들들이 되게 하셨으니
이는 그가 사랑하시는 자 안에서 우리에게 거저 주시는 바
그의 은혜의 영광을 찬송하게 하려는 것이라

조윤정 자매에게서 문자가 왔습니다. "몇 달 전 목사님이 문득 생각이 나더니 '내가 알고 있는 사람 중 제일 행복하게 살고 계시는 분 같다.'라는 생각이 들었습니다. 요즈음 자주 듣는 찬양인데 이 노래를 듣는 중에 또 목사님이 떠오르네요. 저도 목사님만큼 행복하게 지내고 싶네요. 예수를 사랑하고 교회로 살아가며 행복을 만끽하시는 목사님과 함께 듣고 싶은 찬양입니다." 이렇게 칭찬해주는 문자와 함께 '행복'이라는 찬양을 보내주었습니다.

"화려하지 않아도 정결하게 사는 삶

가진 것이 적어도 감사하며 사는 삶

내게 주신 작은 것 나눠주며 사는 삶

이것이 나의 삶의 행복이라오.~

세상은 알 수 없는 하나님의 선물

하나님의 자녀로 살아가는 것

이것이 행복이라오.”

우리는 하나님의 자녀라는 이유 하나만으로도 행복할 수밖에 없는 존재들입니다. 여러 번 반복해서 들으며 하나님의 자녀로 살아가는 삶이 얼마나 크고 감사한지, 얼마나 행복한지를 다시 한번 깊게 생각했습니다.

예수님께서 세리 마태의 집에 초대되신 적이 있습니다. 마태는 예수님을 초청한 후에 자기처럼 소외된 세리들을 불러서 함께 잔치를 베풀었습니다. 그때 그 잔치에 초대되지 않은 서기관들과 바리새인들이 예수님을 찾아와 도전합니다. “당신은 왜 죄인들과 함께 어울리는 것입니까?” 그때 예수님께서 말씀하셨습니다. “건강한 자에게는 의사가 쓸 데 없고 병든 자에게라야 쓸 데가 있나니 내가 의인을 부르러 온 것이 아니요, 죄인을 불러 회개시키러 왔노라” 눅 5:31-32 잃어버린 양을 찾으시는 목자의 심정으로, 집 나간 아들을 기다리는 아버지의 심정으로 우리를 불러서 하나님의 자녀로 삼았습니다.

병들었을 때는 의사의 말을 잘 듣습니다. 매년 정초에 “올해는 기필코 술과 담배를 끊으리라.” 다짐하면서도 끊지 못하는 사람들도 갑자기 가슴이 쿡쿡 찔러 아프고 숨이 막혀서 병원에 갔을 때 “선생님, 술과 담배를 끊어야 합니다. 지금같이 술 담배 유지하다간

6개월을 넘기기 힘들겠습니다."라는 의사의 말을 한번 들으면 그 순간부터 쉽게 끊습니다. 그러나 건강한 사람들이나 본인이 건강하다고 착각하고 사는 사람들, 자기가 지식이 더 많다고 생각하는 사람들은 의사의 말을 듣지 않습니다. 의사 말을 제일 잘 듣지 않는 사람들이 의사입니다. 자기도 잘 아니까 다른 의사의 말을 잘 듣지 않습니다.

"나는 마음에 심각한 병이 들었습니다. 나는 죄인 중의 괴수입니다." 이런 인식과 고백이 있는 사람은 예수님의 말씀이 구절구절마다 새롭고 감동이 오고 달콤합니다. 말씀이 생명으로 다가옵니다. 자기를 사랑하시고, 부족한 영역을 채우시는 이야기를 들을 때마다 감격하여 눈물을 흘리며 행복합니다. 말씀을 통해 인생의 목적을 발견하고 순종합니다.

설교할 때보다 설교를 준비할 때 받는 은혜가 더 클 때가 많습니다. 이 말씀을 묵상하면서 저 역시도 제 인생에 찾아오신 주님의 은혜에 감사했습니다. 여기까지 이르도록 영원한 생명을 주시고 성령으로 충만케 하시고 주님의 몸 된 교회의 꿈을 꾸며 섬기도록 목사되게 하신 은혜가 참으로 감사합니다. "매주 설교하는 것이 힘들지 않습니까?"라고 질문하는 분이 계십니다. 그럼 저는 "설교를 하지 못하게 되면 힘들 것입니다."라고 답변합니다. 하나님께서 고치신 이야기를 설교에 담아내는 일이 감사한 일입니다.

지난주에 다이아몬드 반지가 아니라 십자가를 우리의 손에 안겨주시면서 "나는 너의 신랑으로, 교회는 나의 신부로 프러포즈하셨구나.”라고 설교했는데 자매 한 분에게서 문자가 왔습니다. “잊고 있던 첫사랑을 기억나게 해주셔서 감사합니다. 말씀을 들으면서 행복했습니다.” 첫사랑을 기억하여 노래할 수 있음이 감사한 일입니다.

첫사랑이 창세 전에 계획되어서 우리가 그리스도 안으로 들어올 때 하나님의 자녀 되게 하셨습니다. 하나님이 온 천하 가운데서 그 시선을 나에게 집중시키시고 나를 향하여 말씀하시는 것입니다. “너는 내 사랑하는 아들이라. 너는 내 사랑하는 딸이라.” 하나님께서는 우리가 살아오는 동안 우리 곁을 한 번도 떠나신 적이 없습니다. 앞으로도 우리를 이끌어 주시고 우리의 등을 밀어주시며 일어나 걷도록 힘과 능력을 주실 것입니다. 이런 놀라운 이야기를 들어도 별로 감동이 없는 분들이 있습니다. 아직 치매 걸릴 나이도 아닌 것 같은데 자신이 하나님의 자녀가 되었다는 놀랍고도 위대한 사실을 까마득하게 잊어버리고 살아갑니다.

얼마 전부터 안면 근육에 떨림 현상이 일어나서 알아보다가 파킨슨병의 전조증상일 수도 있다는 글을 읽었습니다. 그날 밤 치매가 걸려서 사랑하는 분들을 다 잊어버리는 꿈을 꾸었습니다. 꿈에서 깨어나서도 슬펐습니다. 사랑하는 분들을 기억하지 못하는 것보다 슬픈 일이 어디 있겠습니까? 하지만 이보다 더 슬프고 가슴 아픈 일은 우리가 하나님의 자녀라는 사실을 잊고 살아가는 것입니다. 우리가 하나님의 자녀가 되었다는 그 감동과 감격을 잊어버리지 맙시다. “나는 예수님의 생명짜리, 하나님의 자녀다.”라는 자존감이 넘치길 바랍니다.

똑똑하고 잘나서 우리를 하나님의 자녀로 삼은 것이 아닙니다. 조건없이 그냥 그분이 사랑하시기로 결단하셨습니다. 언제요? 창세 전부터 하나님이 그렇게 결정하셨습니다. 우리는 이것을 하나님의 뜻이라고 말합니다. 그분의 기쁘신 뜻대로, 그분이 좋아서 예수 그리스도를 이 땅에 보내셨고, 예수 그리스도를 통해서 우리를 자녀 삼으셨습니다. 이것이 은혜입니다.

결혼하는 신랑이나 신부에게 왜 그토록 서로를 사랑하느냐고 물으면, 특별한 이유도 없이 그냥 마음이 끌리고 심장이 두근거리고 밤새도록 이런저런 이야기를 나눠도 질리지 않는다고 말합니다. 이런 것을 눈에 콩깍지가 씌었다고 하지요. 어떤 행동을 해도 예쁘게 보이는 콩깍지의 유효기간은 1년쯤 된답니다. 여하튼, 특별히 설명할 이유도 없이 그 사람을 향하여 그냥 사랑이 생긴 것입니다. 다른 사람들이 뭐라고 하든지 상관없이 자기 뜻대로 서로를 사랑하기로 작정한 것입니다. 그리고 기뻐하는 것입니다.

하나님도 그렇습니다. 하나님 콩깍지의 유효기간은 영원입니다. 영원토록 우리를 사랑하십니다. 예수님을 만나기 전의 제 모습을 살펴보면 '참으로 못났고 성질은 개떡 같고 실력은 형편없고 엉터리이고 삶은 무절제하고 변덕쟁이고 추잡한 이기주의자.' 아마도 이렇게 요약하는 것이 맞을 것입니다. 하나님의 자녀가 되는 성품으로는 영어울리지 않습니다. 하나님의 자녀로 택하실 이유가 전혀 없는 그런 사람이었습니다. 그런데도 하나님이 그 기쁘신 뜻대로 사랑하시기로 결단하셨습니다.

왜 나를 사랑하시기로 결단하셨는지 하나님의 마음을 다 알 수 없습니다. 다만 저를 택하여 주신 것이야말로 말할 수 없는 은혜라는 사실은 확실히 알고 있습니다. 저는 이 은혜를 다 갚을 수 없습니다. 그래서 가끔 이 은혜가 생각날 때마다 부르는 노래가 있습니다. "늘 울어도 눈물로서 못 갚을 줄 알아 몸 밖에 드릴 것 없어 이 몸 바칩니다."(143장) 몸 바쳐 하나님을 사랑하고 충성하는 것 외에는 제가 할 일이 없습니다.

힘들고 어려울 때 때때로 나 혼자만 당하는 고통인 것 같이 느껴질 때도 광야 한복판에 서 있듯이 영적으로 광활하고 목마른 순간에도 이런 노래를 부르며 말씀 앞으로 나아가면 영적 오아시스를 발견하는 감격이 있습니다. 갈급한 마음에 들려오는 주님의 음성이 있습니다. "내 아들아, 내가 참으로 너를 기뻐한다." 하나님이 나를 기뻐하십니다. 우리가 하나님의 자녀가 된 것은 하나님의 기쁘신 뜻대로 된 것입니다. 물론 이렇게 하신 하나님의 목적이 있지요.

> **6절** 이는 그가 사랑하시는 자 안에서 우리에게 거저 주시는 바 그의 은혜의 영광을 찬송하게 하려는 것이라

하나님의 자녀라는 사실이 왜 이리 중요합니까? 아버지는 자녀의 인생을 책임지려고 합니다.
자녀 인생을 자기 목숨보다도 더 사랑합니다.

'이는', 우리를 하나님의 자녀로 삼으신 목적과 그 이유는? '그의 사랑하시는 자 안에서', 그의 사랑하시는 자, 예수님 외에는 다른 길이 없습니다. 오직 예수 그리스도 안에서만 이루어지는 일입니다. 예수님 안에서 거저 주시는 것이 은혜, 즉 우리를 하나님의 자녀 삼으신 그 은혜의 영광을 찬송하는 삶을 살게 하려고 우리를 자녀로 삼으신 것입니다.

하나님의 자녀라는 사실이 왜 이리 중요합니까? 아버지는 자녀의 인생을 책임지려고 합니다. 자녀 인생을 자기 목숨보다도 더 사랑합니다. 그러니 하나님의 자녀가 되는 것이 중요합니다. 하나님께서 나의 아버지가 되셔서 나의 미래를 결정하고, 알파와 오메가이시니 처음부터 끝까지 내 인생을 책임져 주십니다. 내가 내 인생을 책임지려면 고달프고 힘들기도 하지만 또 책임질 수 있는 능력도 없기에 하나님께서 내 인생을 책임져 주신다면 평화가 깃들지 않겠습니까? 하나님이 책임지는 인생이라면 자신감이 생기지 않겠습니까? 하나님이 신령한 복으로 우리 인생을 충만케 하시겠다고 하니 노래가 나오지 않겠습니까? 이것이 은혜의 영광을 찬미하는 것입니다.

'이 놀라운 은혜의 영광을 누구에게 주셨는가? 하나님의 자녀가 되는 권세를 누구에게 주셨는가?' 이 사실을 이해하는 것은 매우 중요합니다. 로마서 10:13절에서 하나님의 마음을 읽습니다. "누구든지 주의 이름을 부르는 자는 구원을 얻으리라." 누구든지, 세상 모

나, 너 그리고 우리 교회를 살다

든 사람은 누구든지 주의 이름을 부르는 자라면, 예수 그리스도를 주님으로 믿고 따르는 자라면 구원을 얻습니다. 하나님은 세상 모든 민족, 남자와 여자, 가진 자와 없는 자, 어른과 아이, 누구도 차별하지 않습니다.

하지만 모든 사람이 하나님의 자녀의 권세를 누리지는 못합니다. 주의 이름을 부르지 아니하면 구원이 없습니다. 그래서 우리는 힘써 전도해야 합니다. 세상을 향하여 말해야 합니다. "누구든지 그의 사랑하시는 자, 즉 예수 안에만 들어오시면 누구든지 하나님의 자녀가 되는 놀라운 권세를 주십니다. 예수님 안으로 들어오세요." 이렇게 전도해야 합니다. 가까운 이웃에게도 전도해야 합니다. 저 멀리 있는 북한 사람과 중국 사람, 필리핀 사람, 아프리카 케냐 사람들에게도 복음을 전해야 합니다. 이것이 주님의 몸 된 교회에게 주신 놀라운 사명일 뿐 아니라 하나님의 자녀로 은혜를 입은 자들이 하나님께 드리는 영광의 찬송이 됩니다.

바울은 에베소 교인들을 향하여 말합니다. "너희들이 하나님께 드릴 나의 영광의 찬송이다." 그래서 바울은 영광의 찬송이 있는 곳, 에베소로, 빌립보로, 로마로, 여러 교회를 향하여 힘차게 달려갈 수 있었습니다. 거기에 영광의 찬송이 있기 때문이었습니다. 저 역시 여러분들이 하나님께 드릴 나의 영광의 찬송입니다. 목자들의 이름이 나의 영광의 찬송이요, 선교하며 부를 민족과 열방들이 우리가 부를 영광의 찬송입니다. 이 놀라운 사명에 순종하여 땅끝까지 복음을 들고 가고자 열망하는 주님의 몸 된 교회, 하나님의 자녀들이 서로 사랑하여 모인 하나님의 가족 공동체, 우리 대공원 교회이길 진심으로 사모합니다.

나, 너 그리고 우리 교회를 살다

사랑의 기적을
만드는 사람들

에베소서 1장 7-10절

우리는 그리스도 안에서 그의 은혜의 풍성함을 따라
그의 피로 말미암아 속량 곧 죄 사함을 받았느니라
이는 그가 모든 지혜와 총명을 우리에게 넘치게 하사…

목사가 묘지에서 장례식 진행을 마치는 중이었습니다. 50년 동안 함께 산 아내를 방금 떠나보낸 일흔여덟 살의 노인이 갑자기 관 위에 엎어지면서 울부짖기 시작했습니다.

"여보, 난 당신을 정말 사랑했소!"

노인의 슬픔에 찬 울부짖음이 장례식의 엄숙한 정적을 깨뜨렸습니다. 묘지 주위에 서 있던 가족과 친구들은 당황했으며 노인의 성장한 자녀들이 아버지를 말렸습니다.

"아버지, 그만 진정하세요. 다 이해해요. 그만 조용히 하세요."

노인은 땅속으로 서서히 내려가는 관에 시선을 붙들어맨 채 꼼짝도 하지 않았습니다. 목사가 가족들에게 장례식의 마지막 의식으로 흙을 한 삽씩 떠서 관 위에 뿌리라고 말했습니다. 가족들이 순서

대로 흙을 뿌렸지만, 노인은 거부하며 큰 소리로 울부짖을 뿐이었습니다.

"여보, 난 정말 당신을 사랑했소!"

노인의 딸과 아들들이 또다시 아버지를 진정시키려고 애썼지만, 노인은 계속 소리쳤습니다.

"난 네 엄마를 정말 사랑했다!"

장례식에 참석한 사람들이 하나둘 묘지를 떠나기 시작했지만, 노인은 무덤에 시선을 박은 채 한 발자국도 움직이려고 하지 않았습니다. 목사가 다가와서 말했습니다.

"어르신의 슬픔을 충분히 이해합니다만, 이젠 댁으로 돌아가셔야 할 시간입니다. 우리 모두 일터로 돌아가야 하고 삶을 계속해야 하니까요."

노인은 비통한 어조로 울먹였습니다.

"목사님은 내 말을 이해하지 못할 것입니다. 난 정말로 내 아내를 사랑했지만, 아내가 살아 있는 동안 이 말을 한 번도 하지 못했소."

브라이언 카바노프의 『씨뿌리는 사람의 씨앗』 중에 나오는 이야기입니다.

사랑했지만 생전에는 사랑한다는 말을 한 번도 하지 못했다는 할아버지의 절규처럼, 그리 어려운 일도 아닌데 그렇게 못했다는 것이 이별 후에 얼마나 가슴에 맺힐까? 하는 생각을 하게 됩니다. 평소에 아내와 남편, 부모와 자녀, 지체들, 그리고 하나님께 사랑을 고백

나, 너 그리고 우리 교회를 살다

하며 살아야 합니다. 저 역시 오늘 아침에도 "하나님, 사랑합니다."라고 고백했습니다.

지난 2년 동안 코로나로 힘든 시기를 보냈는데, 목사님들이 모이면 조심스럽게 질문합니다. "헌금은 얼마나 줄어들었습니까? 혹시 교인들이 줄지 않았습니까?" 운영할 수 없을 만큼 어려운 교회들이 많다는 이야기를 듣습니다. 그 어려운 중에도 교회를 지켜준 여러분이 참으로 감사합니다. 하지만 헌금 액수나 교인 수는 교회를 평가하는 기준이 아닙니다. 교회의 평가 기준은 철저히 "하나님을 얼마나 사랑하느냐? 서로를 얼마나 사랑하느냐? 잃어버린 영혼, 이웃을 얼마나 사랑하느냐?" 바로 사랑으로 평가해야 합니다.

예수님께서 아버지께로 돌아가실 것을 아시고, 제자들과 함께 마지막 유월절을 지킬 때, 대야에 물을 담아 제자들의 발을 씻기면서 말씀하셨습니다. "내가 주와 또는 선생이 되어 너희 발을 씻겼으니 너희도 서로 발을 씻기는 것이 옳으니라"요 13:14 그리고 제자들과 함께하는 마지막 만찬 자리에서 "내가 너희를 사랑한 것처럼 너희도 서로 사랑하라"는 새 계명을 주시면서 제자 됨의 증거는 서로 사랑하는 것이라고 말씀하셨습니다.

이 사랑의 기준으로 여러분을 평가해 보십시오. 여러분은 사랑이 풍성한 사람입니까? 여러분의 가정은 사랑이 흐르고 있습니까? 여러분의 목장은 사랑이 넘쳐나고 있습니까? 혹시 코로나가 우리의 가슴을 차디차게 만들었다면, 우리는 코로나라는 위기를 극복하지 못한 교회로 평가받을 것입니다. 만일 우리의 가슴이 여전히 뜨거운 사랑으로 뛰고 있다면, 우리는 코로나를 잘 극복해 나가는 교회로 평가받을 것입니다. 우리는 예수님의 사랑을 전염시키는 사람들입니다. 이런 사람들을 Love's miracle maker 사랑의 기적을 일으키는 사람들'이라고 합니다. "나는 누구에게 사랑의 기적을 만들어 줄 수 있을까?"를 고민하며 살아갑시다.

> **7절** 우리는 그리스도 안에서 그의 은혜의 풍성함을 따라 그의 피로 말미암아 속량 곧 죄사함을 받았느니라

사랑의 출발은 그의 피가 있는 십자가입니다. 그리스도 안에서 사랑의 기적이 시작되었고, 그리스도 안에서만 가능합니다. 그리스도 안에는 은혜의 풍성함이 있습니다. 속량이란 값을 주고 샀다는 것을 의미합니다. 죄의 값은 사망입니다. 육체적인 죽음뿐만 아니라 영적으로 하나님과 단절되었습니다.

죄인들이 지급해야 할 죄의 값을 하나님의 아들 그리스도 예수 우리 주님께서 십자가에서 대신 지급하셨습니다. 십자가에서 피를 흘려 돌아가심으로 죄의 값을 지급하시고, 우리를 사셨습니다. 예수님의 생명을 지급하고 샀으니까 우리의 가치는 예수님의 생명짜리가 된 것입니다. 이제 소유주가 바뀌었습니다. 예전에는 공중 권세 잡은 자, 즉 사단에게 속하여 있었으나 이제는 하나님께로 옮겨갔습니다. 하나님이 말씀하십니다. "너는 내 것이다."

우리는 사단의 권세로부터 자유롭습니다. 더 이상 사단에게 이

끌려서 세상을 바라보며 살아야 할 이유가 사라졌습니다. 사단이 우리를 괴롭히면 예수님이 사단을 제압합니다. "내 것을 건들지 마." 우리는 예수님이 지키시고 보호하시고 인도하시는 인생이 되었습니다. 그래서 바울은 선언합니다. "그리스도 안에서 내가 세상을 이기었노라." 우리가 이런 값진 인생임을 어떻게 알 수 있을까요?

> **8절** 이는 그의 모든 지혜와 총명을 우리에게 넘치게 하사

나의 소유주이신 주님을 알 수 있도록, 우리가 얼마나 값진 인생인지 알 수 있도록 지혜와 총명을 부어 주셨습니다. 하늘로부터 오는 지혜와 총명입니다. 하나님께서는 그분의 지혜와 총명으로 우리에게 넘치게 하심으로, 우리가 하나님의 마음을 알 수 있게 하셨습니다. 영적인 눈이 활짝 열려서 우리를 기뻐하시는 하나님의 마음을 보게 되었습니다.

> **9절** 그 뜻의 비밀을 우리에게 알리신 것이요, 그의 기뻐하심을 따라 그리스도 안에서 때가 찬 경륜을 위하여 예정하신 것이니

주님의 지혜와 총명이 부어지면 우리의 영적인 눈이 열리고, 귀가 열립니다. 우리를 운영하시는 하나님의 놀랍고도 위대한 계획이 보입니다. '경륜'이란 헬라어로 '오이코노미아'(Oiconomia)라고 합니

다. '집을 경영하다, 운영하다, 관리하다'라는 뜻입니다. "때가 찬 경륜을 위하여" 이 말은 "하나님의 집을 운영할 때가 되었다."는 말입니다. 하나님의 집, 하나님의 성전, 예수님의 몸, 이렇게 표현되는 교회를 이 땅에 드러내고 운영할 때가 되었습니다. 하나님의 집, 교회를 운영하려고 우리를 구속해서 교회가 되도록 하셨다는 의미입니다.

> **10절** 하늘에 있는 것이나 땅에 있는 것이 다 그리스도 안에서 통일되게 하려 하심이라

옛날에는 하나님의 나라는 보이지 않고, 육신의 정욕과 안목의 정욕과 이생의 자랑만 보였습니다. 그런데 하나님의 나라가 교회와 한 몸으로 통일되면서 하나님 나라를 볼 수 있게 되었습니다. 교회를 바라보면 하나님의 나라가 보이고, 교회를 바라보면 예수가 보입니다. "우리의 소원은 통일, 꿈에도 소원은 통일, 이 정성 다해서 통일, 통일이여 오라." 이 노래가 얼마나 은혜로운지 모릅니다. 남북 통일은 아직도 멀었지만, 하늘과 땅이 그리스도의 이름으로 통일이 되었습니다.

그러니 교회가 얼마나 중요합니까? 일주일에 한 번씩 다니는 것이 교회가 아니라 하늘과 땅이, 하나님과 죄인이 예수님 안에서 신랑과 신부로 하나가 된 운명 공동체가 교회입니다. 하나가 된 주님과 우리 사이를 그 무엇으로도 떼어놓을 수 없습니다. 태풍처럼 불

어오는 고통이나, 나를 억압해 오는 권력이나, 사망의 음침한 골짜기일지라도, 심지어 죽음도 예수님과 나 사이를 절대로, 절대로 갈라놓을 수 없습니다.

하나님의 혼이 들어간 하나님의 생명으로 만든 인간, 하나님을 닮은 인간을 보고 하나님은 심히 기뻐하셨습니다.

　TV에서 고려청자 만드는 다큐를 본 적이 있습니다. 도자기 만드는 도공은 아침마다 목욕재계하고 냉수 떠놓고 산신령에게 빕니다. 부정 탄다고 부부관계도 멀리합니다. 좋은 흙을 골라서 채로 곱게 다지고 정성을 다해 반죽합니다. 청자의 형태를 만들어 그늘에 말리고 거기에 색칠하고 또 그늘에 말린 후 도가니에 넣고 숯불을 지펴서 굽습니다. 이렇게 몇 날 며칠 정성을 기울이면 멋진 작품이 나옵니다. 그렇다고 완성된 작품이 나온 것이 아닙니다. 도공은 하나하나를 햇빛에 비추어봅니다. 그리고 조그마한 흠이 발견되면 그 아름다운 도자기를 아낌없이 깨뜨려버립니다. 깨고 또 깨고 거의 모든 도자기를 깨뜨립니다. 그러면 흠이 없는 몇 개의 도자기가 남습니다. 도공은 그 남은 작품을 다시 살펴보다가 또 깨뜨립니다. 왜 깨뜨리느냐고 물었더니 도공이 말합니다. "나의 혼이 들어가지 않았습니다." 이렇게 씨름하여 만든 도자기를 상감마마에게 바쳤습니다. 이것이 상감청자라고도 부르는 고려청자입니다.

　우리 인간도 마찬가지입니다. 하나님께서 정성을 다해 인간을 만드셨습니다. 하나님의 형상으로 하나님의 혼을 불어넣어 만드셨습니다. 하나님이 최선을 다해 하나님의 혼, 생기를 불어넣어 만드신 하나님의 최고의 걸작품인 인간을 만들었을 때 하나님이 보시기에 심히 좋았습니다. 하나님의 혼이 들어간 하나님의 생명으로 만든 인간, 하나님을 닮은 인간을 보고 하나님은 심히 기뻐하셨습니다. 이렇게 귀한 인간이 눈을 돌려 세상을 보며 사단의 앞잡이로 타락했을 때 하나님의 마음이 얼마나 아팠겠습니까? 하나님의 마음이 찢어지는 고통입니다. 그 찢어지는 마음의 고통을 십자가에서 표현하셨습니다. 살이 찢어지고 피가 쏟아지는 고통을 당하시고 그 생명값을 지급하신 후에 다시 찾으신 사랑이 구원입니다.

우리를 다시 찾았을 때 하나님이 기쁨을 이기지 못하셨습니다. 자녀를 낳은 어머니가 해산의 고통을 다 잊어버리고 기뻐하듯이, 우리 예수님이 십자가의 고통을 다 잊어버리시고 하늘과 땅이 그리스도 안에서 통일되는 기쁨을 드러내신 것입니다. 이 은혜가 놀랍지 않습니까? 이렇게 하나가 된 교회가 귀하지 않습니까?

이것을 모르고 살면 교회의 축복을 누릴 수 없습니다. 그렇지만 우리 주님께서는 구속하셨을 뿐 아니라 지혜와 총명을 넘치도록 하여 하나님의 자녀들이 누리는 축복, 하나님과 우리가 하나가 되어서 그 지체들이 손을 잡고 함께 걸어가는 축복을 알게 해 주십니다. 이 축복을 누리는 공동체가 우리 대공원 교회입니다. 귀한 지체들입니다. 하나님이 기뻐하시는 지체들입니다. 손을 꼭 잡고 이런 고백을 드립시다.

"우리 함께 걸어요. 주의 인도하심 따라, 손을 잡고 하나가 되어요. 주의 사랑 우리 안에 있네. 우리 서로 섬기며 주의 사랑

나눌 때, 모든 사람 다 알게 되리라. 우리 주의 가족임을. 우린 주 안의 한 가족, 주 우릴 하나 되게 했네. 주의 사랑 나누며 서로 섬길 때, 주의 나라 이뤄지리. 아멘.”

하나님 나라의
상속자들

에베소서 1장 11-16절

모든 일을 그의 뜻의 결정대로 일하시는 이의 계획을 따라
우리가 예정을 입어 그 안에서 기업이 되었으니
이는 우리가 그리스도 안에서 전부터 바라던 그의 영광의
찬송이 되게 하려 하심이라…

빈 들에서 무리에게 먹을 것이 없었을 때, 한 어린아이가 보리 떡 다
섯 개와 물고기 두 마리를 주님의 손에 올려드렸습니다. 들고 하늘
을 우러러 축복하신 후에 모인 무리에게 나누어 주었는데, 오천 명
이 먹고 열두 광주리가 남았습니다. 오병이어의 기적을 경험한 무리
는 예수님을 왕 삼으면 배고픈 문제가 해결될 것이라는 희망을 품었
습니다. 예수님이 가는 곳마다 따라다니며 환호했습니다.

우리나라 대통령 후보자들도 경제적인 문제를 우선순위로 공약
합니다. "나누어주겠다. 올려주겠다. 막 퍼주겠다."고 말할 때마다
문득 "자기들 돈도 아닌데, 자기네 마음대로 쓰는구나."라는 생각이
듭니다. 먹는 문제, 경제적인 문제만 해결해주면 다른 문제들이 많
아도 지도자로서의 인기가 높아지는 것 같아 마음이 쓸쓸합니다.

예수님은 떡을 얻기 위해 눈에 불을 켜고 찾아오는 무리에게 관심을 두지 않으셨습니다. 예수님이 찾으시는 사람은 '예수는 그리스도시오, 하나님의 아들이심'을 잘 믿는 사람입니다. 예수님을 잘 믿는 사람의 말과 행동에서 예수님(생명)이 보입니다. 예수님을 잘 믿는 목사의 설교에서 예수님이 보입니다. 저도 설교를 준비할 때마다 예수님이 보이기를 기도합니다. 예수님을 잘 믿는 집사님의 헌신에서 예수님을 발견합니다. 말과 행동에서 예수님이 보여야 좋은 믿음입니다. 하루만 잘 보이는 것이 아니라, 날마다 예수님이 잘 보여야 좋은 믿음입니다.

예수님을 잘 믿는 신앙이란 날마다 시선을 하나님 우리 아버지에게 집중하고, 아버지의 마음을 알아가는 신앙입니다. 아버지의 뜻, 계획, 의지가 중요합니다. 아버지의 뜻을 기뻐하는 신앙이 바른 신앙입니다. 바울은 에베소 교회를 향한 아버지의 마음을 소개합니다.

> **11절** 모든 일을 그의 뜻의 결정대로 일하시는 이의 계획을 따라 우리가 예정을 입어 그 안에서 기업이 되었으니

모든 일을 아버지의 뜻대로 결정합니다. 오늘 내게 임한 하나님의 은혜는 100% 그분 마음의 원대로 하신 것이지 내 마음대로 된 것이 아닙니다. 내가 자랑할 것은 하나도 없습니다. 100% 그분의 마음대로 되어야 우리의 인생이 아름답고 영광스러운 하나님의 자녀로서 당당하게 살 수 있습니다. 내 뜻이 0.01%만 들어가도 하나

님의 나라는 엉망이 되어버릴 것입니다. 100%를 믿고 맡기는 것이 신뢰입니다. 99%만 믿는 것은 온전한 믿음이 아닙니다.

이준행 목사가 대공원 교회의 담임목사인 것을 100% 믿습니까? 여러분들은 100% 믿을 것입니다. 대공원 교회에 소속되어 있으니까 분명히 알지요. 하지만 이준행 목사가 대공원 교회 담임목사인 것은 분명한 것 같은데, 혹시 1%는 아닐지도 모른다고 의심하는 사람이 있다면, 그 사람은 분명히 대공원 교회에 소속된 분이 아닐 것입니다. 저는 저의 자녀들이 100% 나의 아들이요, 딸인 것을 믿습니다. 99%만 믿는 것이 아닙니다. 만일 1%는 혹시 내 아들이나 내 딸이 아닐지도 모른다고 생각한다면 우리 가정이 얼마나 불행하겠습니까? 주님이 100% 그분의 마음대로 내 생애를 인도하실 것입니다. 이것이 나의 믿음입니다.

그분의 뜻대로 우리를 계획하시고 예정하신 하나님의 마음을 아는 것이 매우 중요합니다. 마음을 모르면 그 의도와 다르게 반응할 수 있습니다. 그 마음이 무엇입니까? "그 안에서 기업이 되었으니" 즉, 우리를 기업으로 삼으셨습니다. 기업은 상속자라는 뜻입니다. 하나님 나라의 기업, 즉 우리를 하나님 나라의 상속자로 삼으셨습니다. 나 같은 자를 100% 그분의 뜻대로 하나님 나라의 상속자, 다시 말하면 후계자로 삼으셨습니다. 그리고 누구도 이의를 제기하지 못하도록 성령으로 도장을 꽝 하고 찍으셨습니다. 이것이 하나님의 마음입니다.

하나님 나라의 상속자로 삼으시려고 속량하신 후에 다른 누구도 간섭하거나 이의를 제기하지 못하도록 도장으로 꽝! 찍었습니다. "이 형제(자매)를 하나님 나라의 상속자로 삼겠노라. 이 사실이 절대로 변할 수 없음을 증명하노라." 이처럼 나와 여러분들은 하나님께서 약속의 성령으로 인감도장 삼아서 꽝! 하고 도장을 찍어서 법적으로 확인한 존재입니다. 사단의 권세도, 이 세상의 모든 권력도, 이 세상의 모든 고통과 죽음도 하나님 나라의 상속자가 된 명백한 사실을 바꿔놓을 수 없습니다.

목사이면서도 돈 많은 사람들이 조금 부러울 때도 있고, 권력을 가진 사람들이 조금 두려울 때도 있습니다. 그때 즉시 이 사실을 기억하고 외칩니다. "나는 절대로 변할 수 없는, 하나님 나라의 상속자다." "하나님이 나의 보증이다." 이 외침으로 나의 연약함을 이겨내고 두려움과 맞서는 용기를 충전하며 주님의 사랑으로 나를 새롭게 합니다. 독수리 날개 쳐 올라가듯이 새로운 힘이 솟아나면서 주님께서 나를 기뻐하시는 것을 느낄 수 있습니다.

우리는 하나님 나라의 상속자들입니다. 하나님께서 우리의 보증입니다. 그러면 왜 하나님께서 우리를 하나님의 나라의 상속자로 삼으시고 성령으로 도장을 찍고 친히 보증하셨을까요? 그 이유가 14절입니다.

> **14절** 이는 우리 기업의 보증이 되사 그 얻으신 것을 속량하시고 그의 영광을 찬송하게 하려 하심이라

"그의 영광을 찬송하게 하려 하심이라." 이것이 목적입니다. 우리로 하나님의 영광을 보고 그 영광을 찬송하며 살게 하려고, 하나님께서 우리의 찬송을 받고 싶어서 하나님 나라의 상속자로 삼으셨습니다. 이것은 창세 전부터 주님께서 바라던 소망이었습니다.

그러므로 나의 삶의 모습이 하나님의 영광을 나타내는 찬송이 되어야 합니다. 나의 행동과 나의 가치관이 하나님의 이름을 높이는 근거가 되어야 합니다. 그런데 영광의 찬송이 되기는커녕 세상의 조롱거리가 된다면 얼마나 수치스러운 일이겠습니까? 하나님의 상속자들이 세상의 상속자 흉내나 내고 있다면 우리를 구원하신 하나님의 마음이 얼마나 아프겠습니까? 목사는 하나님 나라의 상속자답게 살아야 합니다. 집사들도 하나님 나라의 상속자답게 살아야 합니다.

> **16절** 내가 기도할 때에 기억하며 너희로 말미암아 감사하기를 그치지 아니하고

나, 너 그리고 우리 교회를 살다

바울은 감옥에 갇혀 있었고 등에는 찬 기운이 올라왔지만 에베소 교회 지체들을 생각할 때 감사했습니다. 에베소 교회 지체들만이 아닙니다. 빌립보서 1:3절에서는 "내가 너희를 생각할 때마다 나의 하나님께 감사한다"라고 말합니다. 골로새서 1:3절에서는 "우리가 너희를 위하여 기도할 때마다 하나님, 곧 우리 주 예수 그리스도의 아버지께 감사한다"라고 말합니다. 데살로니가전서 1:2절에서는 "우리가 너희 무리를 인하여 항상 하나님께 감사한다"라고 말합니다. 데살로니가후서 1:3절에서는 "형제들아 우리가 너희를 위하여 항상 하나님께 감사한다"라고 말합니다. 바울은 교회 지체들을 생각할 때마다 감사가 넘쳤습니다. 지체들을 위해서 감옥에서도 엎드려 기도하는 삶을 살았습니다.

바울은 하나님의 부르심에 따라 하나님의 뜻대로 이방인을 위한 사도로 부르심을 받았습니다. 성령이 충만하고 은사와 영적인 능력도 큰 사도였습니다. 성경 말씀을 풀이하고 해석하는 능력도 누구보다 탁월했습니다. 능력과 말씀에 탁월한 팔방미인이었습니다. 바울이 성취한 일은 그 당시 전 세계로 알려진 거의 모든 지역에 복음을 전하고 교회공동체를 세운 일이었습니다. 말 그대로 최고의 사역자라고 할 만한 사도였습니다.

그럼에도 바울의 어떤 위대한 면보다도 가장 위대한 면은 성도들을 향한 사랑이었습니다. 바울이 육체적, 환경적인 어려움과 핍박보다 더 마음이 힘들고 어려웠던 것은 교회를 위한 염려와 애가 타는 마음이었습니다. 바울은 교회를 생각하는 사람이었고, 교회를 위해 기도하는 사람이었고, 교회를 감사하는 사람이었고, 교회를 사랑한 사람이었습니다.

저에게도 이런 감사가 넘치고 있습니다. 주님께서는 남은 인생을 사랑하며 살라고 교회를 주셨습니다. 여러분을 생각할 때마다 감사하지 않을 수 없습니다. 성령께서는 여러분의 이름을 붙들고 감격과 감사를 중단할 수 없는 목회의 길을 걷도록 은혜를 주십니다. 우리 모두에게 이런 감사가 넘쳤으면 좋겠습니다. 특히 목자들의 가슴에 감사가 넘쳤으면 좋겠습니다. 목장 식구들을 생각할 때마다 마음 깊숙한 곳으로부터 감사의 고백이 솟구쳐 오르고 그 감사 때문에 무릎 꿇고 지체들을 위해서 기도하는 삶을 살았으면 좋겠습니다.

> **15절** 이로 말미암아 주 예수 안에서 너희 믿음과 모든 성도를 향한 사랑을 나도 듣고

바울이 특별히 감사하는 내용은, 첫째는 "주 예수 안에서 너희 믿음과" 둘째는 "모든 성도를 향한 사랑을 나도 듣고" 지체들의 믿음과 사랑이 성숙해 가는 것이 무엇보다도 감사했습니다. 우리에게 이런 믿음과 사랑이 넘쳐나길 기도합니다.

첫째, 주 예수 안에 세워져 가는 믿음으로 인하여 감사했습니다. 히브리 기자는 11:1절에서 믿음은 바라는 것들의 실상이요, 보지 못하는 것들의 증거라고 말하고 있습니다. 믿음의 선배들이 바라는 것은 모형이 아니라 진짜입니다. 그림자가 아니라 실체입니다. 늘 진

짜이신 주님을 꿈꾸었습니다. 하나님의 실체로 오신 예수 그리스도를 꿈꾸는 것이 믿음입니다. 우리의 모든 죄를 용서하시려는 놀라운 사랑으로 십자가에서 못 박혀 죽으시고, 사흘 만에 죽음의 권세를 깨뜨리고 부활하신 예수님이 나의 주님이라는 사실, 오늘도 살아계신 주님과 손잡고 한 걸음 한 걸음을 함께 걷는 것이 믿음입니다.

히브리서 11:6절에서는 "믿음이 없이는 기쁘시게 못하나니 하나님께 나아가는 자는 반드시 그가 계신 것과 또한 그가 자기를 찾는 자들에게 상 주시는 이심을 믿어야 할지니라"고 말하고 있습니다. 교회가 이러한 믿음으로 살아갈 때 어찌 감사가 터져 나오지 않겠습니까? 믿음으로 살아가는 집사들을 생각할 때 감사하고, 믿음으로 살아가는 청년들을 생각해도 감사하고, 이렇게 감사가 충만한 우리 대공원 가족 되길 기도합니다.

둘째, 모든 성도를 향하여 성숙해 가는 사랑으로 인하여 감사했습니다. 사랑은 믿음이 행동으로 표현되는 것입니다. 믿음을 행동함으로 맺는 열매가 사랑입니다. 예수님이 십자가에서 죽으신 행동이 사랑입니다. 마리아가 옥합을 깨뜨린 행동이 사랑입니다. 선한 사마리아 사람이 말에서 내려 강도 만난 사람을 치료해 준 행동이 사랑입니다. 하나님 나라의 상속자로 살아가는 사람들의 특징은 사랑입니다. 우리 대공원 지체들의 삶의 현장에서 믿음이 행동으로 사랑으로 열매 맺기를 기도합니다. 넉넉한 자부심으로 하나님 나라의 상속자로서 당당하게 살아가길 바랍니다.

마음의 눈을
열어 주소서

에베소서 1장 17-19절

우리 주 예수 그리스도의 하나님, 영광의 아버지께서
지혜와 계시의 영을 너희에게 주사 하나님을 알게 하시고
너희 마음의 눈을 밝히사 그의 부르심의 소망이 무엇이며
성도 안에서 그 기업의 영광의 풍성함이 무엇이며
그의 힘의 위력으로 역사하심을 따라 믿는 우리에게 베푸신 능력의
지극히 크심이 어떠한 것을 너희로 알게 하시기를 구하노라

KBS 전국 노래자랑 프로에 다양한 서민들이 춤과 노래로 도전합니다. 노래를 듣는 중에 심사위원이 두 종류의 종을 칩니다. "땡"을 치면 아웃입니다. "딩동댕"을 치면 합격입니다. 얼마 전에 돌아갔지만, 오랫동안 사회를 보신 송해 선생께 감사와 위로를 전하는 설날특집, "여러분, 고맙습니다. 송해"라는 프로를 시청했습니다. 90세가 넘은 송해 선생이 나오셔서 "내 인생은 딩동댕"이란 노래를 불렀습니다. 이 노래를 부르기 전에 했던 말이 가슴에 깊이 다가왔습니다. "땡을 받아보지 못하면 딩동댕의 정의를 모릅니다." 아파보지 못한 사람이 건강의 의미를 잘 모르고, 실패해 보지 못한 사람이 성공의 의미를 모른다는 말로 들렸습니다. 살아오는 동안 "땡"을 받는 아픔을 여러 번 경험했고, 아픔들이 쌓여서 지금의 "딩동댕 인생"이

　　나, 너 그리고 우리 교회를 살다

만들어졌나 봅니다.

　한 인생의 삶에도 눈물과 웃음, 아픔과 기쁨, 땡과 딩동댕이 다 담겨 있다면, 그런 사람들이 모여 있는 교회는 더 많은 눈물과 웃음, 아픔과 기쁨, 땡과 딩동댕이 담겨 있습니다. 세상이 교회를 바라보며 "딩동댕"이라고 말했으면 좋겠습니다. 그런데 어떤 사람들은 교회를 바라보며 "땡"이라고 말하는 사람들이 있습니다. 저녁에 옥상에 올라가서 바라보면 교회는 부족하지 않을 만큼 넉넉하다는 생각이 듭니다. C-TV, 기독교 방송, 극동방송 채널을 돌려보아도 설교가 부족하기보다는 넉넉하다는 생각이 듭니다. 이렇게 교회도 많고 설교도 많은데도 불구하고 여러 가지 안타깝고 속상하고 비극적인 현실을 눈으로 보고 "땡"이라는 소리를 귀로 듣기도 합니다.

　무엇 때문일까요? 행함이 약하기 때문입니다. 경배와 찬양하며 손을 들기도 하고 하나님의 응답을 기다리며 기도하는 소리도 높고 땀을 흘리며 최선을 다하는 설교도 많습니다. 그러나 믿는 사람들이 성경대로 살아가려는 의지가 부족합니다. 제대로 살지 못하면 죄송해야 하는데 죄송한 줄도 모르고 아무렇지도 않게 행동하는 것이 비극입니다. 행함이 없는 믿음은 죽은 믿음입니다. 그로 인해 세상에서 차마 들어서는 안 되는 "땡"이라는 마음 아픈 소리도 듣습니다.

　행함은 믿음의 가치를 살려줍니다. 행함은 믿음의 열매요, 성령의 열매입니다. 열매가 있어야 세상이 교회를 통해 예수님의 맛을 경험합니다. "저 사람은 예수님의 맛을 지닌 사람이구나."는 이야기가 있어야 복음이 확장됩니다. 에베소 교회는 이러한 믿음이, 사랑이 삶으로 표현되는 교회입니다. 그들은 믿음으로 서로를 사랑했습니다. 끝까지 책임져주려는 자세로, 계산하지 않는 사랑으로 서로를 사랑했습니다. 이러한 믿음과 사랑 때문에 바울이 감격하여 감사를 드렸습니다. 바울이 에베소 교회를 바라보며 종을 칩니다. "딩동댕, 합격" 그 감사함으로 에베소 교회를 위하여 기도하는 내용이 오늘의 본문입니다.

> **17절** 우리 주 예수 그리스도의 하나님 영광의 아버지께서 지혜와 계시의 영을 너희에게 주사 하나님을 알게 하시고

바울은 에베소 교회를 위하여 드리는 첫 번째 기도 제목은 "지혜와 계시의 영을 주셔서 하나님을 잘 알게 하여 주세요."입니다. 하나님을 제대로 알면 아무렇게나 함부로 살아가는 일은 없어질 것입니다. 하나님을 제대로 알면 바르게 살 것이요, 그 사람들로 인하여 세상이 밝아질 것입니다. 하나님을 깊이 알면 알수록 성령의 놀라운 역사들이 나타납니다. 하나님을 알면 알수록 하나님께 사로잡혀 갑니다. 하나님, 영광스러운 우리 아버지의 마음이 가장 분명하고 명확하게 나타나 있는 곳이 예수님의 십자가입니다. 독생하신 아들을 십자가에서 죽게 했던 하나님의 마음을 모르고서는 하나님을 안다고 말할 수 없습니다.

십자가를 경험한 사람들이 지은 곡들을 살펴보면 그 가사에 아버지의 마음이 깊숙이 스며 있습니다.

"하늘을 두루마리 삼고 바다를 먹물 삼아도
한없는 하나님의 사랑 다 기록할 수 없겠네
하나님의 크신 사랑 그 어찌 다 쓸까
저 하늘 높이 쌓아도 채우지 못하리"(404장)

십자가 그 사랑을 경험한 사람들만이 부를 수 있는 노래입니다. 가슴으로 밀려오고 솟구치는 아버지의 사랑을 다 감당할 수 없어서, 그 작은 가슴이 미어터질 것 같은 감격으로 부르는 노래입니다. 하나님의 사랑은 너무 커서 측량할 수도 없고, 하나님의 사랑은 영원토록 변하지 않을 것입니다. 이 놀라운 사랑을 알아가도록 돕는 분이 지혜와 계시의 영입니다.

지혜와 계시의 영이 십자가에서 우리를 부르는 노래가 있습니다.

"어서 돌아오오. 어서 돌아만 오오.
지은 죄가 아무리 무겁고 크기로 주 어찌 못 담당하고
못 받으시리요. 우리 주의 넓은 가슴은
하늘보다 넓고 넓어."(317장)

집을 나간 아들이 돌아와서 아버지의 품에 안겨 엉엉 울면서 그 품에서 고백하는 노래입니다. 아들을 기다리는 아버지의 마음을 이해하게 해달라고 기도해야 하지 않겠습니까? 잃어버린 한 마리의 양을 찾아 길을 헤매며 찾고 찾는 목자의 마음을 알게 해달라고 기도해야 할 것입니다.

> **18절** 너희 마음의 눈을 밝히사 그의 부르심의 소망이 무엇이며 성도 안에서 그 기업의 영광의 풍성함이 무엇이며

바울은 계속 에베소 교회를 생각하며 기도합니다. "마음의 눈을 밝혀 주옵소서." 마음의 눈이 더 밝아져야 할 이유가 있습니다. 살다 보면 물질로 인해서, 욕심으로 인해서, 사탄의 공격으로 인해서 볼 것을 보지 못하고 눈이 반쯤 감길 때가 있습니다. "졸면 위험!" 이런 경고를 받고 있음에도 졸릴 때가 있습니다. 허벅지를 꼬집으며 머리를 흔들어도 졸릴 때가 있습니다. 졸면 제대로 볼 수도 없고, 반응할 수도 없습니다. 그러므로 지혜와 계시의 영이 임하여 마음의 눈을 밝혀 달라고 기도해야 합니다. 마음의 눈이 밝아지고, 영적 통찰력이 깊어지면 뚜렷하게 보이는 것들이 있습니다.

첫째, 부르심의 소망이 보입니다.

바울은 하나님의 부르심을 받았습니다. 그가 다메섹 도상에서 예수님을 만나고, 이방인을 위하여 부르심을 받는 순간 그의 삶은 변했습니다. 예전에는 이 세상에서 성공하리라는 자기만의 뚜렷한 목표가 있었습니다. 그리고 그 목표를 이루기 위해서 땀을 흘리며 노력했습니다. 그런데 그가 예수님을 만난 순간 지금까지 꿈꾸었던 목표가 변했습니다. 그에게 하나님이 부르신 부르심의 사명이 생겼

나, 너 그리고 우리 교회를 살다

습니다. 이제는 하나님이 주신
사명을 따라 사는 인생으로 변
화된 것입니다. 이러한 부르심을
우리는 소명(calling)이라고 부릅
니다.

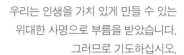

우리는 인생을 가치 있게 만들 수 있는
위대한 사명으로 부름을 받았습니다.
그러므로 기도하십시오.

그리스도인들이 사명을 깨닫고 직장에 들어가면 그 직장에 생기
가 돋게 됩니다. 그리스도인들이 사명을 깨닫고 정치를 하면 정치가
새로워집니다. 그리스도인들이 사명을 깨닫고 가정을 이루면 가정
이 행복해집니다. 어느 한 사람도 뜻 없이 인생을 허비해서는 안 됩
니다. 하나님께서는 한 사람 한 사람을 목적을 가지고 부르셨습니
다. 반드시 여러분에게는 하나님의 나라를 위해 해야 할 사명이 있
습니다. 물론 다섯 달란트를 가진 사람이나 두 달란트, 혹은 한 달란
트를 가진 사람의 차이가 있을 수는 있지만, 그러나 우리는 인생을
가치 있게 만들 수 있는 위대한 사명으로 부름을 받았습니다. 그러
므로 기도하십시오. "하나님, 부르심의 소망을 알려주시옵소서!" 하
나님의 부르심에 순종하여 사명에 불타는 여러분의 일터가 되길 기
도합니다.

둘째, 기업의 영광의 풍성함이 보입니다.
바울은 에베소 교회가 진실로 하나님이 주신 기업의 영광의 풍
성이 무엇인가를 알기를 소망했습니다. 하나님 나라의 상속자로서
받을 영적 유산이 얼마나 풍성한지를 아는 사람은 세상의 유혹에 넘

어지지 않습니다. 영적 유산이 크게 보여야 세상에 집착하지 않습니다. 그러나 하늘의 것이 약한 사람들은 세상이 너무 크게 보여서 세상에 풍조에 따라 말려들어갈 수밖에 없습니다.

저는 아버지께서 일찍 돌아가셔서, 그리고 가진 재산이 없어서, 상속받은 것이 별로 없다고 생각하며 살았습니다. 심지어 결혼하고 신혼살림을 시작할 때도 모두 내 힘으로 했다고 생각했습니다. 그런데 어느 날 나의 행동과 성품이 아버지를 닮았다는 사실을 깨달았습니다. 나는 아버지로부터 성품과 삶의 양식을 상속받았기에 아버지를 닮은 자로 살아가는 것입니다. 이처럼 하나님의 자녀들은 하나님의 성품, 하나님의 인격, 하나님의 형상을 상속받은 자들입니다. 그래서 하나님을 닮은 모습을 나타냅니다. 하나님이 가진 것만큼 누리며 살아갑니다. 이러한 사실을 안다면 환경 때문에 염려하고 두려워하겠습니까? 우리의 영적인 시선이 그 기업의 영광의 풍성함에 집중한다면 염려는 사라질 것입니다. 두려움이 물러갈 것입니다.

셋째, 우리에게 베푸신 능력의 지극히 크심이 보입니다.

> **19절** 그의 힘의 위력으로 역사하심을 따라 믿는 우리에게 베푸신 능력의 지극히 크심이 어떤 것을 너희로 알게 하시기를 구하노라.

바울은 에베소 교회 지체들이 하나님의 크신 능력을 알기를 원했습니다. 하나님의 크신 힘으로 역사하시는 크신 능력을 모르면 세상을 두려워합니다. 병을 이기는 능력을 모르면 병 앞에서 불안하고 초조합니다. 고난을 이기는 능력을 모르면 고난 앞에서 좌절합니다. 죽음을 이기는 능력을 모르면 죽음 앞에서 하나님을 부인합니다. 그러므로 하나님의 크신 능력을 알아야 합니다. 그 능력을 알면 두려움과 맞설 용기가 생깁니다. 세상과 맞설 힘이 생깁니다. 베푸시는 능력이 크신 주님이 함께 계시기 때문입니다.

오늘도 하나님이 원하시면 내 앞에 골리앗과 같은 무서운 장벽이 막아서도 하나님의 능력으로 무너뜨릴 수 있습니다. 다윗은 자신이 알고 있는 능력의 하나님, 그 이름으로 나아갔습니다. "너는 칼과 창과 단창으로 내게 오거니와 나는 만군의 여호와의 이름 곧…하나님의 이름으로 네게 가노라…여호와의 구원하심이 칼과 창에 있지 아니함을 이 무리로 알게 하리라" 그리고 한 방에 골리앗을 날려버렸습니다. 다윗에게 역사하셨던 하나님이 오늘 우리의 하나님이십니다. 하나님의 능력은 변하지 않으십니다.

바울은 에베소 교회가 이러한 능력을 경험하길 기도합니다. 교회는 그리스도의 몸으로서 그 능력을 경험할 수 있게 하는 살아있는 유기체입니다. 여러분의 아픔을 혼자 가슴에 담아 두지 마시기 바랍니다. 교회와 함께 나누시기 바랍니다. 교회를 붙들고 계신 주님 앞에 내려 놓으십시오. 혼자서 바라보면 무너뜨릴 수 없는 골리앗입니다. 그러나 교회의 머리되신 주님과 함께 보면 능히 이길 수 있는 장벽입니다.

우리의 마음의 눈이 활짝 열려서 우리를 부르신 사명을 알게 되고, 그 기업의 영광의 풍성함을 알게 되고, 우리에게 베푸시는 하나님의 크신 능력을 알게 된다면 우리의 신앙생활이 어떻게 달라질까요? 직장에서도, 가정에서도, 교회에서도 우리의 태도는 180도 바뀌게 될 것입니다. 예수님을 믿는 것이 행복할 것입니다. 예수님과 함께하는 발걸음이 든든할 것입니다. 세상의 유혹에 흔들리지 않을 것입니다. 주님을 섬기는 것이 풍성할 것입니다. 이러한 교회를 함께 이루어 가길 소망합니다.

나, 너 그리고 우리 교회를 살다

멈출 것,
멈출 수 없는 것

에베소서 1장 20-23절

그의 능력이 그리스도 안에서 역사하사 죽은 자들 가운데서
다시 살리시고 하늘에서 자기의 오른편에 앉히사
모든 통치와 권세와 능력과 주권과 이 세상뿐 아니라
오는 세상에 일컫는 모든 이름 위에 뛰어나게 하시고
또 만물을 그의 발 아래에 복종하게 하시고 그를 만물 위에
교회의 머리로 삼으셨느니라 교회는 그의 몸이니 만물 안에서 만물을
충만하게 하시는 이의 충만함이니라

벌새는 1초에 90번이나 날개로 자기 몸을 쳐서 공중에 그대로 서서 꿀을 딴답니다. 파도는 보통 하루에 70만 번이나 자기 몸을 쳐서 바다를 살아있게 한답니다. 벌새나 파도를 보면서 생각합니다. "나는 말씀 묵상을 위해서, 혹은 나에게 주어진 사명을 위해서 하루에 몇 번이나 내 몸과 정신을 깨우는가?" 바울은 "내가 내 몸을 쳐 복종하게 함은 내가 남에게 전파한 후에 자신이 도리어 버림을 당할까 두려워함이로다"고전 9:27라고 고백합니다.

사단의 전략 중 하나는 우리로 게으름의 덫에 걸리게 하고, 안일함의 함정에 빠뜨리는 것입니다. 게으름의 덫에 걸리면 여간해서 빠져나오기가 쉽지 않습니다. 게으름을 핑계대기 위한 변명거리와 구실이 의외로 많기 때문입니다. 게으르면서 하나님의 뜻을 이룰 수 없습니다. 게으르면 사랑도 멈추게 됩니다. 벌새가 날개를 움직이는 것처럼 파도가 밀려오고 밀려오는 것처럼 사랑은 멈추지 않고 표현하고 표현하면서 성숙해집니다.

하지만 어떤 것들은 멈추어야 할 것도 있습니다. 제 딸이 어렸을 때 놀이터의 모래밭에서 놀기를 좋아했습니다. 말도 없이 다른 동네 아파트에 있는 놀이터까지 원정을 다녀서 길을 잃어버린 줄 알고 경찰서에 신고하고 찾으러 다닌 적이 여러 번 있었습니다. 어린아이가 모래밭에서 놀고 있어도 이상하게 여기는 사람은 없습니다. 온종일 놀아도 이 아이가 게으르다고 야단치지 않습니다. 어린아이란 본래 그렇게 노는 것이라고 당연하게 생각합니다.

그러나 한 아이의 엄마가 된 딸이 지금도 여전히 아파트 놀이터의 모래밭에 주저앉아 진흙탕에서 뒹굴고, 흙을 주워 먹고 키득거리며 놀고 있는 것을 본다면 틀림없이 심각하게 생각할 것입니다. 조용히 저를 찾아와 말할 것입니다. "목사님, 선한이를 그대로 두어도 될까요? 정신과 의사의 상담을 받아보아야 하지 않을까요?" 어른이 되었다면 이제는 흙이 자기에게 맞는 장난감이 아니라는 사실을 알아야만 합니다.

마찬가지로 예수님을 믿고 신앙생활을 해 온 지 오랜 시간이 지났음에도 불구하고 아직도 진흙탕에서 흙을 장난감 삼아 노는 분들이 있습니다. 많은 시간이 흘렀는데도 여전히 진흙탕을 즐기는 생활을 한다면 이해하기가 매우 힘듭니다. 여전히 이 세상의 진흙탕이 더 좋게 보여서 멈추지 못하고, 그리스도 안에서 주어진 새로운 삶을 살고 있지 않다면 반드시 자신의 신앙상태를 점검해 보아야 합니다. "나는 주님께 받은 사랑과 능력으로 승리하는 그리스도인의 삶을 살고 있는가? 아니면 지금도 진흙탕에서 놀고 있는 수준인가?"

> **20절** 그의 능력이 그리스도 안에서 역사하사 죽은 자들 가운데서 다시 살리시고 하늘에서 자기의 오른편에 앉히사

바울은 주님께 받은 첫사랑의 감격을 잊어버리고 방탕함과 술취함, 세상의 모든 염려로 마음이 둔해져서 멈추지 못하고 세상의 진흙탕으로 빠져들고 있는 사람들에게 그들이 경험했던 하나님의 능력을 생각나게 해 줍니다. "에베소 교회 여러분은 죽은 자들 가운데서 다시 살리신 하나님의 능력을 경험한 사람들입니다." 이 능력의 과정을 통해 어떻게 정체성이 형성되었는지 살펴보길 원합니다.

1. 이 능력을 경험하는 출발은 자신이 죄인이라는 사실을 깨닫는 것입니다.

처음 인간이었던 아담과 하와가 그 마음에 하나님 말씀두기를 싫어했습니다. 선악을 알게 하는 나무의 실과를 먹지 말라는 하나님의 말씀보다는 이 과일은 보암직도 하고 먹음직도 하다는 자신의 관점을 더 중요하게 생각하였습니다. "하나님의 말씀을 선택할 것인가? 아니면 자신의 지식과 생각을 선택할 것인가?" 죄의 본질은 하나님의 말씀을 선택하지 않고, 자기의 지식과 생각을 선택하는 것입

니다. 하나님의 계획에서 자신에게로 본래의 방향이 빗나간 사람들은 하나님이 싫어하시는 여러 가지 죄악의 모습을 나타냅니다.

로마서 1:29-30절에서 다음과 같은 죄악의 종류들을 나열합니다. "곧 모든 불의 추악 탐욕 악의가 가득한 자요 시기 살인 분쟁,사기 악독이 가득한 자요 수군수군하는 자요 비방하는 자요 하나님께서 미워하시는 자요 능욕하는 자요 교만한 자요 자랑하는 자요 악을 도모하는 자요 부모를 거역하는 자요 우매한 자요. 배약하는 자요 무정한 자요 무자비한 자라" 이와 같은 죄악의 항목 중에서 우리에게 해당되는 항목은 몇 가지 일까요?

청년들과 함께 부활절 연극을 준비한 적이 있었습니다. 예수님이 군병들의 채찍을 맞으며 골고다 언덕으로 올라가 십자가에 처형되었다가 부활하시는 장면이었습니다. 한 달 전부터 열심히 연습해서 부활절에 발표를 하는데 연극을 진행하는 중에 문제가 생겼습니다. 예수님의 배역을 맡았던 청년이 십자가에 못 박히는 순간 갑자기 군병들을 밀어내고 벌떡 일어나더니 갑자기 무릎 꿇고 복 놓아 통곡하며 기도를 시작했습니다. "아버지, 제가 잘못했습니다. 제 죄를 용서해 주십시오." 분위기가 이상하게 되어서 부활까지 가지도 못하고 연극을 중단한 후 전체가 기도하기 시작했습니다. 성령께서 각 사람의 마음을 만지셨고 모두가 눈물로 기도하며 십자가의 은혜를 경험했습니다.

"연극 하다가 갑자기 왜 그런 행동을 했니?" 예배를 마친 후 그 친구에게 질문했습니다. "군병들이 망치로 쾅 쾅 못을 박을 때, 내 심장에 그 못이 박히는 것 같았습니다. 망치로 못을 박고 있는 그 군병이 바로 나 자신이었습니다. 예수님에게 박히는 못이 바로 내 죄였습니다. 내 죄가 예수

님을 찌르고 있었습니다. 너무 마음이 아프고 너무 죄송해서 주님께 무릎 꿇어 용서를 빌지 않고는 견딜 수가 없었습니다." 그 이야기를 듣고 저 역시 그 형제를 끌어안고 많이 울었던 기억이 있습니다. 예수님이 못 박혀야만 했던 나의 죄에 대해 통증을 느끼고, 멈추어야 주님의 능력을 경험할 수 있습니다.

2. 이 능력을 경험하는 핵심은 주님의 십자가를 붙드는 것입니다.

십자가의 길은, 알고는 감히 발을 들여놓을 수 없는 길입니다. 예수님조차도 "내 아버지여 만일 할만 하시거든 이 잔을 내게서 지나가게 하옵소서."라고 말하며 피와 같이 붉은 땀을 쏟으시며 고민하셨을 정도로 힘든 길입니다. 그러나 주님은 십자가의 길을 가는 것만이 하나님이 원하시는 길이라는 것을 분명히 알고 계셨습니다. 그래서 그 고통의 길을 묵묵히 걸으신 것입니다. 그 모진 고통을 겪으신 후에 하늘을 우러러보며 이 생에 마지막 말씀을 남기셨습니다. "다 이루었다."

인류 역사상 누구도 마지막 말씀으로 "테텔레스타이. 다 이루었다."는 말을 남기신 분이 없습니다. 이 말은 패배의 말이 아니라 승리의 말입니다. 마지막 순간에 주님은 본능적으로 느끼셨습니다.

"드디어 해냈구나. 테텔레스타이." 십자가의 고통 속에서 흘리는 기쁨의 눈물이요, 승리의 외침입니다.

무엇을 이루셨다는 의미일까요? 하나님 아버지의 계획, 의지, 뜻을 다 이루셨습니다. 인류가 감당해야 하는 죄의 짐, 아픔, 연약함으로 막혔던 모든 문제를 풀어주고, 하나님과의 사랑의 관계를 회복할 길을 이루셨습니다. 십자가 앞에 무릎을 꿇으면 죄를 고백하게 됩니다. 십자가 앞에 무릎을 꿇으면 용서의 은혜가 임합니다. 십자가 앞에 무릎을 꿇으면 나는 죽고 예수로 사는 일들이 일어납니다. 십자가 앞에서 구원이 완성됩니다.

3. 이 능력을 경험한 사람들은 교회 안에서 하나가 됩니다.

한국에 기독교가 들어오기 전까지는 백정의 아들은 백정으로 살아야만 했습니다. 그러나 복음이 한국에 들어왔을 때, 백정의 아들이 주님 안에서 의사가 되는 일이 일어났습니다. 양반과 천민이 손을 잡고 노래했습니다. 배운 자와 배우지 못한 자가 끌어안았습니다. 교회 안에서 하나됨! 이것이 십자가를 통해서 이루신 주님의 사역이셨습니다.

바울은 갈라디아서 3:28절에서 "유대인이나 헬라인이나 종이나 자유인이나 남자나 여자나 다 그리스도 예수 안에서 하나"라고 선포합니다. 우리는 십자가 앞에서 무릎 꿇고 소외된 자와 하나임을 고백합니다. 장애가 있는 자, 연약한 자와 하나인 것을 고백합니다. 북한 민족과 하나임을 고백하고, 아프리카인과 하나임을 고백합니다. 필리핀 노동자들과 하나임을 고백합니다. 만일 우리가 하나가 되는 일에 익숙하지 못하다면 우리는 십자가에서 하나가 되는 능력을 아직 경험하지 못한 것입니다. 십자가 앞에 무릎을 꿇고 "주님, 우리가 하나인 것을 알게 하소서" 이러한 기도가 있기를 바랍니다.

하나가 되면 사랑이 성숙해집니다. 하나가 되면 서로를 향한 뜨거운 사랑이 영혼 깊은 곳에서 솟아납니다. 서로가 계산하지 않는 사랑을 쏟아붓습니다. 이렇게 하나됨을 이룬 사랑의 공동체를 교회라고 부릅니다. 그리고 주님께서 친히 교회의 머리가 되셨습니다.

> **22절** 또 만물을 그의 발 아래에 복종하게 하시고 그를 만물 위에 교회의 머리로 삼으셨느니라

모든 것을 다 이루신 능력의 주님께서 친히 교회의 머리가 되셨고, 교회는 주님의 몸이 되었습니다. 만물을 충만케 하신 주님께서 주님의 몸을 이룬 교회를 충만케 하실 놀라운 일들을 행하십니다. 우리 대공원 교회가 온전히 하나가 되어 서로가 사랑함으로 주님의 몸을 이루어나가면 십자가에서 모든 것을 다 이루셨다고 선포하신 주님이 그 능력으로 우리를 충만하게 채워주실 것입니다. 이것이 우리의 소망입니다.

페니실린을 발견하여 노벨상을 탄 과학자 알렉산더 플레밍이란 분이 있습니다. 이 분을 취재하던 기자가 다음과 같은 질문을 했습니다. "박사님이 발견하신 것 중에서 가장 위대한 것은 무엇입니까?"

역사는 바뀌어도 주님의 사랑은
멈춘 적이 한 번도 없습니다.

플레밍 박사는 곧바로 이렇게 대답했습니다. "내가 죽어 마땅한, 참으로 비참한 죄인이라는 사실입니다. 그리고 예수님은 죽을 나를 구원하신, 참으로 위대한 주님이라는 사실입니다"

짧다면 짧고 길다면 길게, 지금까지 살아온 여러분의 인생 중에서 발견한 가장 위대한 것은 무엇입니까? 내가 죽어 마땅한, 참으로 대단한 죄인이라는 사실과 죽어야 할 나를 용서하시고 구원하신 그리스도 예수 나의 주님을 머리로 모시고 사랑으로 하나가 되는 그리스도의 몸을 배워가는 것이 아닐까요? 역사는 바뀌어도 주님의 사랑은 멈춘 적이 한 번도 없습니다.

이 귀한 사실을 발견하지 못했다면 이 시간이 지나가기 전에 죄인이라는 사실을 깨닫기를 바랍니다. 그리고 이 무서운 죄가 십자가의 보혈, 그 피로 용서함을 받았고, 이제 주님의 은혜로 사랑의 공동체를 이루어 살아가는 교회가 되었다는 사실을 감사하십시오. 죄를 멈추고, 멈출 수 없는 주님의 사랑으로 살아갑시다. 나의 죄를 용서하시고 구원하신 주님, 친히 머리가 되어 우리를 하나된 사랑의 공동체로 살아가게 하시는 주님, 이 위대하고 놀라운 사랑을 한 번도 멈춘 적이 없으신 주님의 이름을 찬양합니다.

나, 너 그리고 우리 교회를 살다

에베소서 2장

허물과 죄로 죽었던 너희를 살리셨도다

복음의 생명력

목적이 있는 부르심

그러므로 생각하라

평화의 도구로 써 주소서

지어져가는(-ing) 사랑 공동체

복음의 생명력

에베소서 2장 1-9절

그는 허물과 죄로 죽었던 너희를 살리셨도다 그때에 너희는
그 가운데서 행하여 이 세상 풍조를 따르고
공중의 권세 잡은 자를 따랐으니 곧 지금
불순종의 아들들 가운데서 역사하는 영이라…

숲을 거닐면 겨울에도 푸른 잎으로 무성한 소나무, 잣나무를 볼 수 있습니다. 막상 그 나무 밑에 가보면 소나무, 잣나무도 잎이 누렇게 변하여 떨어진 잎이 많지만 여전히 푸른 잎으로 무성한 것을 볼 수 있습니다. "어떻게 사시사철 푸를 수 있을까?" 궁금해서 인터넷을 검색했더니, 소나무나 잣나무 잎은 3년마다 떨어진답니다. 3년생은 1,2년생이 푸르러져 무성할 때까지 충분히 버팀목이 되어준 후에 떨어지는 것이지요. 사람도 다음 세대를 키울 때, 이처럼 충분히 자리 잡을 때까지 지지해주고 나서 물러나는 지도자가 좋은 지도자라는 생각이 들었습니다.

아동문학가인 정두리 시인은 "꽃보다 더 나은 푸른 솔이 좋다. 이런 거구나, 이래야 하는구나. 냄새도 빛깔도 이름과 닮은 의젓한

나, 너 그리고 우리 교회를 살다

나무. 네 모습을 보면서 소나무
야 꿈까지 푸르게 꾸고 싶다."
고 소나무의 푸르름을 노래했
습니다. 사철 푸른 소나무의 솔
잎은 변함이 없어서 좋습니다.

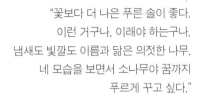

얼어붙은 겨울에도 푸르른 소나무의 기개가 좋습니다. 그렇게 보면
소나무가 가장 돋보이는 계절은 역설적이게도 매서운 겨울이 아닐
까요?

우리의 인생도 그렇습니다. 정도의 차이만 있을 뿐, 시련이나 고
난이 없는 인생은 없습니다. 신앙인은 오히려 시련이나 고난이 있을
때 그 모습이 더욱 빛나게 보입니다. 신약시대 교회들도 겨울보다도
더 매몰찬 시련과 핍박을 많이 받았습니다. 네로와 도미티안은 기독
교를 말살하는 정책을 편 대표적인 황제입니다. 그런데 그 모진 핍
박 속에서 교회의 생명력은 더욱 뚜렷하고 분명하게 싹을 피웠습니
다. 어떻게 이런 일이 가능했을까요? 교회들에게 보낸 바울의 서신
들을 살펴보면 그 안에 해답이 있습니다. 무엇보다도 신약교회는 복
음이 분명했습니다. 복음이 그들의 심장에 새겨져 있었기에 모진 시
련과 고난에도 오히려 생명력이 불타올랐습니다.

여러분에게 문제 하나를 내 보겠습니다. 다음 세 가지 상황 중에
서 가장 감동적인 것을 고르시기 바랍니다. 첫째, 한밤중에 도둑이
침입하였습니다. 마침 자동경보기를 설치해 놓았는데, 갑자기 자동
경보기가 요란한 소리를 내며 울렸습니다. 깜짝 놀란 도둑은 혼비백

산하여 도망쳤습니다. 둘째, 한밤중에 도둑이 침입하였습니다. 바로 그때 기르던 개가 짖으면서 도둑에게 달려들어 다리를 물며 싸웠습니다. 개가 도둑에게 얻어맞고 피투성이가 되었습니다. 도둑은 혼비백산하여 도망쳤습니다. 셋째, 한밤중에 도둑이 침입하였습니다. 용감한 아내가 "도둑이야" 소리를 지르며 방문을 박차고 나갔습니다. 사랑하는 아내가 도둑과 격투를 벌이다가 심하게 다쳤고 도둑은 혼비백산하여 도망쳤습니다. 끌어안고 볼을 비비며 다친 데는 없냐고 물어보며 고마워서 진심으로 칭찬할 대상은 자동경보기입니까? 개입니까? 아내입니까?

자동경보기가 감사해서 끌어안고 볼을 비비며 고맙다고 감사를 표현할 분은 없을 것입니다. 그러나 개나 아내는 다르지요. 요즈음은 개를 먼저 끌어안는 사람들이 있을지도 모르겠습니다. 아내를 개만도 못하게 취급하는 분(놈)들도 있는 것 같습니다. 물론 개도 고맙고 안타깝겠지만 정상적인 사람은 아내를 가장 먼저 끌어안을 것입니다. "여보, 다친 데 없어. 무슨 용가리 통뼈라고 도둑에게 달려들어? 나도 이불 뒤집어쓰고 가만히 있었는데…내가 쪽팔리잖아." 그러면서 끌어안고 다친 데를 살필 것입니다. 무슨 이야기인 줄 아시죠? 자발적인 관계, 인격적인 관계를 말하는 것입니다. 우리는 인격적인 관계를 이루도록 창조되었습니다. 사랑과 순종을 자발적으로 표현할 때 가장 감격스러워하는 존재로 창조되었습니다. 인격적이고 자발적인 관계가 아름답고 소중하기 때문입니다.

하나님과 우리의 관계가 인격적이고 자발적인 관계입니다. 인간을 창조하신 후에 동산 중앙에 선악을 알게 하는 나무를 두셨습니다. 그리고 인격적이고 자발적인 관계를 이루시기 위해 인간 스스로 관리하고 조절하고 순종하도록 하셨습니다. 인간이 아름답고 소중하기 때문입니다. 만일 하나님께서 자동경보기같이 '찬송하는 스위치'를 누르면 반복하는 목소리로 "할렐루야, 할렐루야…"로 찬송하고, '기도하는 스위치'를 누르면 한목소리로 "주여, 주여…"로 기도한다면 아무런 감동도 없을 것입니다.

그러나 인격적이고 자발적인 관계에서 우러나와 "사랑합니다. 나의 예수님" 이렇게 찬송하고 "주님이 베푸신 은혜 감사합니다. 주님 뜻대로 따르겠습니다."라고 기도하면 하나님이 영광을 받으시고 기뻐하실 것입니다. 하나님께서 이렇게 아름답고 귀한 존재로 인간을 창조하셨습니다.

그런데 아름답고 소중한 인간들이 하나님의 영광을 택하지 않고 죄와 허물을 택했습니다. 자발적으로 순종하라고 했더니, 자발적으로 죄와 허물을 택한 것입니다. 그 결과 인간은 하나님의 품을 떠나게 되었고 영적으로 죽음에 이르게 된 것입니다.

1절 그는 허물과 죄로 죽었던 너희를 살리셨도다

바울은 허물과 죄로 죽었던 우리, 그리고 죽었던 우리를 살려내신 예수를 설명합니다. 허물과 죄는 우리를 죽입니다. 영혼도 죽이고, 관계도 죽이고, 평화도 깨뜨립니다. 그러나 예수님은 우리를 살

리십니다. 영혼을 살리고, 관계를 살리고, 평화를 선포하십니다. 예수님을 만나면 죄로 죽었던 영혼이 생명을 얻고 살아납니다. 예수님을 만나면 주저앉아 있던 인생들이 힘을 얻고 일어섭니다. 믿음이 생기고, 용기가 생기고, 희망이 생깁니다. 오늘 이 시간에 삶의 용기가 충전되기를 바랍니다. 아무리 큰 고난 가운데 처해있다할지라도 주님을 만나면 새로운 희망이 시작될 것입니다. 허물과 죄로 죽었던 우리를 살리시는 과정을 살펴보겠습니다.

> **2절** 그 때에 너희는 그 가운데서 행하여 이 세상 풍조를 따르고, 공중의 권세 잡은 자를 따랐으니 곧 지금 불순종의 아들들 가운데서 역사하는 영이라
> **3절** 전에는 우리도 다 그 가운데서 우리 육체의 욕심을 따라 지내며 육체와 마음의 원하는 것을 하여 다른 이들과 같이 본질상 진노의 자녀이었더니

이 세상 풍조를 따라가는 것이 허물입니다. 이 세상의 풍조란 세상의 가치관과 문화입니다. 육체의 욕심을 따라가는 것은 죄입니다. 육신의 정욕과 안목의 정욕과 이생의 자랑이 육체의 욕심입니다. 그런데, 모든 사람이 세상의 풍조를 따라가고 육체의 욕심을 따라갑니다. 그래서 모든 사람은 본질상 진노의 자녀입니다. 바울은 로마서 12:2절에서 "너희는 이 세대를 본받지 말라"고 경고했습니다.

지금은 큰일 날 일이지만, 옛날 우리 어렸을 때는 크리스마스가 되면 산에서 잣나무 밑동을 잘라와 크리스마스 트리를 만들었습니

다. 잘라온 나무를 잘 세워놓고 여러 가지 장식을 합니다. 별과 방울도 달고, 지팡이와 양말, 과자 등 각종 아름다운 것들과 갖가지 색깔의 빛을 내는 전구로 장식합니다.

아름답게 반짝이는 이 나무가 살았습니까? 아니면 죽었습니까? 살아있는 것 같지만 밑동이 잘리는 순간 본질상 죽은 것입니다. 크리스마스 시즌이 지나면 이 나무는 어떻게 됩니까? 아마 장식은 다 거두고 잎은 말라비틀어져서 쓰레기통에 던지거나 혹은 땔감이 될 것입니다.

하나님으로부터 분리된 인간은 이와 같습니다. 생명이신 하나님으로부터 분리되는 순간 본질상 죽은 것입니다. 이 땅에 존재하는 동안 세상의 풍조를 따라가고, 육체의 욕심을 따라가면서 많은 장식품으로 아름답게 치장합니다. 박사나 부자, 혹은 사회가 인정하고 좋아하는 것으로 아름답게 장식합니다. 그러나 때가 되면 장식을 거둬냅니다. 그때에는 생명이 시든 모습으로 쓰레기통에 던져질 것입니다. 성경은 이곳을 불과 유황으로 타오르는 지옥이라고 말합니다. 본질상 진노의 자녀이기 때문입니다. "모든 사람은 허물과 죄로 죽은 죄인이다." 이 말씀이 분명한 복음입니다.

> **5절** 허물로 죽은 우리를 그리스도와 함께 살리셨고 (너희는 은혜로 구원을 받은 것이라)
> **6절** 또 함께 일으키사 그리스도 예수 안에서 함께 하늘에 앉히시니

하나님께서는 허물과 죄로 죽은 인간을 불쌍히 여기셨습니다. 마음 깊숙한 곳에서 불쌍하여 견딜 수 없이 우러나오는 사랑으로 허물과 죄로 죽은 우리에게 다가와서, 그리스도와 함께 살리셨습니다. 5-6절에 세 개의 중요한 동사가 나옵니다. 첫째는 '살리셨다' 둘째는 '일으켰다' 셋째는 '앉히셨다'입니다. 하나님께서 허물과 죄로 죽었던 우리를 예수님과 함께 살리셨고, 예수님과 함께 일으키셨고, 예수님과 함께 하늘에 앉히셨습니다. 운명적으로 예수님과 함께 살게 되었습니다. 예수님이 없으면 살아날 수 없고, 예수님이 없으면 일어날 수도 없고, 예수님이 없으면 하늘에 앉을 수도 없습니다. 그러나 예수님이 우리와 함께 계시므로 모든 일을 이루셨습니다. 살리셨고, 일으키셨고, 하늘에 앉히신 이 말씀이 분명한 복음입니다.

종교개혁가인 마틴 루터의 자서전에 나오는 이야기입니다. 어느 날 밤 자신의 죄 때문에 참으로 아픈 마음을 안고 잠들었습니다. 꿈속에서 천사가 흑판 위에 루터의 모든 죄를 낱낱이 열거하고 있었습니다. 어린 시절부터 지은 죄들을 대못으로 새기며 기록하는데 칠판에 가득 차고도 넘쳤습니다. 루터는 절대로 용서받을 수 없다는 절망 가운데 깊이 빠져들었습니다. 그때 천사가 열거된 모든 죄목 위에 "그 아들 예수의 피가 우리를 모든 죄에서 깨끗하게 하실 것이다"라는 말씀을 기록하였습니다. 그리고 칠판에 기록하던 대못으로 찔린 손에서 붉은 피가 뚝뚝 떨어져내리고 모든 죄의 기록을 깨끗이

지워버리는 것이었습니다. 루터가 잠에서 깨어났을 때 즉시 무릎 꿇고 자신의 모든 죄를 용서하신 주님의 십자가를 깊이 생각하며 울었습니다. "감사합니다. 주님. 주님께서 살리셨고, 일으키셨고, 하나님의 우편에 앉히셨습니다." 살리시고 일으키는 능력이 곧 부활의 능력입니다.

> **8절** 너희는 그 은혜에 의하여 믿음으로 말미암아 구원을 받았으니 이것은 너희에게서 난 것이 아니요, 하나님의 선물이라
> **9절** 행위에서 난 것이 아니니 이는 누구든지 자랑하지 못하게 함이라

우리가 훌륭한 일을 해서 구원받은 것이 아닙니다. 부활의 능력을 믿는 자들에게 하나님께서 은혜로 주신 것입니다. 희망을 잃어버린 사람들은 슬픈 빛깔을 띠고 있습니다. 그러나 주님의 부활은 잃어버린 희망을 불러일으킬 것입니다. "주님이 살아나셨다." 이 사실을 경험한 사람들은 그 입술을 벌려 노래할 것입니다. "살아계신 주 나의 참된 소망, 근심 걱정 전혀 없네." 우리는 살아계신 주님을 믿는 사람들입니다. 믿음으로 인하여 구원을 받았습니다. 행위에서 난 것이 아닙니다. 믿는 자에게 은혜로 주시는 하나님의 선물입니다. 이 말씀이 분명한 복음입니다. 그러므로 복음으로 살아가는 사람들은 자랑할 것이 없습니다. 오직 감사할 따름입니다.

신약교회는 이 복음이 분명했습니다. 복음을 분명하게 마음에 새기고 살아가길 바랍니다. "우리 주님께서 말씀하셨던 대로 살아

나셨다. 살아계신 주님께서 지금 우리와 함께 계신다." 이 사실을 확인하는 순간 슬픔 속에 잠겼던 제자들의 가슴에 생명의 바람이 불어왔습니다. 새 힘이 솟아났습니다. 슬픔이 사라졌습니다. 잃어버렸던 소망이 살아났습니다. 사랑하는 마음이 뜨거운 눈물로 쏟아졌습니다.

"주님, 살아나셨군요." 이 기쁜 소식을 가지고 허물과 죄로 죽어 있는 세상을 향해 달려갔습니다. 제자들의 삶에 혁명적인 변화가 일어났습니다. 살아계신 주님을 붙들고 일어섰습니다. 낙심된 마음을 털어냈습니다. 폭풍우같이 혼돈되고 고통당하는 마음에 하나님의 평화가 임했습니다. 제자들과 함께 행하셨던 주님, 지금도 살아계셔서 우리와 함께하심을 100% 믿습니다.

나, 너 그리고 우리 교회를 살다

목적이 있는 부르심

에베소서 2장 10절

우리는 그가 만드신 바라 그리스도 예수 안에서
선한 일을 위하여 지으심을 받은 자니 이 일은
하나님이 전에 예비하사 우리로 그 가운데서
행하게 하려 하심이니라

2년 뒤에 강원도에서 청소년 동계올림픽이 열립니다. 피겨스케이팅 선수였던 김연아 씨가 IOC 홍보대사가 되어서 인터뷰했는데요. 피겨스케이팅을 꿈꾸는 후배들에게 "인생은 속도가 아니라 방향이다(Life is not speed but direction)."라는 멋진 말을 해주었습니다. 이 말은 '젊은 베르테르의 슬픔'과 '파우스트'로 잘 알려진 괴테(Johann Wolfgang von Goethe)가 남긴 말입니다. 현대사회의 특징 가운데 하나는 속도입니다. 모든 것이 빨라지고 있습니다. 더 높게, 더 빨리 뛰기 위하여 금지된 약물을 투여하여 근육을 강화하는 반칙을 범하기도 합니다. 러시아의 신동이라는 피겨선수 발리예바는 도핑 논란에도 출전을 강행함으로 성실하게 달려온 선수들에게 상처를 주었습니다. 러시아는 이런 발리예바에게 체육 훈장까지 수여했습니다. 반칙을 범하더라도 최고가 되면 된다는 잘못된 신호를 주는 것이지요. 우크라이나를 침공하면서 힘의 논리로 정당화시키는 것도 마찬가지입니다. 세상은 느린 것을 게으른 삶으로 평가하며, 얼마나 빠르게 혹은 얼마나 많은 것을 이루어냈는지에 대해 자랑합니다. 누가 더 많이 모았으며, 누가 더 빨리 올라왔느냐가 주된 관심입니다.

괴테의 말처럼 중요한 것은 속도보다 방향인데, 그에 대한 고민은 별로 없는 것 같습니다. 하지만 서둘러서 달려왔는데 알고 보니 잘못된 방향으로 달려왔다면, 많은 시간을 낭비했고, 방황했고, 헤맨 것이 크게 후회가 될 것입니다. 가끔은 달려가는 길을 멈추어서서 지금 내가 올바른 방향으로 가고 있는지, 어떤 길을 걷고 있는지 돌아보고, 하나님이 원하시는 방향이 맞는지 묻고 점검할 필요가 있습니다. 천천히 가더라도 올바른 방향으로 가는 것이 중요합니다.

대통령 선거가 열흘 남았습니다. 역대급 비호감이라는 말을 하는 분들이 많습니다. 그럼에도 우리는 누군가를 선택해야 합니다. 바른 선택과 바른 방향을 위해 기도합니다. 한국교회가 정치와 권력에 놀아나지 않고 바른 방향으로 가기를 기도합니다. 교회가 나아가야 할 바른 방향은 하나님의 목적이어야 합니다. 어두운 세상을 밝게 비추는 생명의 빛으로 맛을 잃어버린 세상을 맛깔나게 하는 생명의 소금으로 퀘퀘한 냄새로 찌든 세상을 향기롭게 하는 생명의 향기로 살아가도록 우리는 하나님의 목적을 따라 지으심을 받은 존재들입니다.

나, 너 그리고 우리 교회를 살다

> **10절** 우리는 그가 만드신 바라 그리스도 예수 안에서 선한 일을 위하여 지으심을 받은 자니 이 일은 하나님이 전에 예비하사 우리로 그 가운데서 행하게 하려 하심이니라

하나님께서 인간을 만드셨습니다. 하나님의 영광을 위하여, 인간과 아름다운 교제를 나누며, 그리스도 예수 안에서 선한 일, 즉 하나님이 인간을 얼마나 사랑하시는지, 그 사랑을 말과 행동으로 전하는 일을 위한 분명한 목적을 위하여 만들었습니다. 하나님의 형상을 따라 하나님의 혼을 불어넣어 만들었습니다.

고려청자 만드는 이야기를 한 적이 있었지요? 도공이 새벽에 일어나 온갖 정성을 다 기울이며 자기의 혼을 불어넣어 고려청자를 만들고 기뻐하듯이 하나님께서 하나님의 형상을 따라 하나님의 혼, 즉 하나님의 생기를 불어넣어 인간을 만들었습니다. 하나님의 걸작품, 포이에마입니다. 인간을 만드시고 크게 기뻐하셨습니다. 하나님의 목적을 실행할 계획이 있었기 때문입니다.

분명한 목적을 가지고 창조한 인간이 그 목적에 맞는 방향으로 가지 아니하고 사단의 유혹 한 마디에 하와도, 아담도 잘못된 방향을 바라보며 와르르 무너지는 모습을 지켜보는 하나님의 마음이 아팠습니다. 최선을 다하셨고 그토록 기뻐하셨던 최선의 작품이었기에 실패한 인간을 바라보시는 하나님의 고통은 더욱 컸을 것입니다. 하지만 실패한 인간임에도 불구하고, 인간을 향한 하나님의 사랑은 중단되지 않았습니다. 더 큰 사랑으로 십자가를 준비하신 하나님은

긍휼은 죄인을 불쌍히 여기는 하나님의
눈물입니다. 가난한 사람, 억눌린 사람,
연약한 영혼을 보면서 애끓는 감정으로
흘리는 눈물입니다.

인간이 지은 죄와는 비교할 수도 없이 큰 긍휼로 오셨습니다. 이전 것들을 기억도 하지 않으시고, 인간의 모든 죄를 단번에 용서하시는 큰 사랑으로 다가와 재창조하셨습니다.

이 긍휼하신 사랑으로 무너진 인간을 새롭게 다듬기 시작했습니다. 긍휼은 죄인을 불쌍히 여기는 하나님의 눈물입니다. 가난한 사람, 억눌린 사람, 연약한 영혼을 보면서 애끓는 감정으로 흘리는 눈물입니다. 간음하다 현장에서 잡힌 여인을 불쌍하게 여기시는 마음, 잘못 살아버린 지난날 때문에 고통받고 있는 삭개오를 찾아가 안아주는 마음이 긍휼입니다.

이러한 하나님의 긍휼하심이 십자가에서 사랑으로 녹아내렸습니다. 그분의 흘리신 피가 영혼을 사랑하는 눈물이 되어서 우리 인생 가운데 흘러내렸습니다. 촉촉이 적셔오는 그분의 사랑이 우리의 완악한 마음을 흔들어 놓았습니다. 무덤덤한 마음에 표현할 수 없이 큰 감동이 밀려와서 감격하며 눈물을 흘립니다. "늘 울어도 눈물로서 못 갚을 줄 알아 몸 밖에 드릴 것 없어 이 몸 바칩니다." 수백 번, 수천 번을 불러도 가슴이 뭉클하고 감사한 노래입니다. 이렇게 감동이 있는 인간으로, 구원받은 인간으로 새롭게 만들었습니다.

이렇게 만들어진 새로운 작품을 우리는 하나님의 자녀들, 즉 교회라고 부릅니다. 얼마나 사랑하면 나의 신부, 예수 그리스도의 신부라고 부를까요? 얼마나 소중하면 내가 거하는 처소, 진리의 성령님이 살아가시는 집이라고 부를까요? 얼마나 가깝게 느끼면 나의 몸, 머리이신 그리스도의 몸이라고 부를까요? 이렇게 소중한 교회가 나와 여러분, 우리 대공원 하나님의 가족입니다. 교회를 바르게 알면 교회를 다니지 않고, 교회로 존재하게 됩니다.

교회로 존재하는 것, 생각만 해도 뿌듯하고 감사한 일이 아닙니까? 하나님이 우리를 새롭게 만들었다는 사실 때문에, 이것 한 가지만으로 세상에서 큰소리치며 당당하게 가슴 활짝 펴고 살아갈 수 있습니다. 가진 것이 좀 없어도 배운 것이 좀 부족해도 얼굴이 좀 못생겼어도 주님이 나를 만드셨다는 이 사실 하나만으로도 넉넉한 마음으로 미소 지으며 살 수 있게 되었습니다. 우리는 하나님의 자녀로 모인 교회입니다. 왜 하나님께서는 철저하게 실패한 우리를 또다시 하나님의 혼, 성령을 불어넣어 귀한 존재로 만들어 주신 이유가 무엇입니까?

"그리스도 예수 안에서 선한 일을 위하여 지으심을 받은 자니" 하나님께서는 그리스도 안에서 우리에게 선한 일을 시키기 위한 분명한 목적을 가지고 우리를 하나님의 자녀들로, 교회를 새롭게 만드셨습니다. 선한 일이란, 사랑하는 일입니다. 하나님의 자녀로 이루어진 교회는 반드시 그리스도 안에서 선한 일, 즉 하나님이 인간을 얼마나 사랑하시는지, 그 사랑을 말과 행동으로 전하는 일을 해야만 합니다. 선한 일을 하지 않으면 하나님의 자녀들로서, 교회로서, 대공원 하나님의 가족들로서 실패한 삶을 사는 것입니다.

율법에 정통한 율법사가 예수님께 물었습니다. 궁금한 것을 알기 위해서 질문한 것이 아닙니다. 자신이 얼마나 율법에 정통한 사람인가를 과시하기 위해서 질문했습니다. "선생님, 내가 무엇을 하여야 영생을 얻으리이까?" 그때 예수님께서 선한 사마리아인의 이야기를 해줍니다. 한 사람이 길 가다가 강도를 만나서 심한 상처를 입었습니다. 지나가던 제사장과 레위인은 율법을 지킨다는 명분으로 강도 만난 이웃을 외면했지만, 율법을 잘 모르는 사마리아 사람은 멈추어 섰습니다. 다친 곳을 싸매어주고, 나귀에 태워서 주막까지 데리고 와서 그에게 친절한 사랑을 베풀어 주었습니다. 주님께서는 그 친절한 사랑을 선한 일이라고 말씀하셨습니다. 그리고 율법사가 지독히도 싫어하는 사마리아 사람을 본받으라고 합니다. "너도 이와 같이 하라." 이런 사랑을 이웃에게 베풀고 사는 일이 선한 일입니다.

예수님은 이 목적을 성취하도록 새 계명을 우리에게 주셨습니다. "새 계명을 너희에게 주노니 서로 사랑하라 내가 너희를 사랑한 것 같이 너희도 서로 사랑하라 너희가 서로 사랑하면 이로써 모든 사람이 너희가 내 제자인 줄 알리라"요 13:34-35 30년을 넘게, 때로는 아파서 울고, 때로는 감격스러워서 울며 목회해왔던 목양의 지침으로 가슴에 새겨온 말씀입니다. 예전에 이런 교회를 구현하자며 모델이 되는 교회를 꿈꾸었고, 이런 제목으로 대학원 논문까지 썼습니다. 하지만 서로의 생각을 조정하지 못하고, 바울과 바나바가 충돌한 것처럼 갈등하다가, 결국 사랑하는 몇몇 지체들이 교회를 떠나는 아픔을 겪었습니다. 지금도 악몽을 꿀 만큼 목회 여정에서 겪은 큰 아픔입니다.

깊은 수렁에 빠진 고통을 겪으며 생각했습니다. "서로 사랑하지도 못하면서 신약교회의 구현, 모델이 되는 교회…어쩌고 저쩌고 말하는 것들이 무슨 의미가 있겠는가?" 목표를 위해 사랑의 관계를 깨뜨리는 것보다, 목표를 포기하더라도 사랑의 관계를 만들어 가는 것이 더 중요하다는 사실을 뼈저리게 느꼈습니다. 서로 사랑하지 못하면 목회도 아니고, 교회도 아닙니다. 사랑하는 일에 실패하면 그 어떤 것을 이루었어도 아무것도 아닙니다. 방향 자체가 어긋난 것입니다.

목표를 위해 사랑의 관계를 깨뜨리는 것보다, 목표를 포기하더라도 사랑의 관계를 만들어 가는 것이 더 중요하다.

베드로도 이 사랑을 배우기 위해 심장이 찢기고, 숨이 멎을 것 같은 닭울음 소리를 들어야 했습니다. 주님을 위해서 무슨 일을 좀 하는 것보다, 끝까지 사랑하는 일이 더 중요합니다. 베드로처럼 하나님 나라를 위해 열정을 불태운 사람이 어디 있었습니까? 하지만 그는 끝까지 사랑하는 법을 먼저 배워야만 했습니다. 그가 들었던 닭울음 소리는 무엇 좀 이룩해보고 싶은 기질, 성질을 죽이고, 사랑하는 성품으로 살라는 영적 자명종 소리입니다.

예수님은 요한복음 10:10에서 "나는 선한 목자라 선한 목자는 양들을 위하여 목숨을 버리거니와"라고 말씀하십니다. 이 말씀에 의하면 선한 일은 맡겨진 양들을 사랑하기 위해 아낌없이 자신을 투자하는 목자의 삶입니다. 예수님이 선한 목자의 기준입니다. 예수님을 기준 삼는 부부가 선한 남편, 선한 아내가 됩니다. 예수님을 기준 삼는 부모가 선한 아빠, 선한 엄마가 됩니다. 선한 이웃으로 살아가십시오. 선한 목자, 선한 인생을 살아가시기 바랍니다. (저희는 딸 이름을 선한이라고 지어서 자동으로 선한 아빠, 선한 엄마가 되었습니다) 우리는 사랑하는 삶을 살아가도록, 그리고 우리에게 맡겨진 영혼을 사랑하며 섬기도록 아담과 하와보다 훨씬 더 업그레이드가 된 하나님의 작품들입니다.

이런 유머가 있습니다. 우리가 이 세상에서 열심히 달려갈 길을 다 달린 후에 천국에 가면 시상식이 있답니다. 사랑을 주며 살아온 사람들은 금메달을 받습니다. 사랑을 받으며 살아온 사람들은 은메달을 받습니다. 사랑을 기다리기만 한 사람들은 동메달을 받습니다. 그러나 사랑을 잊어버리고 살아온 사람들이 있습니다. 이런 사람들은 무슨 메달을 받을까요? 목메달이랍니다. 물론 웃자고 만든 이야기입니다. 하지만 우리의 삶을 한 번 더 생각해보게 하는 유머입니다. 사랑을 주고받으며 살고 있습니까? 사랑을 기다리기만 합니까? 아니면 사랑을 잊어버리고 살고 있습니까? 예수님께 받은 사랑을 주고받으며 살아갑시다. 그리하여 우리의 가정을, 우리의 목장을, 우리 대공원 교회와 우리의 이웃을 천국으로 만들어 가는 여러분 되시기를 바랍니다.

오드리 헵번이 다음과 같은 말을 했습니다.

"나이를 먹어가며 당신이 알아야 할 것은 당신이 두 개의 손을 가지고 살아가는 이유이다. 한 손은 당신 자신을 돕기 위해, 그리고 나머지 한 손은 다른 사람을 돕기 위해서라는 것을.”

　여러분의 손으로 우리 주님이 주신 사랑을 붙드시기 바랍니다. 그 사랑을 나누어주며 살아가시기 바랍니다. 서로 생김새도 다르고, 성격도 다르고, 살아온 삶의 흔적도 다르지만, 생명의 빛과 소금이 되어 밝음을 나누어 주고, 맛도 나누어 주고, 사랑의 향기가 되어 세상을 아름답게 하시기 바랍니다. 주님의 마음으로 서로를 바라보고, 주님의 마음으로 서로를 돌아보는 사랑의 나눔의 공동체가 된다면 엄마와 아기가 탯줄로 그 생명이 연결되듯이 서로 사랑하는 교회가 성령 안에서 생명의 탯줄로 연결된 공동체가 될 것입니다. 사랑의 나눔(섬김)이 있는 곳에 하나님이 계십니다. 사랑의 나눔이 있는 삶이 되길 바랍니다.

그러므로
생각하라

에베소서 2장 11-13절

그러므로 생각하라 너희는 그 때에 육체로는 이방인이요
손으로 육체에 행한 할례를 받은 무리라 칭하는 자들로부터
할례를 받지 않은 무리라 칭함을 받는 자들이라…

"관객은 일이 끝나면 외투와 가방을 챙기고, 일꾼(주인)은 일이 끝나면 빗자루와 걸레를 챙긴다."는 말이 있습니다. 공연이나 목회자 세미나 등에 참석해서 모이고 흩어지는 수많은 사람을 관찰해보면 일꾼(주인) 의식을 가지고 준비하며 섬기는 자들과 돈 내고 와서 듣고 참관만 하는 관객이 확연하게 구분됩니다.

관객은 정시에 딱 맞춰 오거나 혹은 조금 늦게 와서 관람하고, 강의를 듣습니다. 그리고 시간이 끝나면 오랜만에 만난 사람들과 아는 체 인사를 나눈 후 자기의 짐을 챙기고 금방 자리를 뜹니다. 지저분한 곳이 보이면 "이게 뭐야. 청소도 하지 않았네." 언성을 높이기도 합니다. 하지만 일꾼(주인) 의식을 가지고 섬기는 사람들은 미리 1~2시간 전에 와서 이곳저곳을 둘러보며 점검합니다. 지저분한 곳이 발

나, 너 그리고 우리 교회를 살다

견되면 얼른 빗자루와 걸레를 들고 깨끗하게 청소합니다. 시간이 끝나도 먼저 가지 않습니다. 다 정리되었는지 둘러보고 모든 일을 정돈한 후에 자리를 뜹니다. 어떠한 생각

을 하고 있는가에 따라서 참석자의 태도가 확실하게 결정됩니다.

교회도 마찬가지입니다. 자신을 관객처럼 생각하고 교회를 다니는 사람과 지체 의식을 가지고 예배를 준비하고 섬기는 사람 사이에는 엄청난 차이가 있습니다. 자기의 일이 아니라고 생각하고 관객(관람 차 오신 분)처럼 행동하는 분들이 많을수록 교회는 성장할 수 없습니다.

여러분은 자신을 대공원 교회의 관객처럼 생각하며 행동하십니까? 아니면 지체의식을 가지고 먼저 와서 준비하고, 서로를 섬기며 연약하고 부족한 곳이 발견되면 먼저 달려가 빗자루와 걸레를 들고 정돈합니까?

"나는 대공원 교회의 지체요, 주인이신 주님께 순종하여 일군으로 섬기는 자다"는 의식으로 무장되길 바랍니다. 이런 섬김의 의식을 그리스도인의 자기 정체성이라고 말합니다. 내가 소속된 공동체 안에서 "내가 누구이며, 나의 역할은 무엇인가?"를 아는 것은 대단히 중요한 것입니다. 내가 누구인가를 깊이 묵상할 때, 나의 역할을 명확하게 인식할 때, 그 생각이 말과 행동으로 나타나고 그 행동이 반복되면서 습관과 인격이 형성됩니다.

> **11절** 그러므로 생각하라 너희는 그 때에 육체로 이방인이요 손으로 육체에 행한 할례를 받은 무리라 칭하는 자들로부터 할례를 받지 않은 무리라 칭함을 받는 자들이라

　무엇을 생각하라는 말씀입니까? '그때'를 생각하라는 말씀이지요. 그때 육체로는 이방인으로 살았습니다. 손으로 육체에 행한 할례를 받은 무리라 칭하는 자들, 즉 중심세력으로 살아가는 유대인들에게 할례를 받지 않은 무리, 변두리 인생으로 살아가는 이방인이라고 철저히 무시당하며 온갖 서러움을 많이 받았습니다. 유대인과 이방인 사이에는 넘을 수 없는 큰 장벽이 있었습니다. 그 장벽에 갇혀서 무시당하며 온갖 서러움을 받았습니다. 그때를 생각하라는 의미입니다.

　그때는 이겨야 살 수 있다고 생각했는데, 이길만한 힘이 없어서 열등감만 생겼습니다. 무시당할 때마다 숨고 싶은 수치심으로 남아 있는 자존감마저 잃어버렸습니다. 못난 자신 때문에 강박감에 시달려 우울하기도 했습니다. 그래서 때로는 남을 속이기도 하고, 남이 나를 무시할 때 치밀어 오르는 분노를 폭발하기도 했습니다. 남을 이겼을 때 진한 쾌감을 느끼며 교만한 행동도 서슴치 않았습니다. 지지 않으려는 생각에서 쏟아내는 말로 인해 큰 상처를 입기도 했습니다. 말로 찌른 상처는 칼로 찌른 상처보다 오래갑니다.

　이렇게 철저하게 죄인으로 살면서 인생의 불확실성 때문에 두려움에 휩싸이기도 했던 그때가 있었습니다. 예수님을 알기 전 있었던 그때는 실패한 인생이었습니다. "주님을 알기 전의 나는 망한 인생,

　나, 너 그리고 우리 교회를 살다

실패한 인생이었다." 이 사실을 생각하라는 의미입니다.

유명한 사립대학 총장님이 아내를 무시하며 평생을 구박하면서 살았답니다. 자신은 대학 총장까지 되었지만, 사모님은 고등학교를 겨우 졸업한 분이었습니다. 총장님이 어려울 때 결혼을 해서 사모님의 도움을 많이 받았는데, 생활이 점점 괜찮아지고 지위가 올라가면서 아내를 무시하기 시작했고 평생을 구박하면서 살았습니다. 사모님은 결혼생활 24년째 되는 50대 초반에 암에 걸려 그 총장님이 계신 대학병원에서도 아무런 손을 쓸 수 없게 되었습니다. 물도 못 넘기며 죽을 날만 기다리고 있는데 목사님이 찾아오셨습니다. 총장님은 장로님이고, 사모님은 권사님입니다. 죽기 전에 할 말이 있으면 해 보라고 하자 사모님은 평생을 구박받으면서 살아온 세월이 너무 억울하다고 말합니다. 그 장로님을 용서하고 하나님의 품으로 편히 가시라고 목사님이 말씀하시자 사모님의 입에서 뜻밖의 말이 나옵니다.

"목사님, 저는 지옥에 가겠습니다. 그놈을 절대로 용서할 수 없습니다." 깜짝 놀란 목사님은 옆에서 울고 있는 대학에 다니는 딸을 불러서 엄마가 아빠에게 하고 싶은 말을 종이에 대신 적으라고 했습니다. 그리고 장로인 남편에게는 권사님이 무슨 이야기를 하더라도 아무런 대꾸도 하지 말고 다 듣기만 하라고 부탁했습니다. 사모님은 입으로 불러주고 딸은 적었는데, 노트로 21페이지를 썼답니다. 남편을 옆에 앉혀놓고 그것을 한 가지씩 이야기하는데 이야기하다가 기절하면 물로 희석한 우황청심환 먹고 살아나고, 또 기절하면 물로 희석한 우황청심환 먹고 살아나고, 그렇게 시집온 날, 24년 전의 일부터 이야기가 시작되었습니다.

그 이야기를 듣고 있던 장로님은 닭똥 같은 눈물만 흘리고 말을 잇지 못했습니다. 사흘 만에 속에 있는 이야기를 다 말하고 나자 장로님이 "당신 그렇게 힘들었어. 내가 잘못했어요." 한마디 했더니 사모님이 "아직 반도 못했어 이 양반아. 반도 못했어." 하면서 울더랍니다. 그 이후 장로님도 권사님 곁을 떠나지 못하고, 불쌍한 아내 옆에서 며칠을 울기만 하면서 앉아 있더랍니다. 일주일쯤 지나니 사모님이 물을 넘기기 시작하고, 또 일주일쯤 지나니 기어서 화장실을 가고, 또 일주일쯤 지나니 미음을 넘기더랍니다. 24년 만에 남편이 해준 말 한마디 "당신 그렇게 힘들었어? 내가 잘못했어요." 이 한마디를 듣고 사모님이 살아났데요. 마음이 치유되기 시작하니 육신도 치유되는 거지요.

무시당하며 살면 이렇게 마음에 한이 맺히고 병이 생깁니다. 예수님을 만나기 전의 우리는 이 세상으로부터 무시당하며 한 맺힌 사람들로 살아왔습니다. 세상이 주는 열등감, 두려움, 복수심, 분노의 감정을 마음속에 차곡차곡 지니고 살아왔습니다. 이렇게 한 맺힌 인생을 살아온 이유는 그리스도 밖에 있었기 때문입니다. 그때를 한번 생각해보십시오.

> **12절** 그 때에 너희는 그리스도 밖에 있었고 이스라엘 나라 밖의 사람이라 약속의 언약들에 대하여 외인이요 세상에서 소망이 없고 하나님도 없는 자이더니

나, 너 그리고 우리 교회를 살다

그때 우리는 그리스도 밖에 있었습니다. 그리스도와는 아무런 상관도 없는 사람들이었습니다. 소망도 없고 하나님도

그러나 하나님을 알면 메마른 광야도 축제의 장소로 바뀝니다. 하나님을 알면 광야 같이 살아온 인생에도 소망의 빛이 비쳐옵니다.

없었습니다. 하나님이 없다는 말이 아니라 자신이 하나님을 인정하지 않고 무시하며 살았기 때문에 자기에게는 하나님이 없는 사람으로 살았다는 의미입니다. 모세가 바로를 찾아갔을 때 하나님을 무시하던 바로가 말합니다. "여호와가 누구이기에 내가 그 목소리를 듣겠느냐? 나는 여호와를 알지 못한다." 하나님을 잘 모르기 때문에 하나님을 무시하다가 하나님께 큰 징벌을 받습니다. 그 징벌이 죽음입니다. 그래서 그리스도 밖에 있을 때 우리는 죽음의 징벌을 받은 자들이었습니다.

하나님을 알아야 영이 살아나고 소망이 살아납니다. 이집트의 속박에 있었던 이스라엘 백성들이 하나님을 알기 시작하고, 그분의 크고 강하신 손으로 자신들을 구원하시고, 그들의 하나님이 되신 것을 깨달았을 때 그들은 광야로 나갈 결심을 했습니다. "나가자. 광야로 가서 축제를 벌리자." 광야는 아무것도 없어서 축제를 벌릴만한 장소는 아닙니다.

그러나 하나님을 알면 메마른 광야도 축제의 장소로 바뀝니다. 하나님을 알면 광야 같이 살아온 인생에도 소망의 빛이 비쳐옵니다. 그러므로 그리스도 밖에 있었을 때의 소망 없었던 시절을 생각해보라는 것입니다. 그리고 그때를 충분히 생각했으면 이제는 '이때'를

생각해야 합니다. 그래야 감사가 터져 나오고 소망의 눈이 활짝 열립니다. 이때 무슨 일이 일어났습니까?

> **13절** 이제는 전에 멀리 있던 너희가 그리스도 예수 안에서 그리스도
> 의 피로 가까워졌느니라

그때는 망한 인생이었고 열등감과 분노로 한 맺힌 인생이었고 그리스도 밖에 있었기에 하나님과 우리 사이에는 멀고 먼 간격, 막힌 장벽이 가로막고 있었습니다. 그런데 그리스도의 피가 흐르기 시작하자 넘지 못할 그 멀고 먼 간격이 가까워졌습니다. 막혔던 담이 무너졌고 하나님과 우리 사이가 가까워졌습니다. 서로 숨결을 느낄 수 있게 되었습니다. 하나님이 우리 마음을 살피시고, 우리는 하나님의 음성을 듣게 되었습니다. 사망의 음침한 골짜기를 헤맬지라도 하나님은 아주 우리와 가까이 계셔서 우리를 지켜주시게 되었습니다. 언제 그렇게 되었습니까? 그리스도의 피가, 십자가의 보혈이 우리 심장을 적실 때 하나님과 우리 사이가 가까워지게 된 것입니다. 이제부터는 이 놀라운 사실을 생각하고 살라고 말씀하십니다.

"그러므로 생각하라." 아시겠지요? 예수 믿기 전의 나, 예수를 믿고 사는 나를 생각해보라는 것입니다. 지금은 보통 사람이 아니지요. 하나님과 가까운 사이, 하나님이 우리 안에 거하시고 우리는 하나님 안에 거하는 사이가 되었습니다. 그리스도의 신부요, 하나님의 성령이 거하시는 성전이 되었습니다. 머리와 몸의 사이가 되

나, 너 그리고 우리 교회를 살다

었습니다.

오늘 아침도 거울을 보고 외쳤습니다. "나는 존귀한 자다. 나는 하나님의 자녀다. 하나님과 가까운 사이다." 하지만 하나님의 자녀라고 하면서도 아무런 감격이 없는 분도 있습니다. 왜 그럴까요? 하나님이 어떤 분인지를 모르기 때문입니다.

얼굴이 떠오르면 보고 싶은 사람이요, 이름이 생각나면 잊을 수 없는 사람이랍니다. 저는 여러분의 이름도 생각나고, 얼굴도 생각납니다. 생각할 수 있는 것은 사람에게 주신 놀라운 축복입니다. 때로는 망각이 상처를 잊는 축복일 때도 있지만, 은혜를 잊으면 싸가지가 없는 사람이라고 말합니다. 아침마다 광야에서 만나라는 은혜의 식탁이 차려져도 감사할 줄 모르고, 메추라기를 먹으면서도 파와 마늘, 각종 양념이 없다고 원망하는 싸가지들이 있었습니다. 목구멍에 찰 때까지 먹어도 불평할 사람들입니다. 이런 사람을 "선천성 싸가지 결핍증 환자"라고 말합니다. 넉넉함에 취해서 그때의 은혜를 생각하지 못하고 오만하게 살다가 망해가는 사람들입니다.

전능하신 하나님이 우리를 지으신 분, 우리와 가까운 사이라는 사실을 정확히 안다면 우리의 삶은 180도 달라질 것입니다. 하나님이 우리의 작은 신음에도 귀를 기울이시고, 사망의 음침한 골짜기를 헤맬지라도 거기에 함께 계시며 우리의 마음을 다 아시는 분이라는 사실을 안다면, 우리가 하나님의 자녀가 되었다는 사실이 얼마나 영광스럽고, 위대한 존재며 행복한 사람이라는 것을 깨닫게 될 것입니다. 그러면 우리의 삶이 어떻게 달라질까요?

건들기만 해도 "하나님, 감사합니다." 이런 말이 튀어나오지 않겠어요? 그리스도의 피를 생각만 해도 가슴이 벅차오르고, 십자가의 은혜를 생각만 해도 가슴이 울렁거리지 않겠습니까? 그러므로 "감사합니다. 감사합니다. 주님, 감사합니다." 이런 말이 저절로 튀어나올 때까지 예수님을 알기 전 그 참담했던 때를 잊지 말고 예수님 만나서 달라진 팔자를 생각하며 생각하고 생각하고 또 생각하는 그런 삶을 살아야 하지 않겠습니까? "그러므로 생각하라." 이 말을 항상 가슴에 새기고 사시기 바랍니다.

나, 너 그리고 우리 교회를 살다

평화의 도구로
써 주소서

에베소서 2장 14-18절

그는 우리의 화평이신지라 둘로 하나를 만드사 원수 된 것 곧 중간에
막힌 담을 자기 육체로 허시고 법조문으로 된 계명의 율법을 폐하셨으니
이는 이 둘로 자기 안에서 한 새 사람을 지어 화평하게 하시고…

은퇴하면 사회적인 문제뿐만 아니라 가정에서도 많은 문제가 발생
합니다. 집에서 살림한 한 아내는 수영, 에어로빅, 등산, 백화점 쇼
핑 등을 남편 없이 혼자서 혹은 친구들과 함께 즐길 줄 아는 생활을
해왔습니다. 그런데 갑자기 은퇴한 남편이 옆에 붙어서 "여보, 나도
데려가. 나도 당신 따라갈래. 나 혼자 저녁 어떻게 먹어?"라고 말하
면 남편을 데리고 다녀야 하는 불편한 문제가 발생합니다. 젊어서는
함께하고 싶은 아내와 자녀에게 시간을 내어주지 않는 남편으로 인
해서 평안이 깨지고, 나이 들어서는 함께하고 싶은 남편에게 시간을
내어주지 않는 아내로 인해서 평안이 깨지는 문제가 발생하는 현상
이 오늘날 각 가정의 문제입니다.

그래서 적당한 거리를 두고 살아가는 주말부부 사이가 가장 좋

답니다. 아내에게 너무 기대면 아내의 평안한 생활이 깨지는데도 불구하고, 저 역시 아내에게 기대지 않으면 살 수 없는 나이가 되었습니다. 더군다나 건강을 상실하면서 아내 없는 삶을 살아갈 수 없는 환경에 처했습니다. 아내를 졸졸 따라다니며 아내바라기로 살아가고 있습니다. 어떻게 해야 할까요? 아내가 저를 불쌍히 여기길 바랄 뿐입니다.

지금까지 살아오면서 참으로 다양한 사람들을 만났습니다. 그런데 얼굴이 똑같거나, 성격이 똑같은 사람을 만나본 적이 없습니다. 물론 어딘가 좀 비슷한 사람들은 여럿 만났지만 사람마다 어쩌면 그렇게 모두 다 독특하고 다른지요. 자기주장도 강하고, 독특한 성품이 있습니다. 함께하고 싶은데, 오히려 서로 부딪치고 깨지면서 평안을 상실합니다. 관계만이 아닙니다. 일이 잘 풀리지도 못하고, 또 갑자기 감당할 수 없는 질병이 찾아오면 평안은 순식간에 사라집니다. 산불 피해 지역에서 다 타버린 집을 바라보며 우두커니 앉아계시는 할머니의 영상을 보니 마음이 쓰라리고 눈물이 나왔습니다. 우리 주변에 평안을 상실하여 웃음이 사라진 사람들이 많습니다.

교회도 예외는 아닙니다. 함께 어우러진 사람들의 공동체이기 때문에, 조금 배운 사람은 안다고 뻐기고 조금 좋은 환경에서 자랐으면 은근히 괜찮은 배경을 자랑하고 조금 높은 사람이나 유명세가 있는 사람들을 만나면 은근히 그 사람의 이름을 이용하여 자기의 수준을 올려놓으려는 사람들이 있습니다. 예수님을 믿는다고는 하지만, 예수 안에서 덜 깨진 사람들로 인해 오해도 생기고, 섭섭한 일도

나, 너 그리고 우리 교회를 살다

생기고, 심지어는 "네 얼굴을 다시 보면 내가 사람의 자식이 아니다."라고 말하며 교회를 떠나는 사람이 생기기도 합니다.

제 주변에서 이런 문제들로 평안을 잃어버리거나, 병의 감옥에 갇혀서 고통으로 절망하는 사람들을 바라보면 마음이 아픕니다. 조금만 더 눈을 높이 들어 하늘을 바라보고, 조금만 더 십자가 앞에 자신을 내려놓고, 조금만 더 사람을 이해하고, 조금만 더 넓은 마음으로 서로를 대한다면 얼마나 좋을까? 안타까운 마음이 들 때가 많습니다. 평화의 관계가 깨져있는 모든 분에게, 서로가 담쌓고 있는 분들이 있다면, 혹 절망의 감옥에 갇혀서 두려움과 분노로 자기 마음의 문을 꼭 걸어 잠그고 있는 분들이 있다면, 이 시간에 오해와 미움, 상한 마음의 막힌 담이 무너지고 평화가 회복되길, 원하는 마음을 새롭게 하시길 바랍니다.

> **14절** 그는 우리의 화평이신지라 둘로 하나를 만드사 원수 된 것, 곧 중간에 막힌 담을 자기 육체로 허시고

14절을 새번역에서는 "예수님은 우리의 평화가 되시는 분이십니다."라고 번역했습니다. 예수님께서 유대인과 이방인을 갈라놓은 담을 헐어서 둘이 하나가 되게 하셨습니다. 도저히 하나가 될 것 같지 않은 높고 높은 담벼락을 예수님의 십자가로 무너뜨렸습니다. 원수로 살아가는 관계를 하나 되게 하는 평화의 능력이 십자가의 능력이요, 복음의 능력입니다. 이 능력이 필요한 시대입니다. 러시아의

침공으로 가족을 잃고 울부짖는 우크라이나 이재민들에게 평화의 능력이 나타나길 기도합니다. 남한과 북한의 영혼들을 위해서 기도하는 자들 안에서 평화의 능력이 소생되길 기도합니다. 대통령 선거 하면서 증오하고 분열된 우리 사회를, 권력과 연합하여 세속화되어 가는 교회를 치유하는 평화의 능력을 사모합니다.

어떤 사람들은 아내나 혹은 남편을 평화라고 생각하고 달려가다가 막힌 담을 발견하고 주저앉습니다. 어떤 사람들은 자녀가 평화라고 생각하고 자녀에게 인생 전체를 걸고 달려가다가 막힌 담을 발견하고 주저앉습니다. 어떤 사람들은 자신의 꿈을 이루는 것을 평화라고 생각하고 달려가다가 막힌 담을 만나서 주저앉습니다. 그리고 땅을 치며 통곡합니다. 이 막힌 담만 없다면….

우리가 분명히 알아야 할 것이 있습니다. 우리의 평화는 예수님입니다. 부부 사이에 예수님이 머리가 되어야 평화가 이루어집니다. 부모, 자녀 사이에도 예수님이 머리가 될 때만이 평화가 이루어집니다. 나의 꿈을 예수님 안에 내려놓아야 평화가 이루어집니다. "평화 평화로다. 하늘 위에서 내려오네." 평화는 내 안에서 생기는 것이 아니라 하늘에서 내려오는 것입니다. 반드시 예수님이 머리일 때만이 교회도 진정한 평화가 회복되는 것입니다. 예수님만이 막힌 담을 헐어내시는 평화의 능력자십니다.

> **16절** 또 십자가로 이 둘을 한 몸으로 하나님과 화목하게 하려 하심이라 원수 된 것을 십자가로 소멸하시고

나, 너 그리고 우리 교회를 살다

16절을 새번역에서는 "십자가로 그들의 적개심을 죽이고 둘을 한 몸으로 만들어 하나님과 화해시키게 한 것입니다."라고 번역했

습니다. 평화가 깨지면 미움이 싹트고 적개심이 생깁니다. 괜히 사람이 미운 이유는 적개심 때문입니다. 교회 안으로 정치, 이념, 권력이 들어오면 적개심이 생깁니다. 목사들끼리도 박 터지게 싸웁니다. 한쪽은 '우리나라가 이단들이 큰소리를 내고 무속을 신뢰하는 사람들이 많아지지 않도록 윤석열 후보가 떨어지게 해달라'고 기도했습니다. 다른 한쪽은 '우리나라가 사회주의가 되지 않도록 이재명 후보가 떨어지게 해달라'고 기도했습니다. 누구 부탁을 들어주어야 할지 하나님이 곤란하셨을 것입니다. 교회 안에 정치 권력이 떠나가고, 십자가 생명이신 예수님의 복음이 있어야 평화가 살아납니다. 교회는 십자가 생명의 복음을 전하고, 주님께로 돌아온 영혼들이 평화의 공동체, 사랑의 공동체를 이루는 유기체, 즉 생명이 살아있는 주님의 몸입니다.

관계 속으로 돈이 들어와도 적개심이 일어납니다. 사랑하던 형제들끼리도 박 터지게 싸웁니다. 이해관계가 얽히면 목사와 장로도 박 터지게 싸웁니다. 돈 때문에 분열되는 교회를 여럿 보았습니다. 적개심은 관계를 파괴하고 영혼을 파괴하는 강한 파괴력을 가지고 있습니다. 적개심을 무너뜨릴 수 있는 유일한 무기는 십자가입니다. 십자가의 보혈이 적개심으로 가득 차 있는 마음에 흐를

때, 그들 속에서 싹트고 있던 미움과 적개심들이 녹아내립니다. 십자가를 통해서 바라볼 때 미안하고 안쓰러워서 눈물도 나고 일으켜 세워주고 싶고 붙들어주고 싶은 마음이 생겨서 손을 내밀게 되고 둘이 하나가 되는 것입니다. 이런 공동체를 한 몸, 즉 교회라고 부릅니다.

저는 아내의 마음에 십자가 생명의 보혈이 흐르기를 기도합니다. 그래야 계속 저를 불쌍히 여겨서 잘 보살펴 줄 것입니다. 남편과 아내 사이에 불협화음이 심한 부부는, 아내의 마음에, 남편의 마음에 십자가 생명의 보혈이 흐르기를 기도하십시오. 자녀가 방황하며 힘들어하고 있다면 자녀의 마음에 십자가 생명의 보혈이 흐르기를 기도하십시오. 그러면 놀라운 일들이 일어날 것입니다. 우리는 우리의 심장에 십자가의 피가 흘러서, 군데군데 남아있는 적개심을 죽여 달라고 기도해야 합니다. "하나님, 내 안에 남아있는 미움과 적개심을 십자가의 피로 녹여주십시오. 십자가의 보혈을 지나 아버지 품으로 달려가게 해 주십시오."

> **17절** 또 오셔서 먼 데 있는 너희에게 평안을 전하시고 가까운데 있는 자들에게 평안을 전하셨으니
> **18절** 이는 그로 말미암아 우리 둘이 한 성령 안에서 아버지께 나아감을 얻게 하려 하심이라

주님이 오셔서 먼 데 있는 너희, 이방인에게 평화의 복음을 주셨

나, 너 그리고 우리 교회를 살다

습니다. 중심에서 밀려나 변두리 인생을 살아오면서 온갖 열등감과 패배감에 갇혀 살던 너희 이방인에게 평화의 복음을 전하셔서 에베소 교회가 되게 하셨습니다. 가까운 데 있는 자 유대인들, 자기들이 중심세력이라고 뻐기며 남을 무시했던 교만한 자들에게도 평화의 복음을 전하셨습니다. 막힌 담을 헐어버리고 성령 안에서 한 몸을 이룬 지체들이 되어서 손에 손을 잡고 평화의 도구가 되었습니다. 유대인이 믿는 하나님과 이방인이 믿는 하나님이 한 분입니다. 유대인을 이끌고 가시는 성령님이 이방인을 이끌고 가시는 성령님입니다. 같은 성령님의 은혜로 하나님께 나아가며 같은 성령님의 은혜로 평화를 선포하는 교회가 되었습니다. 교회가 해야 할 중요한 사역이 평화를 말하는 것입니다. 하나님이 한 몸이 된 교회를 평화의 도구로 부르셨습니다.

어제 불후의 명곡에서 한 가수가 어린아이와 장년, 남자와 여자, 음악을 시작하는 자와 오래된 자, 임신하신 부부와 하나로 어우러져 88올림픽 주제가를 불렀습니다. "손에 손잡고 벽을 넘어서 서로서로 사랑하는 하나가 되자. 손잡고~" 새롭게 깨닫습니다. 주님의 마음이 담긴 평화의 노래입니다.

성 프란시스는 다음과 같이 유명한 평화의 기도를 드렸습니다.

주여, 나를 평화의 도구로 써 주소서. 미움이 있는 곳에 사랑을, 상처가 있는 곳에 용서를, 분열이 있는 곳에 일치를, 오류가 있는 곳에 진리를, 의심이 있는 곳에 믿음을, 절망이 있는 곳에 소망을, 어둠이 있는 곳에 광명을, 슬픔이 있는 곳에 기쁨을 심게 하소서.

위로받기보다는 위로하고, 이해받기보다는 이해하며, 사랑받기보다는 사랑하게 하소서. 우리는 줌으로써 받고, 자기를 버려 죽음으로써 영생을 누리기 때문입니다. 생명의 주 예수 그리스도의 이름으로 기도합니다. 아멘.

이 기도가 오늘 우리 교회의 기도가 되어야 합니다. 미움과 상처와 분열을 치유하고 사랑과 용서와 하나됨이 나타나야 합니다. 우리 교회는 위로받으려는 사람보다는 위로하려는 사람이 많았으면 좋겠습니다. 사랑받으려는 사람보다는 사랑하려는 사람이 많았으면 좋겠습니다. 십자가 생명의 복음을 들고 찾아가 사랑하는 사람들이 교회입니다. 이런 사람들이 평화의 도구요 예수님을 닮은 신앙인입니다.

몸이 아프신 분들이 찾아오면 많이 웃으라고 권면합니다. 제 카톡에 "너는 못생겨서 웃어야만 한다."라는 이미지 글을 새겨놓았습니다. "하하하"는 "하나님, 하시고 싶으신 대로 하십시오"의 첫 글자라고 말하며 웃음을 권면합니다. 웃으면 우리 몸에 생명의 에너지를 공급해주는 호르몬이 분비된답니다.

우리의 가정과 교회도 생명의 에너지를 공급해주는 호르몬 같은 분이 있습니다. 바로 십자가 보혈을 가슴에 품은 사람이 생명의 에너지를 공급하는 호르몬입니다. 우리의 가정과 교회를 웃게 하고,

생명의 에너지를 불어넣은 호르몬이 누구입니까? 교회의 기능을 살리고, 생명의 기운이 넘치도록 영향을 끼칠 호르몬의 역할을 할 사람이 우리입니다. 우리는 하나님께서 부르신 평화의 도구입니다.

지어져가는(-ing)
사랑 공동체

에베소서 2장 19-22절

그러므로 이제부터 너희는 외인도 아니요
나그네도 아니요 오직 성도들과 동일한 시민이요
하나님의 권속이라 너희는 사도들과 선지자들의 터 위에
세우심을 입은 자라
그리스도 예수께서 친히 모퉁잇돌이 되셨느니라…

혈액형이 뭐냐고 물으면 "예전에는 O형이었는데, 지금은 C형입니다."라고 대답합니다. 그러면 깜짝 놀라서 묻습니다. "C형도 있나요?" 그러면 웃으면서 복음을 말해줍니다. "예수님의 십자가 앞에 엎드려 내 죄를 자백하고, 예수님을 나의 왕, 나의 주님으로 영접했을 때, 그리스도의 피가 내 마음에 흐르면서 C(Christ형)형이 되었습니다." 그러면 웃으면서 말합니다. "예, 저도 그런 의미에서 C형입니다." 같은 피가 흐르는 사람을 형제, 자매라고 부릅니다. 저는 지금도 "집사님"이란 호칭보다 "형제, 자매"라는 호칭이 더 좋습니다. 우리는 그리스도 예수 우리 주님 안에서 서로 형제와 자매가 되었고 한 가족이 되었습니다.

　　주님께서 십자가에 못 박히실 때 옆에 강도가 있었습니다. 평생을

"나쁜 놈, 벌레 같은 인간, 벼락 맞아 죽을 놈, 왜 태어났니?" 이런 이야기만 들으며 살아온 사람입니다. 이 강도에게 주님께서 말씀하셨습니다. "오늘 네가 나와 함께 낙원에 있으리라." 평생 한 번도 들어본 적이 없는 감격스러운 말입니다. 얼마나 가슴 뭉클했을까요? 강도 같았던 우리에게 이 말씀이 들려졌을 때 감사해서 울었습니다. 주님의 품 안에서 울었던 죄인들이 주님의 이름으로 형제, 자매가 되었습니다. 이 호칭이 정말 귀하고 고맙고 친밀한 호칭입니다. 저는 여러분을 형제, 자매라고 부르면 가슴이 찡해집니다. 예전에는 남이었는데, 이제 내 피붙이가 되어서 형제, 자매라고 부르게 된 것입니다.

목회하는 중에 쓰러져서 119 응급차로 실려 간 경험이 여러 번 있습니다. 30년 전에도 실려 가서 잘 걷지도 못하고 침상에 누워있었는데, 소식을 듣고 전도사님이 달려와서 귀에 대고 울면서 말했습니다. "형, 빨리 일어나. 형이 여기 누워있으면 교회를 어떻게 해요. 형이 빨리 일어나야지." 전도사가 목사의 손을 잡고 형이라고 합니다. 건방진 전도사입니까? 저는 그때 형제의 손을 잡고 마음 깊은 곳으로부터 우러나오는 감사로 부탁했습니다. "네가 있잖아. 형제야. 네가 있어서 안심이다." 우리는 그리스도 안에서 형제, 자매입니다. 이 호칭은 하나님이 그의 가족들에게 주신 고귀하고 아름다운 호칭입니다. 바울은 아름다운 이 호칭이 생기게 된 과정을 설명합니다.

> **19절** 그러므로 이제부터 너희는 외인도 아니요 나그네도 아니요 오직 성도들과 동일한 시민이요 하나님의 권속이라

하나님의 가족인 교회가 제 삶에 밀접하게 다가와 있고, 서로의 삶 속으로 녹아 들어 왔습니다. 이것이 영적인 하나님의 가족 공동체, 교회의 진면목입니다.

"하나님의 권속"을 새번역에서는 "하나님의 가족(the family of God)"이라고 번역했습니다. 예전에는 손님이요 나그네였는데, 이제는 하나님의 가족이 되었습니다. 가족 같은 사람들이 된 것이 아니라 가족이 되었습니다. 가족 같은 사람들은 매우 친밀할 수 있지만, 가족은 될 수 없습니다. 그러나 가족은 때때로 싸울 수 있으나 항상 가족입니다. 특히 우리는 혈연으로 형성된 가족보다도 더 자주 만나고, 더 잘 이해하고, 더욱 섬기는 가족이 되었습니다.

실제로 저는 위로 형님 두 분이 계시고, 아래로 동생 둘이 있습니다. 형님과 동생을 사랑합니다. 무슨 일이 생기면 급히 달려갈 것입니다. 그러나 그분들의 고민과 기도 제목보다 우리 지체들의 고민과 기도 제목을 훨씬 더 잘 알고 있습니다. 그분들을 위해서 기도하지만, 우리 지체들을 위해서 기도하는 시간이 더 많습니다. 지체들과 대화하고, 사랑하고, 나누는 삶의 관계가 훨씬 더 진합니다.

아마 제가 아파서 급하게 병원에 실려 가야 한다면 형님들에게 연락하기 전에 여러분에게 먼저 연락할 것입니다. 형님들을 사랑하지 않아서가 아닙니다. 그만큼 하나님의 가족인 교회가 제 삶에 밀접하게 다가와 있고, 서로의 삶 속으로 녹아 들어왔습니다. 이것이 영적인 하나님의 가족 공동체, 교회의 진면목입니다.

가끔 저의 경험을 듣고자 찾아오는 암 환자들에게 저의 수술 과

나, 너 그리고 우리 교회를 살다

정을 이야기하면 깜짝 놀라면서 묻습니다. "목사님은 지금 쓸개도 없고, 십이지장도 없고, 이자도 없고, 췌장도 잘려나간 상태인가요? 속이 텅 비었어요?" 그러면 웃으면서 말합니다. "예, 수술 후 속이 많이 비었습니다. 그런데 그 빈자리에 하나님의 크신 은혜와 교회의 진한 사랑을 채웠습니다. 교회가 내 인생의 소화를 돕는 생명의 호르몬이요, 하나님의 은혜가 삶의 에너지입니다." 이렇게 좋은 교회가 어떻게 생기게 되었나요?

> **20절** 너희는 사도들과 선지자들의 터 위에 세우심을 입은 자라 그리스도 예수께서 친히 모퉁잇돌이 되셨느니라

현대인의 성경은 "여러분은 사도들과 예언자들이 놓은 기초 위에 세워진 집이며 그리스도 예수님은 친히 그 머릿돌이 되셨습니다."라고 번역했습니다. '너희는' 즉, 에베소 교회는 사도들과 선지자들이 십자가의 복음을 외침으로 한 영혼, 영혼이 예수님을 영접하고, 예수님의 십자가 생명으로 태어나서 서로 연결되어 만들어진 교회입니다. 이 교회는 예수님이 친히 모퉁이의 돌이 되어서 세워진 교회입니다.

어렸을 때 학생들이 운동장에 모이면 선생님께서 한 학생을 지정하여 기준을 잡습니다. 그 학생이 "기준" 하고 외치면 그 기준을 중심으로 좌우 앞뒤를 바르게 세워갑니다. 기준은 움직이지 않고 다른 사람들이 기준에 맞추어갑니다.

교회도 이와 같습니다. 교회를 세울 때 기준 삼는 돌이 머릿돌입니다. 생명이신 예수님께서 "기준"을 외치시며 머릿돌을 놓으면, 그 옆에 예수님의 생명으로 만든 벽돌들이 한 장 한 장 놓여갑니다. 교회는 예수님의 생명으로 태어난 예수님의 생명짜리 모임입니다.

가족은 한집에 살면서 서로에게 강력한 영향력을 줍니다. 이제 갓 40대가 된 한 형제가 직장에서 큰 어려움을 겪게 되었습니다. 아내와도 심각한 문제가 있었고, 건강에도 이상이 왔습니다. 정신과 의사, 그리고 선배들과 상담했지만 해결의 실마리가 보이지 않았습니다. 고민하다가 죽고 싶은 충동이 생겼습니다. 침대에 누워있는 초등학교 4학년에 다니는 아들 곁으로 가서 미안한 마음으로 물었습니다. "아들, 너는 커서 무엇이 될래?" 그러자 아들이 즉시 답변합니다. "아버지 같은 사람이요." 그 순간 망치로 한 대 얻어맞는 충격을 느꼈습니다. 심장이 멎을 것 같았습니다. 뛰쳐나와 화장실로 들어가서 세면대에 물 틀어놓고 가슴 깊은 곳에서 터져 나오는 울음을 엉엉 울었습니다. 그리고 새로운 용기를 가지고 삶에 도전하게 되었습니다. "나에게는 아직 희망이 있다." 이처럼 정신과 의사보다도, 선배의 충고보다도 더 강한 영향력을 주는 관계가 가족입니다.

저도 가족에게 많은 영향력을 받습니다. 저희 어머님이 살아계실 때 목사인 저를 앉혀놓고 목회를 가르쳐주셨습니다. "성도를 사랑할 때 끝까지 사랑해라. 마음이 연약한 자를 먼저 돌아보아라. 상담할 때는 잘 들어주어라. 심방 가서 밥 먹을 때는 어른들이 무엇을 좋아하는지 관심을 가지고 살펴보아라. 설교할 때는 조는 사람 없도

나, 너 그리고 우리 교회를 살다

록 조금 웃기는 이야기를 해라." 저는 신학대학원에서 목회학, 설교학을 배웠고, 어머니는 소학교도 제대로 다니지 못했습니다. 소학교도 제대로 나오지 못한 분이 아무런 부담 없이 대학원 나온 목사를 가르치고 야단하며 영향력을 끼칠 수 있는 관계가 가족입니다. 이런 영향력은 함께 한 집에서 살수록 더 큰 영향력을 발휘합니다. 그래서 바울은 교회를 하나님의 가족으로 설명한 후에, 이어서 하나님이 우리와 함께 거하시는 하나님의 집이라고 소개합니다.

> **21절** 그의 안에서 건물마다 서로 연결하여 주 안에서 성전이 되어가고

현대인의 성경은, "머릿돌이 되신 그리스도 예수님 안에서 건물 전체가 서로 연결되어 점점 거룩한 성전이 되어가고"라고 번역했습니다. 생명의 벽돌은 따로따로 놀지 않습니다. 모두가 서로 연결되어 있습니다. 어떤 지체는 교회의 창문이 되어가고 어떤 지체는 교회의 사무실이 되어가고 어떤 지체는 교회의 기도실이 되어가고, 어떤 지체는 교회의 주방이 되어갑니다. 어떤 지체는 눈과 비를 막아주는 지붕이 되어가고 어떤 지체는 추울 때 따뜻하게 해주는 온풍기로, 더울 때 시원하게 해주는 에어컨이 되어갑니다.

> **22절** 너희도 성령 안에서 하나님이 거하실 처소가 되기 위하여 그리스도 예수 안에서 함께 지어져 가느니라

우리는 성령 안에서 하나님이 계실 집이 되기 위해 함께 지어져 가는 중입니다. 새롭게 지어지는 교회를 하나님이 거하시는 처소로 사용하겠다고 말씀하십니다. 하나님은 우리가 죽어서 천국에 가야만 만나는 분이 아닙니다. 멀리 계신 것이 아니라 살아계신 하나님이 우리가 지은 교회 안으로 찾아오셔서 거하십니다. 교회는 하나님이 우리와 함께 계시는 집입니다.

서울 시장을 만나려면 어디로 가야 할까요? 시청이나 혹은 그분의 집으로 가야 합니다. 하나님 만나려면 어디로 가야 할까요? 하나님이 계시는 하나님의 집으로 가야 합니다. 하나님의 집은 예수 그리스도 안에서 함께 지어져 가고 있는 교회입니다. 이미 지어져서 완성된 집이 아닙니다. 그리스도 안에서 함께 지어져 가고 있는 집입니다. 함께 지어져 가고 있는 교회를 찾아가면 거기에 하나님이 계십니다. 교회를 찾아가면 나를 사랑하시는 하나님을 만날 수 있습니다. 교회를 찾아가면 나를 위로하시는 하나님을 만날 수 있습니다. 지체를 통해 다가오셔서 말씀하십니다. "힘내라. 내 사랑하는 자녀야."

이 집은 하나님의 집임에도 불구하고 아직 완성된 집이 아닙니다. 다듬어야 할 부분이 너무 많이 있는 집입니다. 지어져 가는 집 부근을 가다 보면 이런 글귀를 발견할 수 있습니다. "공사 중 불편을 드려 죄송합니다." 완성되지 않은 집은 모든 것이 불편합니다. 때로는 정리되지 않아서 매우 어지럽습니다. 의도하지 않았는데도 정리되지 않았기에 발에 걸려서 넘어지기도 하고 상처를 입기도 합니다. 그래도 참고 지어가야 합니다. 중단되어서는 안 됩니다.

저는 목사임에도 불구하고 늘 계산하기 좋아하고, 머리를 굴려서 "어느 쪽이 이익이 되는가?" 이렇게 생각하여 거기 가서 줄 서

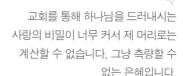

교회를 통해 하나님을 드러내시는 사랑의 비밀이 너무 커서 제 머리로는 계산할 수 없습니다. 그냥 측량할 수 없는 은혜입니다.

는 이기적인 사람입니다. 아직 공사 중이어서 미안합니다. 이러한 저를 불러서 여러분과 함께 연결하여 하나님이 거하시는 교회로 삼으시고, 이 귀한 복음을 전하는 자로 세워주신 것을 생각하면 감사가 너무 커서 할 말이 없습니다. 교회를 통해 하나님을 드러내시는 사랑의 비밀이 너무 커서 제 머리로는 계산할 수 없습니다. 그냥 측량할 수 없는 은혜입니다. 이 은혜로 기도하고 이 은혜로 교제하고 이 은혜로 목회하고 이 은혜로 돈이 조금 부족하고 배고파도 행복하고, 이 은혜로 몸이 좀 아파도 감사합니다.

때때로 교회를 오래 다녔다고 말하면서도 교회를 이해하지 못하는 분들을 만나면 답답합니다. 설명하고 또 설명해도 전혀 변하지 않는 분들을 보면 포기하고 싶을 때도 있습니다. 그러나 포기할 수 없습니다. 중단할 수 없습니다. 하나님께서 포기하지 않으시는데, 어찌 우리가 포기할 수 있겠습니까? 힘들어도 가야만 합니다. 교회는 하나님이 거하시는 집이기 때문입니다. 이 사실을 알고 있기에 설득하고 또 말하고 격려하며 함께 지어갑니다. 교회는 잃어버린 영혼을 구원하여 하나님의 나라를 이루려는 하나님의 꿈이요, 목적이요, 영원히 변하지 않을 하나님의 뜻입니다. 이 길을 함께 가는 여러분이 있어서 행복합니다.

에베소서 3장

그리스도 예수의 일로
갇힌 자 된 나

◆

생각만 해도 감사한 지체들

교회, 어떻게 지어야 할까?

복음의 일꾼

부활은 고난을 영광스럽게 한다

무릎 꿇어 기도합니다

더 넘치도록 능히 주실 하나님

생각만 해도 감사한 지체들

에베소서 3장 1-4절

이러므로 그리스도 예수의 일로 너희 이방인을 위하여 갇힌 자 된
나 바울이 말하거니와 너희를 위하여 내게 주신
하나님의 그 은혜의 경륜을 너희가 들었을 터이라

대학생 때 제자훈련을 함께 했던 형제가 옛날을 추억하며 "회복하
세요."라는 메시지를 보내왔습니다. 자신의 짐을 정리하다가 전도
사님으로부터 성경을 배웠던 노트를 발견했는데, 거기에서 회복이
라는 주제를 읽고 내용이 좋아서 보내온 것입니다. 그 내용을 잠깐
소개합니다.

"회복이란 잘 살았던 시절, 건강했던 예전의 몸으로 돌아가는 것
이 아니다. 하나님과 함께 살았던 은혜의 관계를 찾아가는 것이다.
즉, 에덴동산에서 하나님과 동행하며 교제했던 관계를 찾아가는 것
이다. 에덴동산의 환경은 얼마나 청정했을까? 하나님이 보시고 좋
아하셨던 자연환경이다." 노트에 적힌 내용을 보내주면서 "하나님
과 함께 친밀한 교제를 나누는 삶이 진정한 회복입니다." 이런 메시

나, 너 그리고 우리 교회를 살다

지를 보내왔습니다.

　36년 전의 이준행 전도사가 36년 후의 이준행 목사에게 "회복이란 건강한 몸으로 돌아가는 것이 아니라, 에덴동산(행복의 동산)에서 교제했던 하나님과 함께 사는 것이 진정한 회복이다."라는 메시지를 들려주었습니다. 그때 물 아껴 사용하기, 샴푸 사용하지 않기, 가까운 거리 걸어가기, 쓰레기 줄이기, 원자력 반대하기 등 환경 회복 운동을 함께 했던 일들이 생각나서 "나 같은 것이 뭐라고 이렇게 오랫동안 기억해주며 사랑을 전해주는가?" 말문이 막혀 말을 이어가지 못하고 울먹이면서 눈시울을 적셨습니다. 세상은 여전히 환경을 파괴하는 일들을 진행하고 있지만, 사랑하는 형제들의 가슴에 변함없는 회복의 소원을 품고 있어서 고마웠습니다.

　이 메시지를 받고 생각했습니다. "경력이 많고, 공부를 많이 한 목사가 잘 가르치는 것이 아니라, 심장에 예수를 품고, 생명을 품고, 열정을 품고 사는 자가 더 잘 가르치는구나." 우리 교회 부목사님, 전도사님도 그 심장에 예수를 품고, 생명을 품고, 열정을 품고, 감동을 주는 분들이기에 감사합니다.

　사람들은 감동이 너무 커서 가슴이 벅차오르면 말문이 막혀 말을 이어가지 못하고 눈물만 흘립니다. 함께 있는 사람들은 그 모습을 바라보면서 함께 눈물을 흘립니다. 사랑의 눈물은 전염성이 큽니다. 성경에도 글을 쓰는 중에 너무 감격하여 말을 이어가지 못하고, 말없음표(…)로 울먹이며 글을 마무리하는 곳이 있습니다.

> **1절** 이러므로 그리스도 예수의 일로 너희 이방인을 위하여 갇힌 자 된 나 바울이 말하거니와

2장에서 바울은 교회를 여러 모양으로 설명했습니다. 교회는 하나님의 가족입니다. 교회는 예수님이 보배로운 머릿돌이 되고, 그 지체들이 예수님의 생명으로 거듭나서 하나하나 지어져 가는 하나님의 집입니다. 이런 교회를 짓기 위해서 사도들이 십자가 생명의 복음으로 기초를 닦았습니다. 그리고 이제 그 기초 위에 예수님의 생명으로 태어난 지체들이 서로 연결되어 하나하나 지어져갑니다.

교회를 설명한 후, 3장에서 "이러므로"라고 시작합니다. 교회가 이렇게 소중하고 값진 예수 그리스도의 일임으로, 이 교회를 세워가는 일을 하다가 내가 감옥에 갇혔는데, 여기까지 말하다가 갑자기 감정이 북받쳐 올라서 말을 멈춥니다. "말하거니와"는 작은 글씨로 쓰여 있지요? 옛 성경에는 말없음표(…)로 표현되어 있는데, 개역개정에서 번역자들이 말없음표(…) 대신에, 문장의 흐름을 매끄럽게 하려고 "말하거니와"를 써넣은 것입니다. 왜 갑자기 감옥에 갇혔다는 말을 하다가 말문이 막혔을까요? 그 내면에 숨겨진 뜻이 무엇이겠습니까?

교회를 세워오면서 배고픔과 외로움을 참아내며 흘린 눈물, 때때로 반대자들이 던진 돌에 맞은 상처, 애매하게 얻어터지기도 했던 아픔 등이 있었지만, 그래도 포기하지 않고, 격려하며 서로를 안

아주었던 사랑과 감격들 때문에 가
슴이 떨리고 눈물이 핑 돌아서 글을
써 내려갈 수가 없었습니다. 세상은
여전히 반대하는 세력들이 많지만,

그래서 저는 이 말없음의
점들(…)을 바울의 눈물방울이라고
해석합니다.

변함없는 동역자들, 디모데, 디도, 실라, 소스데네, 에바브라, 브리
스길라와 아굴라, 두기고, 뵈뵈… 생명과 같이 사랑하며 교회의 꿈
을 꾸었던 지체들의 영상이 떠오르면서 가슴 한복판에서 뜨거운 감
격의 눈물이 솟아올라 편지지 위에 눈물이 뚝뚝 떨어졌습니다. 하나
님의 목적과 꿈이 담긴 길을 걸어왔다는 가슴 벅찬 감동의 눈물이었
습니다. 그래서 저는 이 말없음의 점들(…)을 바울의 눈물방울이라
고 해석합니다.

비록 차가운 감옥 안에 있지만, 그 가슴에 교회가 있어서 행복한
바울처럼, 형제들의 이름을 부르다가 말문이 막히는 감동을 경험하
고 싶습니다. 이러한 교회의 경험이 가정과 일터로 흘러 들어가게
되어 있습니다. 가정과 일터는 따로 노는 장소가 아닙니다. 교회와
깊은 관계를 이루며 연합전선을 펴는 곳입니다.

여호수아가 르비딤에서 아말렉과 싸울 때, 모세는 아론과 훌의
도움을 받으며 산으로 올라가 기도했습니다. 손을 들면 이기고, 손
을 내리면 지는 것을 보며 산에서 기도하는 것과 싸우는 현장이 밀
접하게 연결되어 있음을 경험했습니다. 이처럼 손을 들고 기도하는
장소가 교회입니다. 교회는 가정과 일터에 밀접하게 연결되어 있습
니다. 이 둘이 밀접한 관계로 연합전선을 펼칠 때 비로소 여호와 닛

시의 하나님 이름으로 승리하게 될 것입니다.

바울은 1절에서는 말문이 막혀서 울먹이며 말을 이어가지 못하다가 마음을 가라앉히고, 다시 교회를 말하기 시작합니다. 본래 1~2장은 교회에 관한 이론적 배경입니다. 그리고 3장부터 교회의 실제적인 활동들을 이야기합니다. "은혜의 경륜"을 현대인의 성경에서는 "은혜의 직분"이라고 풀어줍니다. 경륜, 혹은 직분이라는 말은 경영, 관리, 청지기라는 뜻입니다. 바울은 교회를 향하여 "하나님이 주시는 은혜의 사건, 태초부터 꿈꾸시던 하나님의 계획을 내가 맡았다. 이것이 나의 직분이요, 사명이요, 내가 살아가는 이유요, 목적이다."라고 말합니다.

예수님의 십자가를 경험한 사도들이 경험하고 깨달아 전파한 복음의 터 위에 세워진 사랑의 공동체, 가난한 자들이나 부한 자들이 십자가 그 보배로운 피를 경험한 후 차별이 없이 서로 손을 잡고 사랑하게 된 사건이 은혜의 사건입니다. 철천지원수로 지냈던 유대인과 이방인들이 십자가에서 다 이루신 영원한 생명으로 막힌 담을 헐어버리고, 차별이 없이 서로 손을 잡고 사랑으로 하나가 된 사건이 은혜의 사건입니다. 남자가 여자를 무시하지 않고 서로 존중하여 차별을 무너뜨리고 사랑으로 하나가 된 사건이 은혜의 사건입니다. 이러한 은혜의 사건을 맡아서 전파하고 세워나가는 자들이 은혜의 청지기입니다. 우리가 살아가는 공간에서 은혜의 사건이 날마다 간증되기를 기도합니다.

> **3절** 곧 계시로 내게 비밀을 알게 하신 것은 내가 먼저 간단히 기록함과 같으니

태초에 꿈꾸신 하나님의 계획은 비밀이었습니다. 하나님께서는 사단이 전혀 눈치챌 수 없도록 비밀로 진행하셨습니다. 이 비밀을 현대인의 성경은 "하나님의 신비로운 계획"이라고 설명합니다. 하나님의 아들 예수 그리스도가 이 땅으로 오셔서 십자가의 길을 걸어가셨습니다. 사탄은 그 길이 자기가 승리하는 길이라고 착각했습니다. 사단이 승리했다고 자만하는 순간, 하늘이 열리고 성령이 임하셨습니다. 의기소침했던 제자들이 "예수는 그리스도다. 예수는 주님이다."라고 외치며 모이기 시작했습니다. 생명을 노래하고, 함께 떡을 떼고, 구제하며, 차별의 벽을 무너뜨리고, 한마음 한뜻으로 서로 사랑하는 교회가 태어났습니다. 사단은 하나님의 신비한 계획으로 출현할 교회를 상상하지 못했습니다.

예수님이 머릿돌로 기준 삼으시고 그 생명으로 구원받은 예수님끼리 보배들이 하나하나 서로 연결되어가면서 하나님이 거하시는 교회를 세워나갈 때 사단은 그때야 눈치채고 비명을 질러댑니다. "아, 망했다. 사탄이 사단났다." 이 땅에 하나님의 교회가 세워질수

이 책, 에베소서를 읽어보아라.
그러면 기쁨이 솟아나지 않고는
못 배길 것이다. 이 책 속에는
하나님의 신비한 계획이 담겨 있다.

록 사탄이 망해가는 소리가 들리는 것입니다. 바울은 이 놀라운 하나님의 신비로운 계획을 알았습니다. 얼마나 흥분되고 신났겠습니까? 그래서 감옥 안에서 이 놀랍고도 신나는 에베소서를 기록하면서 감격에 북받쳐 눈물을 뚝뚝 흘리는 것입니다.

감옥에 갇힌 자들은 자유가 박탈된 사람들입니다. 얼굴에 소망의 그림자가 사라진 사람들입니다. 그러나 바울의 모습을 보면 자유가 박탈된 환경 안에서 정말 자유롭게 살고 있습니다. 소망이 박탈된 환경 속에서 감사와 기쁨과 환희가 넘치는 삶을 살고 있습니다. 그 얼굴이 빛나고 있습니다. 주변 사람들이 질문할 것입니다. "네가 당하는 그 고난을 넉넉하게 이기게 하는 삶의 원동력이 무엇이냐? 너를 이렇게 행복하게 하는 소망이 도대체 무엇이냐? 나도 좀 알려다오. 나도 너처럼 소망이 넘치는 삶을 살고 싶다." 이렇게 물으면 바울처럼 대답하면 됩니다. "성경을 읽어봐. 하나님의 신비한 계획을 알게 될 거야."

> **4절** 그것을 읽으면 내가 그리스도의 비밀을 깨달은 것을 너희가 알 수 있으리라

감옥 안에서도 행복하게 살아갈 수 있는 이유를 묻는 사람에게 바울이 대답합니다. "이 책, 에베소서를 읽어보아라. 그러면 기쁨이

나, 너 그리고 우리 교회를 살다

솟아나지 않고는 못 배길 것이다. 이 책 속에는 하나님의 신비한 계획이 담겨 있다. 너희들도 이 비밀을 알게 되면 눈 뒤집어지는 인생을 살아갈 거야." 이런 이야기입니다.

이러한 비밀을 깨달은 바울이기에 가슴 쫙 펴고, 당당하게 말합니다. "누가 정죄하리요 죽으실 뿐 아니라 다시 살아나신 이는 그리스도 예수시니 그는 하나님 우편에 계신 자요 우리를 위하여 간구하시는 자시니라 누가 우리를 그리스도의 사랑에서 끊으리요 환난이나 곤고나 박해나 기근이나 적신이나 위험이나 칼이랴… 이 모든 일에 우리를 사랑하시는 이로 말미암아 우리가 넉넉히 이기느니라 내가 확신하노니 사망이나 생명이나 천사들이나 권세자들이나 현재 일이나 장래 일이나 능력이나 높음이나 깊음이나 다른 어떤 피조물이라도 우리를 우리 주 그리스도 예수 안에 있는 하나님의 사랑에서 끊을 수 없으리라"롬 8:34-39

바울이 감옥 속에서 홀로 외롭게 있으면서도 행복했던 이유는 무엇입니까? 그 어떤 것으로도 끊을 수 없는 예수님의 사랑이 우리들의 마음에 영원토록 흐르도록 한 하나님의 신비한 계획 때문입니다. 이 사랑을 간직하고 승리하도록 서로 지지해주고 격려해주는 교회가 있기 때문입니다. 바울은 이러한 교회를 위하여 살아가는 은혜의 청지기였습니다. 이 직분으로 감사했고, 이 직분으로 울었고 이 직분으로 행복했습니다.

하나님의 신비한 계획을 수행하는 은혜의 직분은 바울에게만 주신 것이 아닙니다. 교회의 꿈을 품고 사는 나와 여러분에게도 주신 것입니다. 형제와 손에 손을 잡고 하나님의 신비한 계획을 꿈꾸며 살라고, 자매와 손에 손을 잡고 하나님의 신비한 꿈을 꾸며 행복하게 살라고 은혜의 직분을 주셨습니다. 오늘 내가 행복한 이유는 바로 내 곁에 형제가, 자매가 있기 때문입니다.

　세상에는 세 종류의 사람이 있다고 합니다. 첫째, 다가가면 다가갈수록 삶의 향기가 나고 왠지 포근한 사람입니다. 둘째, 가까이 다가가도 맹물같이 무덤덤한 사람입니다. 아무런 맛이 느껴지지 않습니다. 셋째는 성격이 괴팍하여 가까이 다가가기가 두려운 사람입니다. 여러분은 어떤 사람입니까? 다가가면 다가갈수록 향기가 나고 왠지 포근한 사람, 이런 사람이 교회입니다. 이 사람에게 가까이 다가가면 나의 인생을 더욱 빛나게 해줄 것입니다. 이들이 사랑하는 형제요, 자매요, 교회이기 때문입니다.

　　　　나, 너 그리고 우리 교회를 살다

교회,
어떻게 지어야 할까?

에베소서 3장 5-6절

이제 그의 거룩한 사도들과 선지자들에게 성령으로 나타내신 것 같이
다른 세대에서는 사람의 아들들에게 알리지 아니하셨으니
이는 이방인들이 복음으로 말미암아 그리스도 예수 안에서 함께
상속자가 되고 함께 지체가 되고 함께 약속에 참여하는 자가 됨이라

교회가 건물을 멋지게 건축한 후에 "간판을 어떻게 할 것인가?"에 대해 안수집사들이 모여 토의했습니다. 기도 많이 하는 안수집사 한 분이 예수 그리스도의 십자가 보혈을 상징하는 빨간색 바탕에, 우리 죄가 흰 눈처럼 깨끗하게 용서받았음을 상징하여 흰색 글씨로 간판을 만들자고 제안했습니다. 말씀을 많이 읽는 안수집사 한 분이 목자가 양을 인도하는 교회로서, 푸른 초장을 상징하는 녹색 바탕에 양들이 뛰노는 자유로움을 상징하여 흰색 글씨로 간판을 만들자는 의견을 제안했습니다.

두 의견을 가지고 토론하는데 토론이 점점 격렬해졌습니다. 토론을 이어가면서 점점 기도하는 안수집사님을 응원하는 교인들과 말씀을 많이 읽는 안수집사님을 응원하는 교인들 사이에 틈이 벌어지기 시작했습니다. 그 교회는 어떻게 되었을까요? 싸움이 커져서 갈라지고 말았습니다. 말도 안 되는 이런 일들이 실제로 일어나고 있습니다.

1917년, 제정 러시아가 망할 때도 이런 비슷한 일이 있었습니다. 교회 지도자들이 모여서 격렬한 신학 논쟁을 벌였는데, 논쟁의 주제는 성직자의 옷단을 붉은색으로 할 것인가 황금색으로 할 것인가에 관한 것이었습니다. 붉은색이 성직자의 전통을 이어온 색이며 십자가의 보혈을 상징한다는 신학자들과 황금색이 하나님 나라를 상징하며 미래지향적인 색이라고 주장하는 신학자들이 여기저기에서 성경적 근거들을 제시하며 열흘 낮과 밤을 두고 열띤 토론을 하고 있었는데, 바로 그 시간에 여섯 명의 볼셰비키 운동자들이 지하실에서 공산주의 운동을 초안하고 있었습니다. 그들은 혁명을 일으켜 소련을 휘어잡은 다음, 당시 러시아를 주름잡고 있던 모든 기독교 지도자를 잡아 처형하고 말았습니다.

본질을 잃어버린 형식과 전통에 매달리는 것이 얼마나 무의미하고 비생산적인가를 잘 알려주는 사건입니다. 형식과 전통이 나쁘다는 뜻이 아닙니다. 본질을 잃어버린 형식과 전통이 잘못되었다는 의미입니다. 현대를 살아가는 기독교인들에게 있어서 교회는 이미 그 본질로부터 너무 멀리 떨어져 있습니다. 교회는 형식도 아니고 전통도 아니고 건물도 아닙니다. 교회는 살아계신 예수님과 함께하는 지체들입니다. 예수님의 몸이요, 생명체입니다.

나, 너 그리고 우리 교회를 살다

현대인의 성경은 이 구절을 "지금은 그 계획이 성령님을 통해 그리스도의 거룩한 사도들과 예언자들에게 알려졌으나 전에는 사람들에게 알려지지 않았습니다."라고 번역합니다. 교회는 전에는 사람들에게 알려지지 않았습니다. 비밀이었습니다. 하나님께서 성령으로 그의 거룩한 사도들과 선지자들에게 그 비밀을 나타내셨습니다.

예수님이 떠나신 후 사도들은 주님의 약속을 붙들고 함께 모여 있었습니다. 그들이 하나님의 약속을 기다리고 있을 때, 갑자기 성령이 하늘로부터 불의 혀같이 그들 가운데 임하였습니다. 거기에는 여러 나라 사람들이 모여 있었는데, 그들의 입에 형용할 수 없는 뜨거운 생명의 기운이 다가오면서 갑자기 16개국 방언으로 복음을 말하기 시작했습니다. "예수는 그리스도다, 예수는 주님이시다."

그들은 즉시 깨달았습니다. "오직 성령이 너희에게 임하시면 너희가 권능을 받고 예루살렘과 온 유대와 사마리아와 땅끝까지 이르러 내 증인이 되리라." 이 약속의 말씀이 살았고 활동력이 있어 좌우에 날이 선 어떤 검보다도 예리하여 생명이 없는 세계를 향하여 움직이기 시작했다는 사실을 느낄 수 있었습니다. 이 놀랍고도 위대한

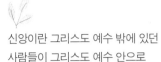

신앙이란 그리스도 예수 밖에 있던 사람들이 그리스도 예수 안으로 들어가는 것, 즉 'in CHRIST'입니다.

일로 성령께서 친히 자신들을 증인으로 부르셔서 은혜의 직분을 맡기신 것을 알게 되었습니다. 예루살렘으로부터 땅끝까지 복음의 터를 놓아갈 일군들, 이것이 교회의 시작입니다.

성령께서 열어 가시는 하나님의 신비로운 계획, 그 생명의 복음으로 교회를 이룬다는 것은 무엇일까요? 그리스도 예수 안에서 그리스도 예수와 함께 지어져가는 것입니다. 그리스도 예수 우리 주님의 이름으로 오셔서 십자가 보혈을 통해 영원한 생명의 길을 열어 놓으셨음을 증거하고 그리스도 예수 그분 안으로 우리를 부르시고, 그리스도 예수 그분과 함께 하나님의 집을 지어가는 것이 진리의 성령님 보혜사 성령님께서 하시고자 하시는 주된 내용입니다.

신앙이란 그리스도 예수 밖에 있던 사람들이 그리스도 예수 안으로 들어가는 것, 즉 'in CHRIST'입니다. 믿음이란 누구에게 소속되었는가? 이 소속의 문제를 확인하는 것입니다. 군복을 입고 지나가면 군인이라는 것을 쉽게 알 수 있습니다. 군복의 특징과 군부대 안에서의 활동을 자세히 살펴보면 특공부대 소속인지, 육군, 공군, 해군 소속인지를 더 정확하게 알 수 있습니다. 예수 안에 속해 있는 그리스도인들도 마찬가지입니다. 우리들의 삶의 양식(Life Style)과 나타나는 열매들을 추적해보면 즉시 알 수 있습니다. 그 삶의 양식(Life Style)에 관한 내용으로 6절에서 세 가지를 제시합니다.

2장에서 우리는 교회가 되어가는 중이라고 말씀을 들었습니다. 공사 중이어서 서로를 불편하게 할 수도 있지만, 하나님의 신비한 계획으로 출현한 교회를 함께 지어갑니다. "아름다운 교회를 이루기 위해서 나는 어떤 방향으로 지어갈 것인가?" 바울은 이러한 목표를 세 가지로 제시합니다. 첫째는 함께 상속자가 되고, 둘째는 함께 지체가 되고, 셋째는 함께 약속에 참여하는 자가 되는 것입니다. 이 세 가지가 우리 안에 이루어지는지 점검해 봅시다.

1. 그리스도 예수 안에서 함께 상속자가 되어가고 있는가?

상속자란 말은 하나님 아버지의 유산과 기업을 이어받을 자라는 의미입니다. 세상 유산은 형제들이 나누어 받는 것보다 혼자 받아야 더 많습니다. 1+1=2, "네 것도 내 것, 내 것은 내 것" 이렇게 받으면 두 배로 받는 것이지요. 그래서 유산 때문에 형제가 법정까지 찾아가 싸우기도 하고, 부모님 돌아가신 후에 원수가 되기도 합니다.

그러나 하나님 나라의 유업은 함께 나누어 받을수록 풍성해집니다. 움켜쥐면 사라지고 나누어 쓰면 풍성해지는 원리입니다. '1-1=3 그 이상'이 됩니다. 오병이어가 가르쳐주는 하나님 나라입니다. 보리 떡 다섯 개와 물고기 두 마리를 나누어 주었더니 오천 명이 먹고도 열두 광주리가 남았습니다. 구약에서도 화목제물로 드린 고기를 나누어 먹되 남기지 말라는 것이 하나님의 방법입니다. 오늘날처럼 냉장고에 쌓아두고 먹으면 두고두고 혼자서 먹을 수 있겠지만, 광야에서 남기지 않으려면 많은 사람이 나누어 먹을 수밖에 없었을 것입니다.

쌓아놓고 살면 행복할까요? 먹지도 못하고 썩어서 버릴 수 있습니다. 썩기 전에 나누어 먹어야 영적 예배입니다. 여러분이 가지고 있는 것들을 하나님의 유산이라고 생각하면 분명히 나누어 쓸 것입니다. 그래야 풍성해지기 때문입니다. 그러나 여러분이 가지고 있는 것을 세상의 유산이라고 굳게 믿고 있다면 더욱 움켜쥘 것입니다. 이러한 여러분의 모습을 보면 여러분이 어디에 소속되어 있는지를 즉시 알 수 있을 것입니다. 예수님은 내 안에, 나는 예수님 안에 소속되어 있어야 함께 상속자가 될 수 있습니다.

2. 그리스도 예수 안에서 함께 지체가 되어가고 있는가?

지체라는 것은 한 몸, 한 식구가 되었다는 의미입니다. 한 지체면 아픔도 함께 느끼고, 기쁨도 함께 느끼게 됩니다. 손끝만 바늘로 찔려도 머리끝까지 아픔을 느낍니다. 교통사고로 머리가 깨지고, 다리가 부러지는 뉴스를 보아도 통증은 전달되지 않습니다. 왜 그렇습니까? 직접 연결된 지체가 아니기 때문입니다. 지체는 한쪽이 없으면 불안하게 보입니다. 한쪽 눈만 있는 것보다 두 쪽 눈이 있는 것이 더 좋습니다. 모든 것이 하나로 연결되어 한 머리의 지시를 받아야 지체입니다.

지체의 기능도 다양합니다.
필요 없는 기능이 없습니다. 쉽
게 보이는 지체도 있고 전혀 드

러나지 않는 지체도 있습니다. 심장이나 위, 쓸개, 간… 이런 지체
는 밖에서 보이지 않습니다. 드러나지 않기 때문에 중요하지 않습니
까? 아닙니다. 한쪽 귀가 없으면 많이 불편하지만, 심장이 없으면 끝
입니다. 하나님은 생명이 피에 있다고 하십니다. 생명의 피로 속죄
의 길을 열어주셨습니다. 이 말씀을 묵상하면서 일평생 한 번도 쉬
지 않고 생명의 피를 몸 구석구석에 공급하는 심장에게 고맙다는 인
사를 했습니다. 팔딱팔딱 뛰는 심장의 맥박으로 하나님의 사랑이 전
해옵니다.

이처럼 밖으로 드러나지 않는 지체들이 더 필요하고 소중합니
다. 그러므로 지체가 되어가면서 서로를 소중하게 여기는 우리 교회
의 삶의 양식(Life Style)을 자세히 살펴보면 아주 분명하게 여러분의
소속을 알 수 있을 것입니다. 예수님께 소속된 사람들은 잘 드러나
지 않는 지체, 연약한 지체들과 함께 아파하고, 함께 감사하는 지체
로 지어져갑니다.

3. 그리스도 예수 안에서 함께 약속에 참여하는 자가 되어가고 있는가?

이 약속의 주인공은 예수님입니다. "반드시 너를 구원하리라. 반
드시 너와 함께 하리라. 반드시 너를 채워주리라." 이런 약속을 붙

들고 살아가는 자는 고난을 크게 두려워하지 않고 기꺼이 참아냅니다. 반드시 아침이 온다는 약속을 믿고 사는 자는 밤을 두려워하지 않습니다. 밤을 인내하며 조금만 참고 기다리면 태양이 찬란하게 떠오르는 아침이 올 것을 알기 때문입니다. 이 약속 때문에 보이지 않아도 소망이 있습니다. 이 약속 때문에 오늘이 힘들어도 미래의 소망을 꿈꾸며 웃을 수 있습니다. 고난 앞에서도 참아 기다리며 소망을 품고 사는 여러분의 모습을 보면 여러분이 어디에 소속되어 있는지를 즉시 알 수 있을 것입니다. 우리는 이 약속에 함께 참여할 자들입니다.

믿음은 소속의 문제입니다. 우리는 그리스도 예수 안에 있는 자들입니다. 그리스도 예수 안에서 그리스도와 함께 상속자가 되고, 그리스도 예수와 함께 지체가 되고, 그리스도 예수와 함께 약속의 소망을 붙들고 있는 자들입니다. 성경은 이들을 교회라고 부릅니다. 이러한 교회를 여러분과 함께 경험하고 이루어가길 기도합니다. 혼자 가지 않고 그리스도 예수 안에서 여러분과 함께 갈 수 있기에 행복한 길입니다. 내가 아파할 때 함께 아파해 주는 형제와 자매가 있기에 "나는 행복한 사람이다."라고 외칠 수 있습니다. 우리 함께 이러한 교회를 이루어가길 기도합니다.

복음의
일꾼

에베소서 3장 7-9절

이 복음을 위하여 그의 능력이 역사하시는 대로
내게 주신 하나님의 은혜의 선물을 따라 내가 일꾼이 되었노라
모든 성도 중에 지극히 작은 자보다 더 작은 나에게 이 은혜를 주신 것은
측량할 수 없는 그리스도의 풍성함을 이방인에게 전하게 하시고
영원부터 만물을 창조하신 하나님 속에 감추어졌던 비밀의 경륜이
어떠한 것을 드러내게 하려 하심이라

사랑하는 형제로부터 레위기 아침 묵상을 마치는 날, 메시지가 왔습니다. "레위기 말씀을 이렇게 깊게 생각하며 읽어본 적이 처음입니다. 오직 흠 없고, 점 없는 어린양의 보배로운 피로 된 것을 감사합니다. 레위기를 떠나보내는 아쉬움을 화목제물로 나누고 싶은 날입니다." 이런 메시지와 함께 화목의 마음을 담아서 떡을 보내왔습니다. 화목제물은 이웃과 나누어 먹는 제물입니다. 말씀을 묵상하는 것으로 그치지 않고, 그 말씀을 적용하여 행동으로 표현하는 형제의 신앙이 아름다워서 읽고, 또 읽고, 여러 번 읽으면서 눈시울이 뜨거워졌습니다.

　사랑하는 사람으로부터 메시지나 마음을 담은 선물을 받으면 마음이 뭉클한 감동이 밀려옵니다. 몇 년 전, 아들에게 한 문장으로 된 메시지를 받고 눈물을 흘린 적도 있습니다. "어버이날에 '어머니~' 라고 한 번 불러봤더니 나도 모르게 눈물이 흐르더라고요." 이런 메시지를 받는데, 마음이 울컥하여 한참을 울었습니다. 다른 사람이 읽으면 그저 그런 메시지인데, 저는 가슴 뭉클한 마음으로 읽었습니다. 왜 그랬을까요? 사랑하는 관계 안에서 그 속에 담긴 사랑의 마음을 읽었기 때문입니다.

마찬가지입니다. 성경은 하나님께서 그의 사랑하시는 자녀들에게 보내는 연애편지입니다. 거기에는 창세 전부터 자녀들에게만 알려주고 싶은 아버지 사랑의 마음이 담겨 있습니다. 그러므로 편지를 보낸 사람과 전혀 상관이 없는 사람이 읽으면 별로 감동이 없을 것입니다.

그러나 편지를 보내신 분을 사랑하는 사람이라면 문자적, 문법적인 것을 따지며 신학적인 것들에 얽매이기보다는 그 안에 들어있는 아버지의 마음을 먼저 보고 감동과 눈물을 흘릴 것입니다. 아버지께서 직접 십자가 보혈의 사랑을 담아서 고백합니다. "너는 사랑하는 나의 아들이다. 너는 사랑하는 나의 딸이다." 하나님 아버지의 이러한 고백의 말씀을 묵상하면 눈시울이 뜨겁습니다. 그래서 말씀을 묵상할 때마다 십자가 앞에 무릎 꿇고 고백합니다. "늘 울어도 눈물로서 못 갚을 줄 알아 몸 밖에 드릴 것 없어 이 몸 드립니다." 이런 고백이 예배입니다.

고난의 길을 걸어가신 예수님의 십자가 앞에서 무릎을 꿇고 영

나, 너 그리고 우리 교회를 살다

혼을 울리는 사랑으로 펑펑 울어본 사람이라면, 그 가슴에 뜨거운 사랑과 복음의 열정이 있습니다. 이들의 가슴 속에는 은혜로 부르셨다는 일꾼 됨의 소명이 훨훨 타오르고 있습니다. 오늘의 본문은 이 소명으로 불타고 있는 바울에게 일어난 은혜의 직분과 그 사명의 내용이 담겨 있습니다.

> **7절** 이 복음을 위하여 그의 능력이 역사하시는 대로 내게 주신 하나님의 은혜의 선물을 따라 내가 일꾼이 되었노라

"이 복음을 위하여" 일꾼이 되었습니다. 십자가 복음을 가슴에 품고, 십자가의 복음을 외치는 일꾼입니다. 십자가 복음을 가슴에 품고 있기에 감격하여 울기도 하고, 때로는 배고프고 힘들어도 참을 수 있는 행복한 은혜의 일꾼입니다. 사랑하는 분이 일을 좀 도와달라고 초청하셨습니다. 그분을 위해 충성스럽게 일하고 싶습니다. "나는 복음의 일꾼이 되었다. 내 가슴이 왜 이리 설레는가?" 이런 일꾼이 되었습니다.

일꾼이 우리나라 용어로 머슴이지요. 대통령이나 국회의원 선거 때마다 후보들은 국민이 자신을 불렀고, 자신을 국민의 머슴이라고 소개합니다. 그런데 당선된 후 머슴으로 사는 사람을 보지 못했습니다. 오히려 국민 위에 군림하는 것처럼 행동합니다. 왜 그럴까요? 국민의 머슴이라고 말하지만, 머슴으로 살아본 경험이 없기 때문입니다. 머슴이라는 단어는 아는데 머슴의 가슴은 없습니다. 늘 많이 가진

자로만 살아본 사람들이 어떻게 머슴의 마음을 알 수 있겠습니까?

바울은 8절에서 "모든 성도 중에 지극히 작은 자보다 더 작은 나"라고 소개합니다. 바울은 다메섹 도상에서 자신의 교만함을 철저히 깨뜨렸습니다. 좀 괜찮은 인생인 줄 알았는데 주님의 생명의 빛 아래서 자신을 바라보는 순간 망한 인생이었음을 알게 되었습니다. 베드로가 닭 울음소리를 듣고 자신에 대해 철저히 실망한 것처럼, 바울도 자신에 대해서 철저하게 실망하고 깨졌습니다. 죄인 중의 괴수였고, 만삭되지 못하여 태어난 인생과 같았습니다. 그는 즉시 고백했습니다. "모든 성도 중에 지극히 작은 자보다 더 작은 나에게"라고 고백하는 자에게 일꾼의 사명을 주어야 은혜로 섬기게 되어 있습니다. 이런 고백이 있는 자가 목자가 되고 교사가 되고 집사가 되어야 합니다. "내가 지극히 작은 자보다 더 작은 자이고, 내가 지극히 약한 자보다 더 약한 자이구나." 이러한 은혜를 깨닫지 못했다면 직분을 구하기 전에 먼저 깨지고 부서지는 은혜를 사모해야 합니다.

> **8절** 모든 성도 중에 지극히 작은 자보다 더 작은 나에게 이 은혜를 주신 것은 측량할 수 없는 그리스도의 풍성함을 이방인에게 전하게 하시고

말은 쉽지만 실제로 '모든 성도 중에 지극히 작은 자보다 더 작은 나'라고 고백하기가 쉽지 않습니다. 우리는 우리가 동의하는 생각 안에서는 서로를 잘 섬기고 순종합니다. 그러나 우리의 생각을 넘어

나, 너 그리고 우리 교회를 살다

설 때는 내 속에 웅크리고 앉아있던 고집이 튀어나옵니다. '내 생각에는'이라는 강한 고집이 버티고 있는 한 우리는 결코 '모든 성도 중에 지극히 작은 자보다 더 작은 나'라고 고백할 수 없습니다. '내 생각에는'이라는 고집을 내려놓아야 비로소 '모든 성도 중에 지극히 작은 자보다 더 작은 나'라고 고백할 수 있게 됩니다.

바울은 배울 만큼 배웠고, 알 만큼 알고, 사회적인 위치도 확보할 만큼 확보한 괜찮은 사람이었습니다. 그러나 그가 예수님 앞에 서는 순간 망한 인생의 실체가 보였습니다. 지극히 작은 자, 죄인 중에 괴수, 모든 성도 중에 지극히 작은 자보다 더 작은 자의 모습은 예수님 앞에 섰을 때만 가능합니다. 모든 교회는 반드시 주인이신 예수님 앞에 서야만 합니다. 예수님만이 머리요, 주인이어야 우리의 고집을 꺾고 고백할 수 있습니다. "주님, 저는 모든 성도 중에 지극히 작은 자보다 더 작은 자입니다." 이런 자가 일꾼입니다. 이러한 일꾼에게 비로소 주어지는 사명이 있습니다.

일꾼의 첫 번째 사명: 이방인에게 이 큰 기쁨의 소식을 전하고…

하나님을 떠난 백성들이 스스로 하나님께 돌아오는 길은 100% 불가능한 길입니다. 그 길을 예수 그리스도의 십자가가 열었습니다. 길을 잃어버린 백성들에게 십자가에 못 박혀 돌아가심으로 용서의 길을 열었습니다. 진리를 잃어버린 백성들에게 십자가에 못 박혀 돌아가심으로 진리의 길을 열었습니다. 생명이 없는 그들에게 생명이신 예수님을 들고 가면 그들이 생명을 얻습니다. 우리는 예수 생명을 들고 가서 외치는 일꾼들입니다. 예수님이 길이요, 진리요, 생명이라고 외치는 일꾼들입니다. "예수님을 만나야 삽니다. 예수님 만나세요." 이 소식을 듣고 주님께로 돌아오는 자에게 기쁨이 생깁니다. 일꾼이 가는 곳에는 기쁨이 있습니다.

얼마 전에 신학교 교수님과 대화하는 중에 가슴 아픈 소식을 들었습니다. 신학생 중에 밥을 제대로 먹지 못하는 학생이 200명 정도 된답니다. 물론 다이어트를 위해 굶는 것이라면 문제가 없겠지만, 돈이 없어서 음식을 먹지 못한다는 이야기를 들으니 마음이 아팠습니다. 신학교 다닐 때 돈이 부족해서 밥을 제대로 먹지 못했던 생각이 났습니다. 밥 한 끼 사주셨던 목사님들, 권사님들이 참 고마웠습니다. 예수님도 바다에서 일하던 제자들을 찾아왔을 때, 밥부터 챙겨주셨습니다. 우리 교회도 신학생들에게 밥 한 끼 챙겨주면 좋겠다는 생각이 밀려왔습니다.

오늘은 고난주일이요, 내일부터는 십자가의 길을 걸어가신 주님을 묵상하는 고난주간입니다. 때로는 한 끼를 금식하면서 고난을 묵상하기도 합니다. 금식하며 절약한 한 끼 식사를 신학생들과 나누고 싶습니다. 우크라이나 피난민과 경북 산불 피해지역 이재민들을 위해서 헌금하자고 말하고, 또 밥 한 끼를 신학생과 나누는 헌금을 하자고 말하기가 미안하지만, 주님의 고난을 생각하며 신학생들에게 밥 한 끼 챙겨주는 일은 묵상에서 그치지 않고 행동으로 표현하는 사랑이라고 생각합니다.

예수 그리스도 십자가 생명의 복음을 전하는 일꾼을 양성하고

나, 너 그리고 우리 교회를 살다

후원하는 일도 일꾼의 사명입니
다. 밥 한 끼 나누면 그 기쁨은
열 배로 돌아올 것입니다. 저도
신학교 다닐 때 가난했고 중도에

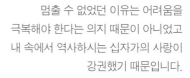

멈출 수 없었던 이유는 어려움을
극복해야 한다는 의지 때문이 아니었고
내 속에서 역사하시는 십자가의 사랑이
강권했기 때문입니다.

서 멈추어 설 상황이 여러 번 있었습니다. 그러나 멈출 수 없었던 이
유는 어려움을 극복해야 한다는 의지 때문이 아니었고 내 속에서 역
사하시는 십자가의 사랑이 강권했기 때문입니다. 내 안에 흐르는 십
자가의 사랑은 일꾼으로 살아가려는 저를 멈출 수 없게 할 것입니
다. 비록 그 길이 배고프고 힘들어서 울면서 가야 하는 길이라 할지
라도 주님의 십자가 사랑이 나를 강권하여 가게 하실 것이라는 믿음
이 있습니다. 십자가의 사랑 때문에 감동이 되고 십자가의 사랑 때
문에 밥 한 끼도 나누고 십자가의 피 흘린 사랑 때문에 복음을 전하
는 일꾼이 되기를 소망합니다.

일꾼의 두 번째 사명: 비밀의 경륜(교회)을 드러내게 하시려고…

9절 영원부터 만물을 창조하신 하나님 속에 감추어졌던 비밀의 경륜
이 어떠한 것을 드러내게 하려 하심이라

"나 구원받았네, 너 구원받았네, 우리 구원받았네." 노래를 부르
며, 생명을 얻은 그리스도인이 되었다고 완성된 것은 아닙니다. 우
리는 주님의 몸으로 지어져가는, 아직 미완성인 지체들입니다. 그리

스도인은 혼자 예수님의 몸을 이룰 수 없습니다. 생명의 머릿돌이신 예수님을 기준 삼아서 좌우로 연결되어 함께 교회를 세워가야 합니다. 생명의 벽돌들이 서로 밀착해서 빈틈없이 하나님이 거하시는 성전, 예수님의 몸을 함께 지어가야 합니다.

코로나로 인한 비대면 사회가 길어지면서 서로 거리를 두고 살아가는 것이 익숙해졌습니다. 다른 사람들이 자신에게 접근하는 것을 방어하며 자신만의 세계를 구축해 나가려는 사람들이 많아졌습니다. "가까이 오면 다쳐!" 이렇게 말하며, 자신이 노출되지 않는 적당한 거리를 유지하려고 합니다. 교회가 이런 모습이라면 예수님이 머리가 되어 움직이는 교회라고 할 수 있을까요?

교회 내에 존재하는 안전거리를 무너뜨리며 밀착할 수 있는 구조가 우리가 추구하는 목장입니다. 목장의 본질은 프로그램도 아니고 조직도 아니며 교회 성장원리나 부흥전략이 아닙니다. 사람이 변하지 않는데 조직을 개선한다고 무슨 획기적인 변화가 일어나겠습니까? 목장은 곧 교회이며, 목장이 지향하는 것은 성경에서 말하는 참다운 교회를 회복하는 것입니다. 예수님의 생명으로 형제, 자매가 되어 안전거리를 무너뜨리며 서로의 삶 속으로 깊이 녹아 들어가서 사랑의 관계성을 경험하는 곳입니다. 코로나로 멈추어 서 버린 목장을 다시 움직입시다. 우리 교회가 서로서로 깊숙이 밀착되어 교회를 세워가려는 일꾼들이 풍성함으로, 예수님의 생명으로 움직이는 건강한 교회, 행복한 교회, 하나님의 가족 공동체를 이루어 가길 소원합니다.

나, 너 그리고 우리 교회를 살다

부활은 고난을 영광스럽게 한다

에베소서 3장 10-13절

이는 이제 교회로 말미암아 하늘에 있는 통치자들과 권세들에게
하나님의 각종 지혜를 알게 하려 하심이니
곧 영원부터 우리 주 그리스도 예수 안에서
예정하신 뜻대로 하신 것이라…

2년을 넘게 코로나 펜데믹으로 어둡고 긴 터널을 지나는 것 같았습니다. 부활절을 기점으로 코로나가 엔데믹으로 바뀌면서 터널을 빠져나오는 것과 같은 기분입니다. 여러분의 마음에 하나님이 주시는 평강이 넘치길 소망합니다. 살아계신 주님께서 울고 있던 여인, 패배했던 제자들을 찾아오셔서 "너희에게 평강이 있을지어다." "성령의 충만을 받아라." 이런 축복과 희망의 메시지를 주셨습니다. 이 메시지를 받은 사람들은 눈물을 닦아내고, 가슴이 터질 것만 같은 감격으로 환호하며, 용기를 내어 다시 일어섰습니다. 침체되었던 한국사회, 위축되었던 한국교회도 기지개를 켜고 다시 일어서길 기도합니다. 이러한 부활절을 기념하기 위해 모인 지체들을 축복합니다.

"기독교의 핵심은 무엇인가?"라고 물으면 "예수 그리스도의 십

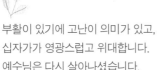

부활이 있기에 고난이 의미가 있고, 십자가가 영광스럽고 위대합니다. 예수님은 다시 살아나셨습니다. 살아계신 예수님이 우리 안에 거하십니다.

자가 죽음과 부활이다."라고 말합니다. 십자가 죽음과 부활은 어떤 역사적 사건보다 가장 큰 사건이며, 기독교의 심장입니다. 십자가에 못 박혀 죽은 생명의 복음과 죽음의 권세를 깨뜨리신 부활의 능력이 주님의 몸 된 교회를 세워가는 기초요, 머릿돌입니다.

저는 신학대학에서 제자훈련과 개인 양육이란 과목을 7년 동안 가르쳤습니다. 빨리 성장하는 사람도 있지만, 어떤 사람은 말씀, 기도, 전도와 교제의 훈련을 받아도 잘 변하지 않습니다. 그런 사람들을 자세히 살펴보면 복음이 분명하지 않습니다.

사도행전을 자세히 살펴보면 오랫동안 훈련을 잘 받아서 생명력이 있는 교회가 태어난 것은 아닙니다. 생명력이 넘치는 초대교회의 변화는 분명한 두 가지 사건에서 시작됩니다. 첫 번째 사건은 "나는 부활하신 예수님을 만났다." 만남의 사건입니다. 두 번째 사건은 "나는 성령의 충만함을 받았다." 이 두 가지 사건을 경험한 사람들이 모여서 말씀을 배우고, 떡을 뗄 때, 생명력이 있는 변화들이 일어났습니다.

바울은 고백합니다. "만일 주님께서 죽은 자 가운데서 다시 살아나시지 않았다면 그리스도를 전파하는 일이 헛된 일이며, 믿음도 헛것이요, 나는 세상에서 제일 불쌍한 사람이다." 바울만 그렇습니까? 만일 십자가에 죽은 예수님만 있고, 부활이 없다면 기독교는 거짓 위에 세워진 것입니다. 부활이 있기에 고난이 의미가 있고, 십자가가 영광스럽고 위대합니다. 예수님은 다시 살아나셨습니다. 살아계신 예수님이 우리 안에 거하십니다. 살아계신 주님이 우리의 참된 소망입니다. 살아계신 주님 위에 세워진 교회만이 하나님의 성전이요, 예수 그리스도의 몸입니다.

40년 전, 저희 형님이 돈 벌러 서울로 올라왔다가 연탄가스에 중독되어 의식이 없는 상태로 한양대학병원 중환자실에 입원하였습니다. 3일 정도 지나면 의식이 돌아올 수 있다는 말만 듣고 기다렸지만 손가락 하나 움직이지 않았습니다. 목의 기도를 절개하여 산소를 공급함으로 호흡을 유지했습니다. 5일이 지나고, 7일이 지나고, 10일이 지나도 전혀 움직이지 않았습니다. 그 시절에는 중환자실에 간호사가 부족해서 체온을 체크할 줄 아는 가족은 환자 옆에서 마사지해주며 간호할 수 있도록 배려해주었기에 옆에서 간호하며 변화를 지켜볼 수 있었습니다.

저희 어머님은 "생명은 하나님께 있는 것이다."라는 말씀을 반복하시며 아들 곁을 지키셨습니다. 저희 고모님께서 밥과 반찬을 만들어다가 주시고 어머님은 기도하면서 한 달이 넘도록 중환자실 앞에서 기다리셨습니다. 그때 면회 시간마다 의식이 없이 누워있는 아들 귓가에 불러주셨던 어머님의 찬송을 나는 평생 좋아하고 있습니다. "나 어느 곳에 있든지 늘 맘이 편하다."

그렇게 19일째 되던 날, 의사가 발바닥에 자극을 주자 몸이 꿈틀대기 시작했습니다. 신경이 살아나서 반응하기 시작했습니다. 눈꺼

풀을 열고 빛을 비추자 풀렸던 동공이 축소되었습니다. "살았다." 그 순간 걷잡을 수 없이 흐르는 눈물을 주체할 수 없었습니다. 물론 그 뒤로 회복의 과정은 길었습니다. 한 달 만에 의식이 돌아와 말할 수 있게 되었고 두 달 만에 휠체어를 탈 수 있었고 1년이 지나서 목발을 내려놓고 걸을 수 있었습니다. 지금은 저의 사역을 위해 강력하게 기도해주는 좋은 후원자입니다.

그때 제가 느꼈던 말할 수 없는 감동을 이해하실 수 있겠습니까? 죽었다가 다시 살아난 것이 아닙니다. 죽을 것 같았는데, 죽지 않고 살아난 것입니다. 그런데도 40년이 지나도록 그때의 감동이 생생하게 제 기억 속에 남아있습니다. 하물며 죽었다가 다시 살아나신 만남은 얼마나 진한 감동이 흐를까요? 마리아나 제자들이 부활하신 주님을 만나고 돌아와서 상기된 얼굴로 말합니다. "주님이 살아나셨다. 부활하신 주님을 만났다." 이보다도 더 강력하고 힘이 있는 메시지가 어디 있겠습니까? 이보다도 더 가슴을 설레게 하는 메시지가 어디 있겠습니까? "주님이 살아나셨다. 부활하신 주님을 만났다." 그 순간만 생각하면, 어떠한 어려움을 만나도 주눅 들지 않고 다시 일어섰을 것입니다. 여러분의 가슴에 이런 감동의 메시지가 살아있기를 기도합니다. 이런 경험이 있는 사람은 바로 그 순간부터 놀라운 변화를 시작합니다.

하나님이 천지를 창조하실 때 인간은 하나님과 깊은 사랑의 관계 안에 있었습니다. 하나님은 인간을 창조하시기 전에 먼저 인간을 위한 완벽한 환경을 준비하셨습니다. 하늘과 땅을 준비하셨고, 공

나, 너 그리고 우리 교회를 살다

중의 새와 땅 위의 동물과 물속
의 물고기를 지으셨습니다. 무
성한 숲과 흐르는 강물, 호수와
바다를 지으셨습니다. 아름다
운 자연과 더불어 즐기는 아담

하나님은 사랑을 포기할 수 없으셨습니다.
창세 전부터 꿈꾸었던 비밀의 계획을
시행하시기 시작했습니다.
교회를 통해 하나님의 각종 지혜를
알려주기 시작하셨습니다.

과 하와를 생각하니 기분이 좋았습니다. 지으실 때마다 인간에게 주
고 싶어 하시는 사랑의 마음으로 하나님은 기쁘셨습니다. "보시기
에 좋았더라."

지금은 자연환경도 많이 훼손되었고 사람도 많습니다. 그럼에도
숲을 거닐면 하루하루 충분하게 먹을 만큼 두릅, 다래잎, 취나물 등
을 얻어옵니다. 지금도 넉넉하다면 그때는 얼마나 풍요로웠을까요?
이처럼 사랑을 받았던 인간이 하나님을 떠났습니다. 하나님을 떠난
인간은 세상이 요구하는 가치체계로 살아갔습니다. 돈과 명예와 쾌
락을 추구하기 위해서 세상의 풍습과 문화를 만들어갔습니다. 그리
고 그 문화 안에서 서로를 미워하고 시기하고 질투하고 거짓을 말하
고 파괴하는 일을 서슴없이 행했습니다. 이런 인간을 우리는 "그리
스도 밖에 있는 인생"이라고 말합니다.

하나님은 사랑을 포기할 수 없으셨습니다. 창세 전부터 꿈꾸었
던 비밀의 계획을 시행하시기 시작했습니다. 교회를 통해 하나님의
각종 지혜를 알려주기 시작하셨습니다. 그 비밀의 계획은 십자가로
시작되었습니다. 피 흘리신 십자가 생명의 복음으로 그리스도 밖에
있는 인생들을 그리스도 안으로 불러 모으셨습니다. 부활하신 예수

님과 만나는 감격으로 잃어버렸던 사랑과 자유와 평화가 회복되었습니다. 성령이 충만하여 "예수는 그리스도, 예수는 주님이시다."라고 신앙을 고백했습니다. 하나님의 은혜가 밀려오고, 말랐던 영혼에 샘물 터지듯, 생기가 돌기 시작했습니다. 부활하신 주님 안에서 외쳤습니다. "이제부터는 손님이 아니다. 하나님 나라의 시민이요, 주님의 지체요, 한 몸이요, 하나님 나라의 가족이다." 부활하신 주님을 만나면 이러한 은혜가 밀려옵니다. 이 은혜를 생각하다가 감격하여 서로를 부둥켜안고 "형제 사랑해요. 자매 사랑해요."라고 말하는 사람의 모임인 부활 공동체가 교회입니다.

> **11절** 곧 영원부터 우리 주 그리스도 예수 안에서 예정하신 뜻대로 하신 것이라

현대인의 성경은 "이것은 하나님이 우리 주 그리스도 예수님 안에서 세우신 영원한 계획에 따라 된 것입니다."라고 해석합니다. 이 계획은 한순간에 이루어지지 않았습니다. 영원부터 영원까지 치밀하게 계획되고, 예수 그리스도 안에서 예정된 사실입니다. "그리스도 예수 안에서" 예정하신 뜻입니다. 예수 안으로 들어오면 그때부터 예수 그리스도와 함께 예정된 축복을 누립니다. 예수 밖에 있으면 날고뛰어도 이러한 예정의 축복을 누리지 못합니다.

현대인의 성경은 "우리는 예수님 안에서 그분을 믿는 믿음을 통해 담대함과 확신을 가지고 하나님께 나아갈 수 있게 되었습니다." 라고 해석합니다. 교회를 이루어서, 복음 안에 세워진 믿음으로 하나님께 당당하게 나아가게 되었다는 뜻입니다. 옛날에는 하나님께 당당히 나아갈 수 없었습니다. 거룩하신 하나님의 빛만 보아도 죽어버렸습니다. 그러나 그리스도 예수께서 흘리신 피 묻은 십자가의 복음 위에 세워진 교회는 다릅니다. 교회 안으로 들어오면 하나님 앞에 당당히 나아갈 수 있습니다. 교회는 하나님의 사랑으로 보장된 하나님의 품입니다.

예전에 중국 쓰촨성 원촨에서 지진이 일어났을 때 있었던 사건입니다. 1~2분 사이에 천지가 진동하며 땅이 흔들렸습니다. 모든 것이 순식간에 무너져 내린 상황은 세계인의 모든 감정을 정지시켰습니다. 그러나 그 험악한 지진 속에서도 우리에게 진한 감동을 준 사건들이 있었습니다.

구조대원이 한참 건물 더미를 파헤치는데 한 여인이 무릎을 꿇고 고개를 숙이고 등이 콘크리트 더미에 찌그러진 모습으로 죽어있었습니다. 이미 죽은 그 여인을 들어 올리는 순간 여인의 품에 갓난아이가 먼지투성이의 상태에서 새근새근 잠을 자고 있었습니다. 구조대원이 아이를 안고 일어서려는 순간! 아이 옆에는 엄마의 핸드폰이 있었습니다. 구조대원이 핸드폰의 화면에 쓰인 글을 보고는 그만 통곡하고 말았다. "아기야, 네가 만일 살아난다면 이 엄마는 너를 너무나 사랑한다는 것을 잊지 말렴…"

평생을 잊지 말고 살아야지요. 힘들 때마다 그 사랑 기억하면서 힘을 내야지요. 이 어머니가 사랑의 힘으로 아이를 살려냈습니다. 이보다도 더 크고 위대한 사랑이 예수님의 십자가 사랑입니다. 평생 잊을 수 없는 사랑입니다. 이 사랑이 흐르고 있는 교회가 있기에 우리는 교회 안에서 하나님 앞으로 당당히 나아갈 힘을 얻을 수 있습니다.

> **13절** 그러므로 너희에게 구하노니 너희를 위한 나의 여러 환난에 대하여 낙심하지 말라 이는 너희의 영광이니라

현대인의 성경은 "그러므로 내가 여러분에게 부탁합니다. 내가 여러분을 위해 고난을 당한다고 실망하지 마십시오. 내가 받는 이 고난이 오히려 여러분에게 영광이 됩니다."라고 해석합니다. 십자가 고난이 부활의 영광을 가져오듯이, 바울의 고난이 교회의 영광을 가져옵니다. 바울은 간곡하게 당부합니다. 내가 감옥에 갇혀 있다고 해서 실망하지 말라는 것입니다. 오늘 당하는 고난이 오히려 교회를 세우는 힘이 되고, 모두에게 영광이 된다는 의미입니다.

저는 이 말씀을 묵상하면서 목사인 내가 겪는 고난이 교회에게

영광이 되기를 기도합니다. 이렇게 기도할 때, 내게 다가오는 고난을 받아드릴 마음도 생기고, 오히려 감사로 맞이하려는 넉넉함도 생겨납니다. 직분을 맡은 안수집사나 목자들도 바울과 같은 마음으로 교회를 섬기기 바랍니다. 교회를 이루는 일에 있어서 시간적으로나 경제적으로, 혹은 육체적으로 힘들고 손해 보는 것처럼 느낄 수도 있습니다.

그러나 우리의 시간과 돈, 육체적인 노동을 하나님께 드린다고 해서 손해될 것이 하나도 없습니다. 그 일로 인해서 개인적으로는 하늘의 복으로 저축하는 것이요, 주님의 몸 된 교회는 영광 받을 것입니다. 우리의 드리는 수고와 고난은 하나님 나라에 보화로 저장될 것입니다. 그러므로 서로가 손에 손을 잡고 고난을 적극적으로 감사하며 하나님 앞에 담대히 나아가시기 바랍니다. 부활은 반드시 고난을 영광스럽게 합니다.

무릎 꿇어
기도합니다

에베소서 3장 14-19절

이러므로 내가 하늘과 땅에 있는 각 족속에게
이름을 주신 아버지 앞에 무릎을 꿇고 비노니
그의 영광의 풍성함을 따라 그의 성령으로 말미암아
너희 속사람을 능력으로 강건하게 하시오며…

오랜만에 신학교를 다녀왔습니다. 말씀을 가르치기보다는, 이들을 사랑하는 마음으로 먼저 교회를 섬겼던 선배로서 목회의 경험들을 들려주었습니다. 총장님까지 나와서 함께 기도하는 모습에서 신학교의 희망이 보였습니다. 제가 신학교 다닐 때 저를 알지 못하는 미국 캔터키 주에 있는 작은 시골교회에서 1년에 천 달러씩 3년을 보내준 장학금으로 공부했습니다. 사랑의 빚을 많이 졌고, 내 남은 인생에 이러한 사랑의 빚을 갚고 싶다는 생각을 담아 왔습니다. 우리 교회도 미래의 교회를 섬길 신학생들을 위해 장학금을 보내주면 좋겠다는 마음으로 설교했습니다. 진지한 모습으로 목회 이야기를 듣고 열심히 기도하는 모습이 아름다웠습니다.

신학생들에게 예수를 잘 믿으라는 설교를 했습니다. 세 종류의 신학생이 있습니다. 예수 잘 믿는 신학생, 예수 적당히 믿는 신학생, 예수 믿지 않고 여전히 열등감과 패배감에 사로잡혀 살아가는 신학생입니다. 교인도 마찬가지고, 목사도 마찬가지입니다. 예수를 잘 믿는 목사가 되어야 합니다. 그래야 삶에서 예수가 보입니다. 설교할 때도 예수가 보이고, 상담할 때도 예수가 보이고, 돈을 사용할 때도 예수가 보이고, 함께 밥 먹을 때도 예수가 보입니다. 예수가 보이는 삶을 살아가는 것이 신앙이요 목회입니다.

일반적으로 교회를 이야기할 때 세 가지 모습으로 표현합니다. 첫 번째 모습은 막대기와 같은 신앙생활을 하는 사람들입니다. 이런 분들은 교회를 등한시합니다. 하나님과 자신이 직통계시로 연결되어 있다고 생각합니다. 하나님과 자신의 관계만 중요할 뿐, 다른 사람들은 별로 중요하지 않게 여기고 삽니다. 때때로 무교회주의자가 되기도 합니다. 비대면 사회를 경험한 이후에 이런 교인들이 나올 가능성이 커졌습니다. 하지만 예수가 보이는 몸을 이룰 수 없습니다.

두 번째는 콩 자루와 같이 신앙생활을 하는 교회입니다. 주일예배에 참석할 때는 마치 콩이 자루에 같이 들어있듯이 함께 모여 있습니다. 콩 자루를 쏟으면 콩들이 뿔뿔이 자기 방향으로 굴러가듯이 교인들도 예배 후에 자신들의 삶으로 돌아가서 자기 마음대로 판단하고 살아갑니다. 서로에게는 영향력이 없습니다. 다만 큰 콩 자루에 담기면 큰 교회가 되고, 작은 콩 자루에 담기면 작은 교회가 될 뿐, 삶의 양식은 똑같습니다. 이런 콩 자루의 모습을 가지고 있는 교회에서는 진정한 삶의 변화를 기대하기는 매우 어렵습니다. "큰 교회인가? 작은 교회인가?"는 보이지만, 예수가 보이는 몸이라고는 말하기 힘든 모습입니다.

세 번째는 메주와 같이 신앙생활을 하는 교회입니다. 콩을 큰 솥 안에 넣고 열을 가해서 푹 삶아냅니다. 으깨면 깨지고 부서지면서 껍질을 벗어냅니다. 깨지고 비벼지고 껍질을 벗는 과정이 아픕니다. 자기의 연약함이 노출되고, 자기가 부인되는 과정이기 때문입니다. 이렇게 서로에게 스며 들어가서 이리저리 붙어서 한 덩어리가 되는 것을 메주라고 합니다.

주님이 원하시는 교회의 모습이 이런 모습입니다. 이런 교회를 바라보면 예수가 보입니다. 생명의 에너지가 분출되는 것을 느낄 수 있습니다. 성령의 역사함으로 뜨겁게 서로를 사랑합니다. 예수가 보이는 교회는 서로 사랑하는 교회입니다. 우리 교회를 방문하는 사람들이 교회 시설에 대한 평가나, 크기를 말하기보다는 우리가 서로 사랑하는 모습을 보고 "이 교회는 예수가 살아계시는구나."라고 말하는 교회가 되기를 소망합니다.

예수님과 제자들의 관계가 이런 메주와 같은 관계입니다. 요한은 제자들을 사랑하시는 예수님의 모습에 관하여 "세상에 있는 자기 사람들을 사랑하시되 끝까지 사랑하셨다."라고 표현합니다. 비록 베드로가 예수님 모른다고 거짓말 한 후 밖으로 뛰쳐나가서 통곡하고, 제자들은 뿔뿔이 도망가더라도 예수님은 그들을 사랑하는 것을 절대로 포기하지 않고 끝까지 사랑하셨습니다.

나, 너 그리고 우리 교회를 살다

이런 사랑을 경험한 제자들이기에 자신들도 끝까지 사랑하며 교회를 세워나갈 수 있었습니다. 예수님의 사랑이 흐르지 않는 교회는 교회가 아닙니다. 바울은 지체들이 이렇게 소중한 사람들이기에 끝까지 포기하지 않고 이들의 영광을 위해서는 고난도 기꺼이 받겠다고 편지를 써 내려갑니다. 3:13절까지 쓰다가 갑자기 중지하고 무릎을 꿇고 기도합니다. 아마 성령이 크게 감동하셨던 것 같습니다.

> **14-15절** 이러므로 내가 하늘과 땅에 있는 각 족속에게 이름을 주신 아버지 앞에 무릎을 꿇고 비노니

바울의 인생에 있어서 교회가 이렇게 소중하고, 목자의 고난이 교회의 영광이 되기 때문에 첫 번째로 감당하고 싶은 고난은 이 차가운 감옥 안에서도 교회를 위해서 무릎 꿇고 기도하는 것입니다. 기도하는 것이 무슨 고난이 되겠습니까? 안 해본 사람들은 잘 몰라요. 기도하기가 쉬운 것이 아닙니다. 중노동입니다. 고난입니다.

"새벽에 토끼가 눈 비비고 일어나 세수하러 왔다가 물만 먹고 가지요" 신학생들이 이 노래를 패러디해서 부릅니다. "새벽에 신학생이 눈 비비고 일어나 기도하러 왔다가 잠만 자고 가지요." 특히 새벽에 기도하는 것이 어렵습니다. 쉽게 되지 않는 기도이기에 힘써야 합니다.

우리 대공원 지체들이 주님의 다스림 속에서 평강이 넘치는 삶을 살도록 기도합니다. 어르신들이 주 안에서 건강하기를 위해서 기

도합니다. 쉽게 가라앉지 않을 아픔과 괴로움을 안고 있는 분들을 위해서 기도합니다. 목자들의 이름을 부르며, 영혼을 가슴에 안고 살아가는 목자들을 위해 기도합니다. 이렇게 기도하면 우리 지체들이 사랑스럽습니다. 여러분에게서 희망이 보입니다. 하루의 일과를 붙들고 기도하면 마음이 따뜻해집니다. 성령께서 위로해 주시는 것을 느낍니다. 이것이 기도의 영성입니다.

교회의 지도자라면, 안수집사님, 권사님, 목자들이 당연하게 짊어져야 할 영성이 기도입니다. 비록 기도하기까지는 힘든 싸움이 있을지라도, 기도하는 시간이 행복합니다. 바울도 행복했을 것입니다. 편지를 쓰다 말고 갑자기 무릎 꿇고 사랑하는 지체들을 위해서 기도합니다. "아버지이신 하나님께 기도합니다." 그가 기도하는 제목은 다음과 같습니다.

1. 속사람을 능력으로 강하게 하여 주세요.

> **16절** 그의 영광의 풍성함을 따라 그의 성령으로 말미암아 너희 속사람을 능력으로 강건하게 하시오며

바울의 관심은 속사람입니다. 겉 사람은 외모입니다. 잘생긴 것, 돈이 많은 것, 많이 배운 것 등으로 사람을 평가한다면 겉사람에 관심을 두고 사는 사람들입니다. 이스라엘의 첫 번째 왕인 사울은 겉 사람이 괜찮은 사람이었습니다. 이스라엘 중에서 사울보다 준수한

사람이 없었고, 또한 키는 모든 백성보다 어깨 위가 더 있었습니다. 외모가 빵빵한 사람입니다. 그러나 외모를 중요하게 여기는 사람일수록 자기보다 화려한 외모를 가진 사람 앞에서는 상대적으로 초라해집니다. 자신이 넘어서기 힘든 장벽이라고 판단하기 때문에 비굴해지고, 두려워하고, 열등감을 가집니다. 이런 감정이 오래 지속되면 우울증이 생기고, 가만히 놓아두어도 혼자 스스로 자멸합니다. 사울이 골리앗을 만났을 때의 모습입니다. 골리앗이 사울보다 조금 더 크거든요.

속사람은 하나님으로 변화된 사람입니다. 중심에 성령의 크신 감동하심이 있는 사람입니다. 다윗 같은 사람입니다. 속사람이 주님으로 부글부글 끓는 사람은 골리앗을 만났을 때 두려워하지 않습니다. 오히려 하나님의 능력을 나타낼 기회로 압니다. "살아 계신 하나님의 자녀 앞에 나타나서 까불고 있는 너, 골리앗이 누구냐?"라고 외치며 달려갑니다. 중심에 불붙은 성령님의 크신 감동으로 나가는 것입니다. 속사람이 강해야 합니다. 겉 사람은 좀 연약해도 괜찮습니다. "성령님, 속사람을 능력으로 강하게 하셔서 겉 사람을 능히 이길 능력을 주시옵소서." 이런 기도가 여러분의 기도가 되길 바랍니다.

2. 사랑 가운데서 뿌리가 박히고 터가 굳어지게 해 주세요.

> **17절** 믿음으로 말미암아 그리스도께서 너희 마음에 계시게 하시옵고 너희가 사랑 가운데서 뿌리가 박히고 터가 굳어져서

뿌리는 오히려 더 깊이 빛이 없는 곳으로 내려가 그 나무를 지탱해 주는 방법을 알고 있다. 그것의 즐거움, 말없이 숨어 봉사하는 즐거움을 알기 때문이다.

바울은 교인들의 마음에 그리스도가 거하셔서 서로가 사랑 가운데 그리스도에게 뿌리를 박고 살기를 소망했습니다. 인생의 뿌리를 주님에게 내리는 자들이 되기를 소망했습니다. 그래야 흔들리지 않습니다. 주님으로부터 생명이 있는 영양분이 흘러나오고, 그 영양분으로 사랑이 꽃을 피우고, 열매를 맺기 때문입니다.

지하철 2호선 청구역사에 '뿌리'라는 시가 전시되어 있습니다.

"뿌리는 줄기나 꽃이 되려고 하지 않는다. 햇빛을 받으려고 나아가지도 않는다. 뿌리가 자기를 광내려고 하면 나무가 다 죽어버릴 것을 알기에, 뿌리의 수고에 대한 영광을 잎새, 줄기, 꽃에게 맡기고 그들의 향기를 통해 자신의 수고를 드릴 뿐이다. 뿌리는 오히려 더 깊이 빛이 없는 곳으로 내려가 그 나무를 지탱해 주는 방법을 알고 있다. 그것의 즐거움, 말없이 숨어 봉사하는 즐거움을 알기 때문이다."

그리스도에게 깊은 뿌리를 내리고 자신은 광내지 아니하고 다른 지체를 세워주는 사랑으로 그 즐거움을 아는 자들이 많아지면 그 교회야말로 행복한 교회, 건강한 교회, 하나님의 가족 공동체, 예수가 나타나는 교회가 될 것입니다. "성령님, 사랑 가운데 뿌리가 주님께 깊이 박히고 교회의 터를, 목장의 터를 굳게 해 주시옵소서. 서로 비

나, 너 그리고 우리 교회를 살다

벼지고 으깨져서 메주와 같은 목장이 되게 해 주시옵소서." 이렇게 기도하는 자들이 많아지길 기도합니다.

3. 하나님의 모든 충만하신 것으로 저희를 충만하게 해 주세요.

> **18-19절** 능히 모든 성도와 함께 지식에 넘치는 그리스도의 사랑을 알고, 그 너비와 길이와 높이와 깊이가 어떠함을 깨달아 하나님의 모든 충만하신 것으로 너희에게 충만하게 하시기를 구하노라

바울은 교인들이 충만하기를 원했습니다. 충만한 것은 차고 넘치는 것입니다. 서로에게 흐르는 그리스도의 사랑이 차고 넘치게 해 달라고 기도합니다. 성도들이 모일 때마다 그리스도의 사랑으로 차고 넘치도록 충만하게, 충만하게 왕창 부어지길 기도하고 있습니다.

우리도 이렇게 기도해야 합니다. "성령님, 하나님이 주시는 차고 넘치는 모든 충만한 복이 여기 사랑하는 형제의 삶에 그대로 왕창 임하길 기도합니다." 어떻게요? 넓게, 길게, 높게, 깊게 그렇게 충만히 깨닫고 그렇게 충만하게 해달라고 기도합니다. 모일 때마다 형제의 손을 잡고 기도해 주시기 바랍니다. 성령도 충만하고, 믿음도 충만하고, 말씀도 충만하고, 사랑도 충만해야 합니다.

사랑하는 사람을 위해서 아무것도 해 줄 수 없다면 정말 슬픈 인생입니다. 그러나 우리에게는 측량할 수 없는 은혜로 성령님이 임하셔서, 사랑하는 사람을 위해서 기도해 줄 수 있는 축복을 주셨습니

다. 기도는 노동이 아니라 축복이요, 말할 수 없는 우리 주님의 은혜입니다. 여러분은 사랑하는 사람들을 위해서 기도해 주실 수 있습니까? 이 한 주간에도 사랑하는 분들을 위해서 기도하셨습니까? 만일 기도하지 않고 계신다면, 오늘 결단을 촉구합니다.

"하나님, 내게 주신 사랑하는 형제, 자매들을 위해 기도합니다. 사랑하는 형제의 속사람을 강건케 하옵소서. 사랑하는 자매의 인생이 그리스도의 사랑에 깊이 뿌리를 내리게 하소서. 사랑하는 지체들을 하나님의 충만한 것으로 충만케 하옵소서."

최소한 일주일에 한 번이라도 십자가 앞에 엎드려 기도하는 축복을 누리시기 바랍니다.

나, 너 그리고 우리 교회를 살다

더 넘치도록
능히 주실 하나님

에베소서 3장 20-21절

우리 가운데서 역사하시는 능력대로 우리가 구하거나
생각하는 모든 것에 더 넘치도록 능히 하실 이에게
교회 안에서와 그리스도 예수 안에서 영광이
대대로 영원무궁하기를 원하노라 아멘

지난주 매우 가까이 지내는 신학대학 교수님 한 분과 교제하는 중에 가슴 아픈 이야기를 들었습니다. 교수하기 전, 담임 목회하며 섬겼던 교회 앞을 지나가려고 하는데, 가슴이 울렁거리고 숨이 막힐 것 같아서, 결국 그 교회 앞을 지나가지 못하고 돌아갔다고 합니다. 아마 교수하기 전에 섬겼던 목회가 매우 힘들었나 봅니다. "목회할 때 얼마나 힘들었으면 교회 건물만 바라보아도 속이 울렁거릴까?" 하는 안타까운 생각이 들었습니다.

어떤 분은 목회가 힘든 분도 계신 것 같고, 어떤 분은 목회가 무지무지 행복한 분도 계신 것 같습니다. 저는 목회가 행복합니다. 주말이 되면 지체들이 보고 싶어서 가슴이 뜁니다. 만남은 신비입니다. 교인은 좋은 목사님 만나고, 목사는 좋은 교인 만나는 것이 은혜입니다. 그런 면에서 저는 여러분처럼 좋은 지체들을 만났으니 은혜가 차고도 넘칩니다.

미국 샌프란시스코에서 목회하시면서 저에게 많은 영적인 영향력을 주었던 목사님에게 일어났던 놀라운 일들을 간증하며 함께 울었던 적이 있었습니다. 1997년 5월이었으니까 지금으로부터 정확히 25년 전의 일입니다. 같은 비전으로 진한 사랑을 나누던 목사님 부부가 덤프트럭과 정면으로 충돌하는 대형 교통사고가 나서 크게 다쳤습니다. 생명에는 지장이 없었으나 다리와 팔, 얼굴 등 여러 군데의 뼈들이 부러져서 극심한 고통을 겪었습니다. 사고의 성격상 이쪽 과실이 더 커서 보험금도 제대로 탈 수 없는 형편이었고, 막대한 수술비와 입원비, 그리고 몇 년이 걸릴지 모르는 재활을 위한 치료비용이 막막한 형편이었습니다.

사고의 소식을 듣자마자 목사님은 섬기는 지체들에게 이 사실을 보고하고 "내가 사랑하는 형제가 크게 다쳤다."라며 눈물로 기도를 부탁했습니다. 바로 다음 날 예수님을 만난 지 몇 달밖에 안된 한 교인이 신문지로 싼 돈뭉치를 들고 목사님을 찾아왔습니다. 비상금으로 자신을 위해 쓰려고 모아두었는데 기도하는 중에 하나님께서 바로 여기에 쓰라고 하신 것 같았다며 3만 달러를 헌금했습니다. 며칠 뒤에 교회의 또 다른 형제가 조그만 카드와 함께 1만 달러를 들고 왔습니다. 그 카드에는 이렇게 적혀 있었습니다. "목사님, 저는 교통사고를 당한 그 목사님을 모릅니다. 그러나 제가 사랑하는 목사님이 사랑하시는 분이므로 저 또한 그분을 사랑해야 한다고 생각합니다."

나, 너 그리고 우리 교회를 살다

목사님과 사모님, 두 분의 회복과 양 떼들이 흔들리지 않기를 바라는 기도가 교회 안에 계속되었고, 헌금하는 손길이 이어졌습

그때 교회 안에 흐르는 그 사랑의 넓이와 길이, 높이와 깊이를 배우면서 많이 울었던 기억이 있습니다.

니다. 약 두 달 사이에 12만 달러를 모았습니다. 잘 모르는 목사님이지만 자기들이 사랑하는 목사님이 사랑하는 분이기에 자기들 또한 사랑해야 한다고 생각하고 헌금한 돈이 1억 4천만 원 정도가 된 것입니다.

그때 교회 안에 흐르는 그 사랑의 넓이와 길이, 높이와 깊이를 배우면서 많이 울었던 기억이 있습니다. 자기들의 교회당을 짓기 위한 건축헌금도 아닙니다. 자기 교회 목사님이 다친 것도 아닙니다. 자기들이 사랑하는 목사님이 사랑하는 잘 알지 못하는 다른 분입니다. 그런데 그들 가슴 속에 흐르는 예수 그리스도의 사랑이 헌금하는 마음을 주신 것입니다.

그때 어떤 사람들은 목사님과 사모님이 바르게 목회하지 못했기 때문에 벌을 받아서 사고가 난 것처럼 말하는 분들이 있었습니다. 어떤 분은 그 교회는 망했고 다시는 재기하기가 힘들다고 말하는 분들도 있었습니다. 말하기를 좋아하는 욥의 친구들처럼 실망하게 하는 말들을 퍼뜨리는 분들도 있었습니다.

하지만, 그 목사님 부부와 교인들은 병상에서, 그리고 교회에서 요동하지 않고 기도하며 말씀을 배우고 사랑을 연습했습니다. 교인들이 흔들리기는커녕 병상에 있는 목사님 부부를 섬기는 눈물겨운

헌신이 있었습니다. 목사님이 없는 강단을 목자들이 돌아가며 지켰습니다. 목사님 없이 목자들의 신앙이 더욱 성숙되었습니다. 그리고 다섯 달 만에 목사님이 휠체어에 의지하여 강단에 설 수 있었습니다.

다시는 걷지 못할 수도 있다던 두 분이 지금은 아무렇지도 않게 열심히 교회를 섬기고 있습니다. 정말 좋은 교회로, 아름다운 교회로 소문을 내며 성장하고 있습니다. 하나님께서 주님의 양 떼를 위해 주님의 교회를 위해 두 분을 회복시켜 주었다고 믿습니다. 그리고 이 모든 과정을 통해서 예수님의 몸 된 교회의 지체들이 어떻게 서로를 세워줄 수 있는가를 잘 보여주었습니다. 예수님이 교회의 머리가 되셨고, 몸들이 머리에 순종했고, 머리이신 주님은 온갖 구하는 것이나 생각하는 것과는 비교할 수 없을 만큼 풍성하게 더 넘치도록 주셨습니다. 주님은 우리가 생각하는 것보다 더 넘치도록 채우시는 분입니다.

저는 이런 좋은 목사님과 좋은 교회를 간증하며 설교하는데, 요즈음 어떤 목사님 몇 분이 저와 우리 교회에서 일어나는 일들을 간증하며 좋은 교회라고 설교한다는 이야기를 들었습니다. 이런 이야기를 듣고 교만해져서는 안 되지만, 감사한 마음으로 서로를 격려하고 싶습니다.

20절 우리 가운데서 역사하시는 능력대로 우리가 구하거나 생각하는 모든 것에 더 넘치도록 능히 하실 이에게

나, 너 그리고 우리 교회를 살다

하나님은 우리가 구하는 것이나 생각하는 것보다 더 풍성하게 주시는 분입니다. 바울이 교회 지체들을 위하여 기도하면서, "아버지! 저들의 속사람을 능력에 능력으로 강하게 하여 주세요. 저들의 심장 속에 흐르는 사랑의 뿌리를 주님에게 깊이 내리게 해 주세요. 아버지의 충만을 저들에게 넓고 길게, 높고 깊게, 충만하고 충만하게 넘치도록 부어 주세요." 이렇게 땀 흘리며 기도하는데 주님의 음성이 그의 마음에 감동이 되어 들려옵니다. "사랑하는 내 아들 바울아, 나는 네가 구하는 것보다 더 풍성하게, 네가 생각하는 것보다 더 넘치도록 네가 그토록 사랑하는 교회 지체들에게 나의 충만을 넘치도록 부어 주겠다." 이런 감동의 말씀이 밀려왔습니다. 얼마나 신났겠어요. 여러분에게도 이런 감동의 물결이 있기를 소망합니다. 이런 감동의 물결은 기도하는 사람만 경험할 수 있습니다. 기도하지 않는 사람에게는 국물도 없는 경험입니다.

다윗이 기도하고 나아갈 때 골리앗을 한 방에 날려버리셨습니다. 다윗은 골리앗을 이기게 해달라고 기도했는데, 하나님은 그 생각을 넘어 다윗을 이스라엘의 왕으로 삼았습니다. 하나님 우리 아버지는 구하는 것보다, 생각하는 것보다 훨씬 풍성하게 넘치도록 주시는 분입니다. 솔로몬은 백성을 잘 다스리는 지혜를 구했는데, 하나님은 그 기도를 뛰어넘어 크고 강한 나라를 주셨습니다. 엘리야는 하늘에서 불이 내려와 제물을 삼킴으로 하나님의 살아계심이 나타나길 구했는데, 하나님은 그 생각을 뛰어넘어 가물어 메마른 땅을 적실 생명의 빗줄기를 퍼부어 주셨습니다. 하나님은 항상 구하는 것보다, 생각하는 것보다 훨씬 풍성하게 넘치도록 주시는 분입니다.

누가는 더 풍성하게 주시는 예수님의 약속에 관하여 누가복음 6:38절에서 말합니다. "주라 그리하면 너희에게 줄 것이니 곧 후히 되어 누르고 흔들어 넘치도록 하여 너희에게 안겨 주리라"

이상한 일은 오늘날 많은 그리스도인이 해보려고 시도하지 않습니다. 형제에게 사랑을 주면 생각하는 것보다 더 많은 사랑으로 채우시겠다고 하는데도 행동하지 않습니다. 형제를 용서해 주면 생각하는 것보다 더 많은 용서로 채우시겠다고 하는데도 행동하지 않습니다. 물질을 드리고 헌금하여 하나님 나라의 창고에 드리면 생각하는 것보다 더 많은 복으로 채우시겠다고 하는데도 행동하지 않습니다. 왜 행동하지 않을까요? 여러 가지 이유가 있겠지만, 약속의 말씀들을 좋아하지만 믿지는 않기 때문입니다. 믿음이 없어서 행동하지 않는 것입니다.

여러분은 어때요? 지난 한 주간 진실로 사랑이 필요한 사람들에게 사랑을 주었나요? 만일 여러분이 사랑을 주었다면 반드시 사랑을 준 것보다 더 풍성한 예수님의 사랑을 경험하게 될 것입니다. 준 것만큼 받는 것이 아닙니다. 더 풍성하게 30, 60, 100배를 받습니다. 이것이 예수님의 법칙입니다. 여러분의 감정을 상하게 한 사람들에게 용서해 주었나요? 만일 용서를 베풀었다면 여러분은 반드시 용서를 베푼 것보다 더 풍성한 예수님의 용서를 경험하게 될 것입니다. 오늘 하나님 앞에 나오면서 자원하여 하나님을 기쁘시게 하는 거룩한 예물을 준비하여 헌금을 드렸나요? 만일 하나님을 기쁘시게 하는 예

물을 드렸다면 반드시 여러
분은 하나님으로부터 누르고
흔들어 넘치도록 하는 풍성
한 예수님의 은혜를 경험하

게 될 것입니다. 준 것만큼 받는 것이 아닙니다. 더 풍성하게 30, 60, 100배를 받을 것입니다. 이것이 예수님의 법칙입니다. 형제의 속사람이 강건하게 되기를 위해 형제의 인생이 주님의 사랑에 뿌리를 깊이 내리기 위해 하나님의 충만으로 형제를 충만하게 채우기 위해 기도하셨습니까? 그렇게 했다면 반드시 여러분에게 구하는 것보다 생각하는 것보다 더 풍성하게 넘치도록 주실 하나님의 손길이 약속으로 임할 것입니다.

모세가 홍해를 가를 때에 어떻게 갈랐습니까? 하나님께서 "네 손에 있는 지팡이를 내밀라."고 했습니다. 영화의 한 장면처럼 손을 내밀자마자 홍해가 쫙- 하고 갈라졌나요? 아닙니다. 동풍이 불어오기 시작했고, 그 바람이 점점 세차게 불며 물을 밀어내기 시작했고, 밤새도록 그 바람이 불어와 바다를 밀어냈습니다. 왜 하나님께서 한순간에 바다를 밀어내지 않고 밤새도록 바람을 동원해서 밀어냈을까요?

생각해보세요. 모세가 손을 내밀자 바람이 불어오면서 물길이 밀립니다. 거기서 기도를 끝냈을까요? "하나님, 조금만 더, 조금만 더 하나님!" 밤새도록 땀을 흘리며 온 정신을 집중해서 기도하지 않았을까요? 그러면 아론과 훌, 미리암, 여호수아, 갈렙, 이스라엘 백성들은 모세가 혼자 비지땀 흘리며 눈물 쏟으며 기도하는 모습을 구경만 했을까요? 모두 함께 정신을 모아서 바람이 바다를 밀어내는 모습을 집중해서 바라보며 애타는 마음으로 함께 비지땀을 흘리며 "하나님, 하나님" 하나님의 이름을 부르지 않았을까요? 그렇게 기도했을 때에 하나님의 바람이 동쪽에서부터 점점 더 강하게 불어와서 홍해를 밀어내버린 줄 믿습니다.

이런 기도로 힘을 모았기 때문에 그 감격은 그들이 드린 땀방울과는 비교할 수 없을 만큼 대단했을 것입니다. 30, 60, 100배의 감격이 밀려와서 온 이스라엘 백성이 손에 손을 잡고 울면서 웃으면서 목소리 높여 하나님께 영광을 돌렸을 것입니다. "애굽의 권세야, 사단의 권세야 나와 봐라. 우리가 함께 주 예수 그리스도의 십자가를 붙들었노라. 영광 영광 할렐루야!" 이렇게 승리의 노래를 목 터져라고 힘을 주어 불렀을 것입니다. 우리가 손에 손을 잡고 이런 노래 불러야 신앙생활이 힘이 나지 않겠습니까?

우리의 기도를 들어주시며, 영광을 받으시는 하나님이 그때만 역사한 것이 아닙니다. 모세와 이스라엘 온 백성에게 넘치도록 응답하셔서 영광을 나타내신 하나님께서 신약으로 건너오시면서 교회 안에서와 예수 안에서 길이길이 영광을 나타내시며 오늘도 그 영광을 나타내실 것입니다.

> **21절** 교회 안에서와 그리스도 예수 안에서 영광이 대대로 영원무궁하기를 원하노라 아멘

"교회 안에서와 그리스도 예수 안에서" 이 두 단어는 동격입니다. '교회 그리고 그리스도 예수' 급수를 같게 하고 있다는 말입니다. 교회의 등급이 예수님의 등급이라는 말입니다. 그리스도 예수 안에서 마귀의 권세를 깨뜨리고 구하는 것보다 생각하는 것보다 더 능하게 하실 하나님이 역사하듯이 이와 똑같이 교회 안에서 그렇게 역사하시겠다는 말씀입니다.

교회가 함께 손을 잡고 기도하면 능력의 하나님, 넘치도록 풍성한 하나님께서 우리의 기도를 팍팍 응답하실 것입니다. 교회 안에서 함께 살아가면서 "내가 이렇게 걱정 안 하고 인생을 살아도, 내가 이렇게 배짱 편하게 살아도 되는가?" 하며 깜짝 놀라보았으면 좋겠습니다. "나는 적어도 매일 30, 20, 10분 이상 기도하겠습니다." 이렇게 결단하며 손을 들고 찬송합시다. 반드시 구하는 것과 생각하는 것에 더 넘치도록 채우시는 하나님을 간증하게 될 것입니다.

에베소서 4장

주 안에서 갇힌 내가
너희를 권하노니

◆

표현해야 사랑이다

우리는 하나다

뜻을 정하여 섬기는 마음

그리스도의 몸을 세우는 사람들

새사람을 입으라

성령을 기쁘게 해드리는 사람

표현해야
사랑이다

에베소서 4장 1-3절

그러므로 주 안에서 갇힌 내가 너희를 권하노니
너희가 부르심을 받은 일에 합당하게 행하여
모든 겸손과 온유로 하고 오래 참음으로 사랑 가운데서 서로 용납하고
평안의 매는 줄로 성령이 하나 되게 하신 것을 힘써 지키라

매일 아침 일어나면 말씀을 묵상한 후에 채소가 자라는 밭을 둘러봅니다. 하루하루 쑥쑥 자라는 채소를 보며 생명의 기운을 느낍니다. 학생들이 도서관에서 열심히 공부하는 모습을 보면 참으로 보기에 좋습니다. 군인이 머리끝에서부터 발끝까지 군기가 팍 들어가서 "충성!"하며 경례하는 모습을 보면 보기에 참으로 좋습니다. KBS에서 방영하는 "내 고향 6시" 프로를 가끔 시청합니다. 시장에서 아침 일찍부터 부지런히 일하시는 상인들, 밭에서 땀 흘리며 일하는 농부들, 펄떡펄떡 뛰는 생선을 내리면서 활짝 웃는 어부들, 자신에게 주어진 일을 열심히 수행하는 모습을 바라보면 참으로 보기에 좋습니다.

그러나 학생들이 공부 시간에 도망쳐 나와서 교회 주차장에서 담배 연기를 뻐끔뻐끔 뿜어대는 모습을 보면 속이 상합니다. 군인들이 술 취해서 단추 풀어 제끼고 비틀거리며 골목을 돌아다니는 모습도 좋지 않습니다. 일꾼이 성실하게 일하지 않고 슬슬 농땡이 피우고, 국회의원들이 볼썽사나운 싸움이나 하면서 나랏돈으로 다른 나라에 놀러 다니는 모습을 보면 속이 상합니다. 자기의 신분에 걸맞도록 열심히 사는 모습을 보면 아름다운데 신분에 어긋나게 사는 모습을 바라보면 속이 상합니다.

그리스도인도 마찬가지입니다. 그리스도인이 되었다는 말은 하나님께 소명, 즉 부름을 받았다는 말입니다. 분명한 목적이 있어서 그 목적을 가지고 우리를 불렀습니다. 그 부르심의 목적에 합당하게 살아가는 그리스도인들이 멋있습니다. 어두운 세상을 비추는 빛으로, 맛을 잃은 세상을 맛깔나게 하는 소금으로, 악취 나는 세상을 향기롭게 하는 향기로, 세상을 감동케 하는 하나님의 마음을 전달하는 그리스도의 편지로 살아가는 그리스도인들을 보면 멋지게 느껴집니다.

어린 시절에는 교회마다 종이 있어서 10시 30분에 초종을 치고, 11시 예배 시작할 때 재종을 쳤습니다. "땡그렁 땡" 은은하게 울려 퍼지는 종소리가 듣기에 좋았습니다. 그 시절을 기념하여 침례신학대학교 교정에 종이 설치되었습니다. 학교를 방문했을 때 총장님께서 종을 한번 쳐보라고 해서 힘차게 줄을 당겨 종을 쳤습니다. "땡그렁 땡" 교정에 울려 퍼지는 종소리가 아름다웠던 옛 추억을 소환했습니다.

"울려야 종이다. 불러야 노래다. 표현해야 사랑이다." 이런 말이 있습니다. 표현되지 않는다면 이론적으로 그럴싸하게 포장되어도 별 의미가 없습니다. 야고보서 2:15-17절에서, "만일 형제나 자매가 헐벗고 일용할 양식이 없는데, 너희 중에 누구든지 그에게 이르되 평안히 가라 덥게 하라 배부르게 하라 하며 그 몸에 쓸 것을 주지 아니하면 무슨 유익이 있으리요 이와 같이 행함이 없는 믿음은 그 자체가 죽은 것이라" 반드시 사랑의 행동으로 표현되어야 믿음입니다.

> **1절** 그러므로 주 안에서 갇힌 내가 너희를 권하노니 너희가 부르심을 받은 일에 합당하게 행하여

주님을 위해 갇힌 바울이 에베소 교회 지체들에게 권면합니다. "여러분은 하나님의 부르심을 받은 성도답게 행하십시오." 성도답게 행하는 삶! 어떻게 행하는 것이 부르심을 받은 성도다운 것인가요?

> **2절** 모든 겸손과 온유로 하고 오래 참음으로 사랑 가운데서 서로 용납하고

우리는 성도답게 무슨 업적을 남기려고 하는데, 바울은 언제나 겸손하고 부드러우며 인내와 사랑으로 서로를 너그럽게 대하라고 말합니다. 일이 아니라 존재의 변화입니다. 바울은 1-3장에서 교회에 관한 이론적인 배경을 제공했습니다. 교회는 그리스도와 한 몸을

나, 너 그리고 우리 교회를 살다

이룬 지체입니다. 교회는 예수 그리스도의 피로 한 형제, 자매가 된 하나님의 가족입니다. 교회는 피 묻은 십자가의 복음의 터 위에 예수님을 머릿돌로 기준 삼아서 같은 생명을 가진 지체들로 연결된 성령이 거하시는 하나님의 집, 하나님의 성전입니다. 이렇게 이루어진 교회가 어떻게 살아가야 하는가? 이런 실천적인 내용이 4장부터 기록됩니다.

교회가 실천해야 할 첫 번째 모습은 서로를 너그럽게 대하는 삶입니다. 교회는 달라도 너무 다른 지체들이 모인 공동체입니다. 그래서 자기 마음에 들지 않는 지체들이 유달리 많이 있는 곳입니다. 우리 교회 안에서 마음에 들지 않는 지체들이 몇 사람 보이는 분들은 손들어 보십시오. 없을 수가 없지요. 마음에 들지 않는 지체들을 볼 때마다 마음이 좀 더 너그러워져야 할 필요를 느낍니다.

서로 부딪치면 부딪친 사람만 아픈 것이 아닙니다. 주변에 있는 다른 지체들까지 모두 아파요. 왜 부딪칩니까? 자기 마음에 들지 않으니까 부딪치는 것 아닙니까? 우리 교회도 자주 부딪치는 현장이 식사 준비할 때입니다. 콩나물을 세 번 씻으라고 했는데 두 번만 씻고 집어넣네요. 마음에 들지 않아요. 무를 적당하게 자르라고 했더니 너무 크게 잘라놓았어요. 마음에 들지 않아요. 김치 담글 때 고춧가루 조금만 넣으라고 했는데, 고춧가루로 떡을 만들어 놓았네요. 마음에 들지 않아요. 이런 것들로 인하여 부딪칩니다. 속이 부글부글 끓어서 평화도 없고 재미도 없습니다. 2천 년 전의 교회들도 이런 문제들이 있었던 것 같습니다. 이에 바울이 말합니다. "언제나 겸손하고 부드러우며 인내와 사랑으로 서로를 너그럽게 대하라."
겸손하고 온유하다는 것은 부드럽다는 뜻입니다. 부드러워야 너그
러워집니다.

혈기를 부리면 부드러움이 산산조각으로 깨집니다. 어제가 '부
부의 날'이었습니다. 좋은 부부가 되려면 집에 불났을 때 한 번만 소
리 지르고 평소에는 소리치지 말라고 합니다. 혈기를 부리면 혈압이
올라가고, 목소리도 올라가고, 부드러움은 사라집니다. 혈기 부리다
가 왕창 손해 보신 분들이 많습니다. 그중에 한 사람이 모세입니다.
모세가 므리바에서 혈기를 부렸습니다. 하나님께서 반석을 한 번만
치라고 했는데, 백성들이 열 받게 하니까 "나도 성질이 있다." 하면
서 지팡이로 반석을 두 번 내리쳤습니다.

사실 모세는 별로 크게 혈기 부린 것 같지 않은데 하나님은 그
조그마한 혈기도 용납하지 않으셨습니다. 모세가 혈기 부린 나이
가 80이 넘은 할아버지 때입니다. 고개 숙이는 남자가 되어도 혈기
는 좀처럼 사라지지 않습니다. 모세는 하나님의 마음에 합한 지도
자였습니다. 그러나 80세 넘어서 부린 혈기에도 용납하지 않았습니
다. "너는 가나안에 들어가지 마라. 가나안에 들어가려고 그렇게 힘
썼지만, 너는 여기까지다." 그렇게 충성했는데 혈기 한 번 부렸다
고 가나안에 들어가지 못하게 하십니다. 하나님이 너무 하신 것입니
까? 아닙니다. 모세가 지도자이기에, 지도자가 부리는 혈기는 공동
체에게 더 큰 영향을 주기 때문에 하나님은 모세라 할지라도 지도자
들이 혈기 부리는 것을 절대로 용납하지 않습니다.

나, 너 그리고 우리 교회를 살다

저도 혈기 부리지 않기를 위해서 늘 기도합니다. 모임에서 어떤 분이 혈기를 부리며 "A~C"라고 말하면 웃으면서 즉시 말합니다. "B 빼먹었어요." B를 빼먹고 AC만 찾으면 혈기 부리는 것입니다. 누가 여러분에게 혈기를 부리며 AC라고 말하면 같이 열 내지 말고, "형제, B 빼먹었다."라고 말하며 미소 지으십시오. "B 빼먹었다." 이것이 혈기 부리는 자에게 보내는 경고 카드입니다.

바울은 이 사실을 알려주고 싶어서 신령한 복을 말하려다가 너무 큰 감동이 밀려와서 신령한 복을 말하기도 전에 "찬송하리로다"라고 감탄의 소리를 먼저 발하는 것입니다.

혈기 한 번 부리면 목회를 중단할 수도 있다는 생각으로 차라리 땅을 치며 통곡할지라도 혈기를 부리지 않기를 기도하고 있습니다. 속에서 부글부글 끓으면 더 미소 짓고, 그만큼 주먹 쥐고 땅을 치며 기도하는 시간이 더 길어지는 것이지요. 안수집사님들, 권사님들, 목자들도 마찬가지입니다. 하나님은 지도자들이 혈기 부리는 것을 용납하지 않습니다.

"네가 교회를 세워오는데 땀을 흘렸을지라도 너의 혈기로 인해서 너는 교회로부터 누릴 축복은 국물도 없다." 이런 말씀이 들리면 얼마나 안타까운 일입니까? 지도자들의 혈기는 공동체를 깨뜨리기 때문에 혈기를 부려야 할 일이 생기면 차라리 기도실에 들어가서 통곡하며 자신의 가슴을 두드리시길 바랍니다.

그리고 너그러운 사람 되어야 합니다. 그래야 하나님께서 그 인생을 축복하십니다. 혈기 부리는 얼굴은 예쁘지 않습니다. 미소지어보세요. 얼마나 예쁘고 아름답습니까? 부드러운 형제, 너그러운 자매들이 됩시다.

> ### 3절 평안의 매는 줄로 성령의 하나 되게 하신 것을 힘써 지키라

바울은 간절한 마음으로 부탁합니다. "성령으로 연합하여 사이좋게 지내도록 노력하십시오." 성령이 우리를 하나 되게 했습니다. 너무 달라서 좋아할 만한 이유가 하나도 없었는데, 어느 날 보니 그의 마음에 내 안에 계신 성령님과 똑같은 주의 성령이 계십니다. 성령님이 우리에게 임하는 순간 말할 수 없는 평안이 밀려왔습니다. 예수님께서 숨을 내쉬며 "성령을 받으라."라고 말씀하시면서 함께 하신 말씀이 "평강이 있을지어다."입니다. 성령과 평강은 한 세트입니다. 저는 이 노래만 부르면 기분이 좋습니다. "평강이 있을지어다. 사랑하는 자들아. 복된 자들아. 평강이 너희에게 있을지어다." 주일마다 부르고 싶습니다. 하나님이 주신 평강으로 사이좋게 지내십시오. 이것이 그리스도인들이 그 부르심에 합당하게 살아가는 방법입니다.

저는 육군 장교로 근무했지만, 공군 비행장에서 '빨간 마후라는 하늘의 사나이'를 부르는 공군 장교와 함께 근무하면서 들은 이야기입니다.

파일럿의 가장 난코스 훈련이 바로 비행 훈련입니다. 어떤 험난한 훈련도 넉넉히 이겨온 그들이지만 비행 훈련에는 장사가 따로 없

나, 너 그리고 우리 교회를 살다

답니다. 그 이유는 비행기가 요동칠

때 비행 멀미와 울렁증이 일어나기

때문입니다. 고도 상승에서 급진 직

하, 360도 회전에서 720도 역회전,

지체의 삶과 주변 사람들의 환경을
쳐다보지 말고 온 교회가
성령님만 바라보는 것입니다.

또 상하좌우 흔들며 날아가는 비행 훈련에는 그 어느 담력의 소유자

도 예외가 없습니다.

더욱이 바깥을 쳐다볼 때는 먹은 것까지 조종석 안에서 다 토합

니다. 하지만 이것을 이겨내는 방법은 의외로 쉽고 간단합니다. 아

무리 비행기가 온갖 방법으로 흔들리고 요동쳐도 바깥을 내다보지

말고 자신의 바로 앞에 있는 계기판만 집중하여 쳐다보면 정신이 맑

아지고 멀미와 울렁증이 간단히 사라지고 만답니다.

우리의 신앙생활도 이와 같습니다. 힘들고 어려울수록 눈에 보이

는 이곳저곳에서 문제를 찾으려고 하다 보면 마음이 분산되어 더더

욱 어려움을 겪게 됩니다. 우리의 삶이 힘들 때 주변 환경과 사람을

의지하고자 하는 마음이 있습니다. 하지만 그럴수록 해결 방법은 더

멀어지게 되고, 일은 꼬이고 삶이 어지러워서 울렁증이 생깁니다.

이럴 때일수록 성령님만 주목하는 것입니다. 지체의 삶과 주변

사람들의 환경을 쳐다보지 말고 온 교회가 성령님만 바라보는 것입

니다. 부드러운 손이든, 거친 손이든 상관하지 말고 손에 손을 잡고,

교회의 중심에 계신 성령님만 주목하여 바라보면, 성령님으로부터

평강으로 매는 줄이 나와서 우리 모두를 하나로 꽁꽁 묶을 것입니

다. 그러면 얽혔던 문제들이 의외로 간단하게 풀리며, 토할 것 같은

마음과 울렁거리는 마음이 가라앉고, 평강이 밀려오기 시작할 것입니다.

성령님을 주목하면 성령님이 말씀하십니다. "네가 먼저 손 내밀어라. 네가 먼저 용서해라. 네가 먼저 웃어라." 이런 말씀이 들려오면 어떻게 해야 합니까? 빨리 가서 손 내밀면 됩니다. 빨리 가서 웃어버리는 것입니다. "하하하"(하나님, 하고 싶으신 대로, 하십시오) 자존심을 조금만 접으면 먼저 웃을 수 있습니다. 입으로는 사랑을 말하면서 머뭇거리고 있는 분들은 조금만 손해 본다고 생각하면 손 내밀 수 있습니다. 지나놓고 보면 대부분 시시하고 별것도 아닌 일들입니다.

우리 대공원 하나님의 가족들이 성령님을 주목하고, 성령께서 묶어주는 평안의 줄로 꽁꽁 묶여서 사이좋게 지냈으면 좋겠습니다. 서로 손잡고 "너그럽게 지내자. 사이좋게 지내자." 이런 인사를 나눕시다. 사랑하는 사람이 먼저 표현합니다.

나, 너 그리고 우리 교회를 살다

우리는 하나다

에베소서 4장 4-6절

몸이 하나요 성령도 한 분이시니 이와 같이 너희가 부르심의
한 소망 안에서 부르심을 받았느니라
주도 한 분이시요 믿음도 하나요 세례도 하나요
하나님도 한 분이시니 곧 만유의 아버지시라 만유 위에 계시고
만유를 통일하시고 만유 가운데 계시도다

예수 잘 믿으며 착하게 살아왔는데, 자신의 힘으로 막아내기 힘든
어려움에 직면해서 "왜 이런 날벼락이 찾아 왔는가? 예수 믿고 싶지
않다."라고 낙심하며 찾아오는 분들이 있습니다. 그런 분들에게 답
변합니다. "성실하게 목회하는 목사에게도 극한 어려움이 찾아오기
도 합니다. 목회를 그만두고 싶을 만큼 낙심이 되기도 하지만, 그 상
황과 직면하며 극복하고자 하는 마음을 주님께 아뢰면, 놀랍게도 내
안에 희망을 끌어내는 힘도 주십니다." 우리 모두의 내면 깊숙한 곳
에는 희망을 끌어내는 힘이 있습니다. 그 힘을 발견하려면 두 가지
사실을 확인해야 합니다. 첫째는, 하나님은 여전히 나를 사랑하고
계신다는 불변의 진리입니다. 두 번째는 나 자신이 얼마나 귀한 존
재인지를 아는 것입니다.

하나님이 나를 포기하지 않으셨다면, 내가 나를 포기해야 할 이유가 전혀 없습니다. 나에게는 하나님이 사랑하신 나를 아끼고 사랑할 의무가 있습니다. 희망의 힘은 여기에서부터 시작됩니다. 오늘 아침에도 거울을 보며 거울 속의 나에게 이야기했습니다. "이준행, 너는 존귀한 사람이다. 하나님의 자녀야. 너는 혼자가 아니야. 함께하는 교회가 있어. 네 안에는 하나님의 무한한 사랑이 흐르고 있어. 힘내서 설교해라. 아하자!(아름다운 하나님의 자녀)"

6년 전부터 매년 한 번씩 수술하다 보니 딸 선한이 내외와 아들 상이, 우리 부부, 이렇게 온 가족이 같이 모여서 밥을 먹어본 적이 없었습니다. 아쉬운 마음이 컸었는데, 이번 주에 딸과 손주를 데리고 아들이 일하는 대구와 포항을 여행하며 온 가족이 사진도 찍고, 밥도 같이 먹었습니다. 한 사람 한 사람이 퍼즐 조각처럼 없으면 빈 자리가 드러나고, 그래서 더 소중하다는 이야기를 나누었습니다. 사랑하는 가족은 하나로 어우러져야 보기에 좋습니다.

아이들이 초등학교 다니던 시절에는 차만 타면 서로 싸울 때가 있었습니다. 뒷좌석에 자기들 둘만 앉아있는데도 자리를 많이 차지하려고 서로를 밀어내며 싸웁니다. 어떤 때는 "내가 국회의원도 아닌데, 이 아이들은 어디서 말도 안 되는 억지 싸움을 배웠을까?" 어떤 때는 참지 못하고 길 옆에 차를 세우고 한마디 합니다. "다 내려!" 그러면 잠시 조용해지는가 싶더니 5분 지나면 또 싸웁니다. 한 명이 기어이 울어야 싸움이 끝날 때가 많았습니다. 이번 여행에서는 싸우지 않고 오히려 서로 양보하고 격려하며 사랑으로 하나가 되었습니다. 왜 그래요? 그때는 어려서 자기만 쳐다보았고 지금은 성숙해서 다른 이의 약함을 바라볼 줄 알게 되었습니다. 나이가 들었어도 마찬가지입니다. 자기의 아픔과 상처만 들여다보면 어린아이입니다. 다른 이의 상처와 아픔을 보는 눈이 생겼으면 성숙한 분입니다.

하나님께서 교회를 바라보실 때 지체들이 함께 나누고, 양보하고, 격려하고, 부드러운 마음으로 서로를 너그럽게 대하며 사이좋게 지낸다면 마치 자녀들을 바라보며 행복하고 뿌듯해하는 부모들처럼 그렇게 기뻐하실 것입니다. 반대로 서로 다투고, 파당을 만들어서 분쟁하고 시기하면서 싸우고 힘들어한다면 성질 급한 아버지처럼 "예배드리지 말고, 교회에서 다 나가!" 이런 말씀을 하실지도 모릅니다. 교회는 그리스도의 터 위에 피 묻은 십자가의 복음으로 세워진 그리스도의 몸으로 하나입니다. 그 몸을 움직이는 성령도 하나입니다. 그러므로 반드시 하나가 되어서 서로를 너그럽게 대하고, 사이좋게 지내야 합니다.

> **4절** 몸이 하나요 성령도 한 분이시니 이와 같이 너희가 부르심의 한 소망 안에서 부르심을 받았느니라

몸은 교회를 말합니다. 성령은 그 교회를 붙들고 계신 분입니다. 몸도 하나이며 성령도 한 분입니다. 부르심을 받은 교회의 소망도 하나입니다. 사나 죽으나 십자가에 못 박히신 예수 그리스도! 그 이

름이 우리의 유일한 참 소망이어야 합니다. 예수 안에 영원한 생명이 있습니다. 예수 안에 구원이 있고, 예수 안에 은혜와 평강이 있습니다. 오직 예수 안에서 하나님의 이름이 영광을 받으시는 것입니다. 예수님이 중심이 되지 못한다면 유창한 설교나 소나무 뿌리를 뽑는 기도, 암 덩어리가 쑥 빠져나오는 기적, 정기적인 경건 생활이 있을지라도 말짱 꽝입니다. 오직 예수님만이 중심이 되고, 참 소망인 교회가 아름다운 교회입니다.

그런데 이러한 아름다움을 유지하지 못하는 교회들도 많이 있는 것 같습니다. 의암호수 주변에 있는 비엔나 커피 하우스에서 설교를 준비하고 있었습니다. 두 분의 여성이 앞 테이블에서 커피를 마시며 대화를 하는데, 제 귀를 의심할만한 이야기가 들려왔습니다. "교회를 다니고 싶어서 모모 교회에 갔는데, 목사파와 장로파가 서로를 사탄이라고 하면서 싸우더라. 사탄이 가득한 교회를 어떻게 다니겠니?" 세상이 교회를 걱정하는 소리였습니다. 오늘날의 모습을 들려주려고 찾아온 하나님의 사자처럼 보였습니다.

하나가 되는 아름다움을 실패한 교회 중 하나가 고린도 교회입니다. 고린도 교회는 당시 큰 영향력이 있는 지도자들이 거쳐 간 교회입니다. 초기에 함께한 개척 멤버들은 늘 바울을 생각하며 "땅끝까지 가자."고 하는 선교의 열정이 있음을 자랑했을 것입니다. 베드로도 고린도를 방문하여 강력한 영향을 주었습니다. 아마도 불과 같은 성령의 은사들이 쏟아졌을 것입니다. 베드로를 생각할 때마다 영빨(?)에 대한 자부심을 가졌을 것입니다. 교회는 이러한 은사들을 경

나, 너 그리고 우리 교회를 살다

험해야 생명력이 있다고 주장했을 것입니다.

그 후에 알렉산드리아에서 온 아볼로가 목회했습니다. 그는 헬라의 철학적 지식이 풍부한 지도자입니다. 지식이 있는 자들은 이렇게 수사학적인 말씀의 아름다움과 인문학적인 표현이 있어야 아름다운 교회가 될 수 있다고 주장했습니다. 어떤 사람들은 사람을 배격하고 오직 그리스도만 따르는 것이 교회라고 주장하기도 했습니다. 이들은 한 교회 안에서 서로 적대감을 가지고 분쟁하며 파당을 만들었습니다. 교회가 훌륭한 지도자들에 대한 그리움과 은사 때문에 서로 싸우다가 하나가 되는 아름다움을 실패한 교회가 되었습니다.

분쟁이 있고, 서로 싸우는 고린도 교회에게 바울이 말합니다. "나는 심었고, 아볼로는 물을 주었으되 오직 여러분들을 자라게 하신 분은 하나님이십니다. 하나님의 밭이요, 하나님의 집인 여러분들을 열심히 섬긴 아볼로나 베드로나 나는 하나님의 동역자들입니다. 하나님의 은혜를 따라 닦아진 예수 그리스도의 터 위에 세워진 여러분들은 하나님의 성령이 거하시는 살아 계신 하나님의 성전입니다. 바울, 아볼로, 베드로. 모두를 포함하여 그리스도가 머리가 되십니다. 여러분은 그리스도 예수 안에서 하나입니다. 그런데 왜? 왜? 왜 싸우십니까? 십자가에 못 박히신 예수만 붙들어야 하지 않겠습니까?" 이렇게 호소하는 것으로 시작하는 편지가 고린도전서입니다.

사실 저는 이런 교회 이야기만 하면 갑자기 심장이 벌렁벌렁거리고 흥분이 됩니다. 교회를 생각하면 감사하고, 신나고, 가슴이 벅차오르고, 보고 싶고, 기다려지고. 흥분하여 이야기하다가 여러분의 얼굴을 바라보면 문득 나 혼자만 떠드는 것 같은 생각이 들 때가 있습니다. "나 혼자만 짝사랑하고 있구나." 할 때가 있어요. 저 혼자만 짝사랑하는 것 아니지요? 하나님의 지혜로 피 묻은 십자가 생명의 복음 위에 세워진 여러분들을 진실로 사랑합니다. 십자가 생명의 복음으로 감격하고, 십자가 생명의 복음으로 예배하고, 십자가 생명의 복음으로 교회를 사랑합니다. 십자가 생명의 복음으로 하나가 된 나의 형제들, 나의 자매들을 사랑합니다.

> **5절** 주도 한 분이시요 믿음도 하나요 침례도 하나요
> **6절** 하나님도 한 분이시니 곧 만유의 아버지시라 만유 위에 계시고 만유를 통일하시고 만유 가운데 계시도다.

십자가에서 사망의 권세를 깨뜨리시고, 부활하신 우리 주님은 한 분입니다. "하나님의 아들, 그리스도 예수, 우리 주님"을 믿는 믿음도 하나입니다. 그 믿음을 고백하며 "그리스도와 함께 옛사람은 십자가에 못 박혀 죽었고, 그리스도와 함께 살아난 새사람"을 고백하는 침례도 하나입니다. 너의 아버지가 따로 계시고, 나의 아버지가 따로 계시지 않습니다.

대구 교회에서 믿는 하나님 아버지와 광주 교회에서 믿는 하나님 아버지가 같은 분입니다. 중국에서 믿는 하나님 우리 아버지와 미국에서 믿는 하나님 우리 아버지가 같은 분입니다. "하늘에 계신 하나님 우리 아버지"도 한 분이십니다. 하나님 우리 아버지는 모든

나, 너 그리고 우리 교회를 살다

것 위에 계시고, 모든 것을 통해 일하
시며, 모든 것 안에 계십니다.

세상 사람들은 열 명 중 한 명은
책을 통해 성경을 읽고,
아홉 명은 교회의 모습을 통해
성경을 읽는다고 합니다.

　세상은 권력을 가진 사람과 권력을
가지지 못한 사람, 돈이 많은 사람과
돈이 적은 사람 사이에 차별이 있습니다. 이런 차별의 시각으로 자
신을 바라보면서 어떤 이는 우월감에 빠지기도 하고, 어떤 이는 열
등감에 사로잡히기도 합니다. 미국 대통령이 한국을 1박 2일만 머
물러도 국격이 살아난다고 말합니다. 하지만 아프리카 약소국에서
온 대통령이 9박 10일을 머물러도 별로 큰 관심이 없습니다. 미국
사람이 오면 "여기 앉으세요. 에어컨 틀어드릴까요?" 이렇게 말하
면서 필리핀 사람이 오면 "야, 저기 앉아라. 가까이 오지마."라고 말
합니다. 세상은 이렇게 다르게 대합니다.

　교회가 이러면 안 되잖아요? 서로 다른 사람들이 교회 안으로 들
어와서 십자가 생명의 복음으로 말미암아 내 형제, 내 자매로 하나
가 되는 곳이 교회입니다. 도저히 하나 될 수 없는 인간들이, 달라도
너무 다른 인간들이 십자가 생명의 복음으로 하나가 되는 모습을 볼
때, 비로소 세상이 말할 것입니다. "아하, 이것이 교회구나." 세상
사람들은 열 명 중 한 명은 책을 통해 성경을 읽고, 아홉 명은 교회
의 모습을 통해 성경을 읽는다고 합니다.

　지난주에 사회적 거리 두기로 모이지 못했던 목사님들이 부부
세미나로 모여서 여행을 했습니다. 오랜만에 모이다 보니 목사님들
의 머리가 더 많이 빠진 것처럼 보였습니다. 어떤 사람은 주변머리

가 없고, 어떤 사람은 속알머리가 없다고 이야기하며 웃었습니다. 저도 거들면서 아프고 난 후로 앞이마의 머리가 거의 다 빠졌다고 했더니 스스로 아주 영성이 있다고 하시는 목사님 한 분이 저를 격려해 주었습니다.

"목사님, 걱정할 필요가 하나도 없어. 목회를 겸손하고 성실히 잘하니까 '착하고 충성된 종아.' 하시면서 하나님께서 머리를 자주 쓰다듬어 주시니까 그 손길이 스치는 곳에서부터 머리가 빠지는 거야." 이렇게 격려해 주셨습니다. 어떤 사람은 뒤통수부터 머리가 빠지는데, 이것은 문제가 많답니다. 하나님께서 "너 임마, 좀 똑바로 목회해라." 하시면서 뒤통수를 툭툭 때리셨기에 빠진 머리랍니다. 고전이 된 유머지만, 하나님께서 머리 쓰다듬어 주는 교회, 칭찬을 듣는 교회를 이룹시다.

살다 보면 고민이 너무 깊어서 머리가 아프고, 머리가 빠질 일이 생깁니다. 암으로 아파서 죽을 수도 있다는 생각을 넘어서니 알 것 같습니다. 하나님은 새 판을 짜실 때 인생의 밑바닥까지 흔드시는 것 같습니다. 하나님께서 인생의 밑바닥을 흔들지 않으셨다면 저는 영혼을 긍휼히 여기는 목회의 눈이 희미해졌을지도 모릅니다. 인생의 밑바닥을 흔드셨기에 목회의 자세가 굳게 확립되었습니다.

이제는 칭찬을 듣는 목회를 하고 싶습니다. 칭찬을 듣는 교회는 모든 것이 십자가 생명의 복음 안에서 하나가 되는 교회입니다. 우리가 십자가에 못 박혀 피 흘리신 예수님을 믿을 때, 바로 그 순간에 성령께서 우리를 영으로 하나 되게 하셨습니다. 하나 된 형제들이

나, 너 그리고 우리 교회를 살다

손에 손을 잡고 우리는 하나라고 고백하며 서로 아껴주고 세워주는 모습을 상상해 보십시오. 얼마나 아름답고 행복한 모습일까요? 한 번 외쳐볼까요? "우리는 하나다."

뜻을 정하여
섬기는 마음

에베소서 4장 7-10절

우리 각 사람에게 그리스도의 선물의 분량대로 은혜를 주셨나니
그러므로 이르기를 그가 위로 올라가실 때에
사로잡혔던 자들을 사로잡으시고 사람들에게
선물을 주셨다 하였도다…

"내게 있는 모든 것을 아낌없이 드리네. 사랑하고 의지하며 주만 따라 살리라." 이 노래를 부르며 헌금하는데, 부끄럽고 죄송해서 차마 이 노래를 부르지 못한다는 분의 글을 읽었습니다. 참으로 정직한 고백이라고 생각되었습니다. 이 노래를 자신있게 부를 사람이 어디 있겠습니까? 저도 부끄럽고 죄송합니다. 하지만 이 노래를 부르면서 정말 이렇게 살고 싶은 신앙을 고백합니다. 주님만이 내 인생 전체의 주인이요, 주님께 모든 시선을 모으고, 주님을 의지하며, 주님을 닮아가고 싶습니다. 부끄럽고 죄송해서 감히 설교도 할 수 없는 나이지만, 이런 소망을 담아서 담대하게 설교합니다.

목회를 섬김이라고 말하지만, 목사로 살아온 지난날들을 돌이켜보면 다른 분들을 대접하고 섬겼던 경험보다 섬김을 받았던 경험이 훨씬 더 많았습니다. 성경을 읽을 때마다 부담이 되는 구절이 있습니다. "주는 것이 받는 것보다 복이 있다." 이 말씀에 의하면 목사인 저는 여러분에 비해서 복을 누릴 기회가 거의 없는 사람입니다. 저도 선물도 주고 밥도 사주려고 노력은 하는데 그래도 주는 것보다 받는 것이 훨씬 더 많습니다. 요즈음은 사랑으로 진 빚의 일부라도 갚고 싶다는 생각을 많이 합니다. 아마 바울도 이런 부담이 있었던 것 같습니다. 그래서 자신을 "나는 사랑의 빚진 자입니다."라고 소개합니다.

선물은 선물 자체의 가치보다는 그 선물을 준비하여 주는 사람의 마음의 가치가 담겨 있기에 소중합니다. 그래서 때로는 사랑하는 사람에게 받은 조약돌 하나를 평생 간직하는 사람도 있습니다. 저는 지금까지 많은 선물을 받았는데 오래도록 간직하지 못했습니다. 양복도 해어지고, 음식은 다 먹어버렸고, 화장품은 다 발랐고, 지갑이나 혁띠도 낡았습니다. 솔직히 말하면 목사로서 매우 죄송합니다만 선물을 받을 때의 그 고마움도 시간이 흐르면서 희미해지고 어떤 것은 오랜 시간이 지나면 "이것을 누구한테 받았더라." 멍~ 해질 때도 있습니다.

하지만 항상 기억에 또렷이 남아있고, 가장 소중하고, 가장 감격스럽고 결코 잊어버릴 수 없어서 지금도 생생하게 붙들고 있는 선물이 하나 있습니다. 그것은 예수님께서 십자가 사랑으로 포장하여 주신 예수님의 생명입니다. 이 선물은 하나님께서 창세 전부터 '뜻을 정하여 선물로 주려고 작정하고' 기다리고 기다렸다가 찾아오셔서 주신 선물입니다. 선물을 받을 자격이 있어서 그 선물을 들고 오신 것이 아닙니다. 자격이 없는데도, 그분의 사랑이 너무 커서 그 사랑의 은혜로 주신 것입니다.

> **7절** 우리 각 사람에게 그리스도의 선물의 분량대로 은혜를 주셨나니

선물을 받을 자격이 없는 사람에게 사랑 때문에 주신 것을 은혜의 선물이라고 합니다. 그 은혜로 찾아와서 십자가의 피와 눈물로 제 심장에 그 생명을 심어주시면서 말씀하셨습니다. "사랑한다. 아들아. 내가 너를 잘 아노라. 사랑한다 내 딸아, 내게 축복 더 하노라."

서해안 고속도로를 따라 내려가면 서해대교가 나옵니다. 참으로 장엄하지요. 그 다리가 개통되고 나서 백만 번째 다리를 지나가는 사람에게 상금 백만 원과 상품을 주는 이벤트 행사가 열렸습니다. 드디어 백만 번째 차량이 들어왔습니다. 카메라 후레쉬가 터지면서 기자가 운전하시는 분에게 마이크를 대며 물었습니다.

"축하합니다. 백만 번째 손님, 이 상금을 어디에 사용하시겠습니까?" 그러자 운전자가 대답합니다.

"정말로 이 상금을 주시는 것입니까? 그렇다면 그동안 돈이 없어서 운전면허를 따지 못했는데, 이 돈으로 운전면허를 따겠습니다." 기자가 깜짝 놀라며 묻습니다.

"무면허 운전이십니까?" 그러자 옆 좌석에 앉아있던 아내가 급

나, 너 그리고 우리 교회를 살다

하게 변명하며 말합니다.

"아닙니다. 간밤에 마신 술이 덜 깨서 헛소리하는 것입니다." 그러자 기자가 더 깜짝 놀랐습니다.

"아니, 그러면 무면허 음주운전이라는 것입니까?" 그러자 뒷좌석에 앉아있던 아들이 한심하다는 듯이 말합니다.

"거봐요. 훔친 차로 고속도로 들어오면 안 된다고 했잖아요?" 그래서 기자가 기절했다는 소식입니다.

만일 이런 사람이 백만 번째 다리를 지나가는 사람으로 상금을 받았다면 도저히 받을 수도 없고 받아서는 안 되는 나쁜 사람이 받은 거지요? 그런데도 받았다면 이런 것을 은혜라고 합니다. 이 사람은 재수가 좋아서 받는 것이지요. 뒤로 넘어져도 코가 깨지는 사람이 있고 어떤 사람은 앞으로 넘어졌는데도 그 넘어진 자리에 백만 원짜리 수표가 있는 사람도 있습니다. 나도 가끔 이런 재수가 좀 있었으면 좋겠어요.

하지만 예수님의 십자가 사랑은 이런 재수가 좋은 것으로 받은 것이 아닙니다. 태초부터 아버지께서 뜻을 정하여 주려고 작정하고 찾아오셔서 이름을 정확히 확인하시고, "너, 이준행, 맞다. 내 사랑" 이렇게 확인하고 주님의 생명을 주셨습니다. 이것을 은혜의 선물이라고 말합니다. 은혜를 경험한 자들은 영혼 깊숙한 곳에서부터 우러나오는 감사의 노래를 자주 드리게 됩니다. "아 하나님의 은혜로 이 쓸데없는 자 왜 구속하여 주는지 난 알 수 없도다."

물론 이 선물을 받지 못하도록 하려는 반대 세력이 있습니다. 저의 양심을 향해 말합니다. "너는 받을 자격이 없다. 거짓말 잘하고, 욕심이 많고, 미워하고, 잘 나지도 못했고, 벌레 같은 놈." 이렇게 지적하며 열등감을 들추어내고, 죄책감을 심어주고, 자존감을 짓밟습니다. 상처를 드러내며 더 상처받을지도 모르니 일정한 거리를 유지하며 접근하지 말라고도 속삭입니다. 때로는 이러한 것들이 들통날지도 모른다며 마음속 깊이깊이 잘 감추고 꼭꼭 숨기라고 귓가에 속삭이기도 합니다. 어떤 때는 감추기 위해서 오히려 큰소리치라고 부추기기도 합니다. 사단이 이 귀한 은혜의 선물을 받지 못하도록 장난치는 것입니다.

오늘 여기에 이런 사람이 있을지도 모릅니다. 상처를 감추고, 열등감을 감추고, 죄책감을 감추고 위장하며 살라고 요구하는 마음의 소리가 들리면 그것은 사단이 장난치는 것입니다. 사단을 향하여 외치시기 바랍니다. "사단아, 나를 더 이상 인생의 올가미로 가두지 말라. 사단아, 너가 나를 무시해도, 나는 나를 아끼고 사랑하겠다. 이 시간 이후로 나는 하나님이 주신 자유를 마음껏 누리는 삶을 살겠다. 내 안에 하나님의 무한하신 은혜가 흐르고 있다."

그리고 은혜의 선물을 들고 찾아오신 주님께 말씀하십시오. "주님, 내가 감추려고 해도 다 알고 찾아오셨지요? 죄책감 많은 것, 열등감 많은 것, 상처 난 아픔들, 미워하는 마음들, 내 지저분한 인생을 다 알고도 그 귀한 선물을 주시려고 찾아오신 거지요? 더 이상 숨길 것도 없습니다. 주님, 제가 죄인입니다. 제가 죄인입니다."

그러면 주님께서 말씀하실 것입니다. "다 안다. 알고 찾아왔어.

십자가 지고 골고다 언덕을 올라
가면서 너를 생각했다. 너의 모
든 죄를 다 용서하기로 뜻을 정
했다. 그리고 그 정한 뜻을 결코

그 음성이 우리의 마음에 들리는
순간 막힌 담이 와르르 무너졌습니다.
성전 휘장이 찢어지듯이 답답했던
마음이 뻥 뚫렸습니다.

포기할 수 없어서 넘어져도 일어서야 했고, 아파도 참아야 했다. 마
지막 남은 힘이 다 빠져나갈지라도, 너를 용서하는 길을 포기할 수
없기에 나는 거기서 일어서야만 했다. 절대로 너를 포기할 수 없어
서, 네가 있었기에 십자가까지 갈 수 있었고, 거기서 비로소 너에게
줄 생명을 다 완성할 수 있었다. 그래서 너의 심장에 들리도록 외칠
수 있었다. 다 이루었다고.”

　그 음성이 우리의 마음에 들리는 순간 막힌 담이 와르르 무너졌
습니다. 성전 휘장이 찢어지듯이 답답했던 마음이 뻥 뚫렸습니다.
상처받은 마음도 무너지고, 용서할 수 없는 마음도 무너졌고, 죄책
감과 열등감도 무너졌습니다. 마음 한복판으로 성령의 바람이 불어
왔습니다. 걷잡을 수 없는 뜨거운 성령의 바람이 우리 마음에 불어
왔습니다. 하나님의 숨결이 막혔던 우리의 마음을 녹였습니다.

　이렇게 열린 마음에 하나님의 생명이 밀려옵니다. 그 선물이 너
무 귀하고 감사해서 울고, 고마워서 울고, 죄송해서 울고, 울다가 뜻
을 정하여 노래를 부릅니다. “나 같은 죄인 살리신 주 은혜 놀라와
~” 함께 노래를 부르며, 오직 십자가 사랑으로 하나가 되어 주님을
따르는 사람들이 교회입니다. 우리는 십자가의 용사들입니다.

　뜻을 정한다는 의미가 무엇일까요?

성경에는 뜻을 정한 사람들의 삶의 모습을 다양하게 보여주는 내용이 많이 있습니다. 그중에 한 사람 다니엘을 잠깐 살펴봅니다. 다니엘 1:8절을 보면 다니엘과 세 친구들이 우상의 제물이 섞여 있는 고기를 거절하여 자기를 더럽히지 않기로 뜻을 정합니다. 그때 15~6세 밖에 안 되는 청소년들인데 얼마나 고기를 먹고 싶었겠어요? 그런데 뜻을 정하여 고기는 쳐다보지도 않고 3년 동안 채식만 먹었습니다. 그래서 영양실조로 쓰러졌나요? 아니면 하나님께서 그들을 더 아름답고, 더 윤택하게 하셨나요?

다니엘이 83세로 할아버지가 되었을 때, 예루살렘을 향하여 창문을 열어놓고 기도하는 사람은 사자 굴에 집어넣는다는 왕명이 선포되었습니다. 그런데 다니엘은 16세에 정한 뜻을 83세에도 변하지 않고 밀고 나갔습니다. 왕명으로도 다니엘의 정한 뜻을 꺾을 수 없었습니다. 이런 사람을 어찌 하나님께서 지켜주지 않겠습니까? 지켜만 주는 것이 아닙니다. 덤으로 지혜와 총명을 넘치도록 주십니다. 미래를 보는 눈을 활짝 열어주시고, 이상을 보는 눈을 활짝 열어주십니다. 이런 것이 뜻을 정하는 것입니다.

이와 같이 주님을 따르기로 뜻을 정한 사람들을 교회라고 부릅니다. 목사 혼자 뜻을 정한다고 되는 것이 아닙니다. 교회가 뜻을 정해야 합니다. 그러면 하나님께서는 반드시 그 뜻을 정한 사람들을 통해서 하나님의 충만을 채워서 은혜의 역사를 일으키고, 하나님의 충만을 채워서 사랑의 역사를 일으키고, 하나님의 충만을 넘치도록 채워서 치유의 역사를 일으킬 것입니다.

나, 너 그리고 우리 교회를 살다

> **10절** 내리셨던 그가 곧 모든 하늘 위에 오르신 자니 이는 만물을 충만
> 케 하려 하심이라

　충만이라는 의미는 "넘치도록 채운다. 사로잡는다."라는 의미입니다. 주님이 하늘로 오르시고 다시 교회로 내려오신 이유는 뜻을 정하여 주님을 따르는 교회를 충만케 채워서 하나님의 뜻을 나타내시고자 함입니다. 지금까지 하나님께서 우리들의 가슴에 십자가의 사랑을 채우셨습니다. 저는 직감적으로 알 수 있습니다. 지금까지 하나님께서 우리를 채우셨습니다. 꽉 찼으면 이제부터는 어떻게 될까요? 이제부터는 우리 교회가 충만으로 넘쳐날 때입니다. 채웠으면 넘쳐나는 것이 당연한 순서입니다.

　목자로 살기로 뜻을 정한 사람, 집사로 살기로 뜻을 정한 사람은 얼굴빛부터 다릅니다. 시켜서 어쩔 수 없이 섬기는 사람과 뜻을 정하여 섬기는 사람은 확연히 다릅니다. 행동이 다르고, 눈빛도 다르고, 말부터 다릅니다. 우리는 "하나님, 나 목자로 삽니다." "하나님, 나 집사로 삽니다." "하나님, 나 섬기는 자로 삽니다." 이렇게 뜻을 정하고 섬길 때가 되었습니다. 이런 사람이 열 명만 있으면 우리 대공원 교회는 이 순간부터 확 달라질 것입니다. 하나님이 뜻을 정한 사람들을 통해서 역사하십니다. 누가 교회로 살기로 그 심장에 뜻을 정한 자입니까?

그리스도의 몸을 세우는 사람들

에베소서 4장 11-16절

그가 어떤 사람은 사도로, 어떤 사람은 선지자로,
어떤 사람은 복음 전하는 자로,
어떤 사람은 목사와 교사로 삼으셨으니
이는 성도를 온전하게 하여 봉사의 일을 하게 하며
그리스도의 몸을 세우려 하심이라…

지체 중에 어려움이 있어서 위로가 필요하거나 새로운 도전이 필요하다고 생각되면 "그 형제가 꼭 들어야 할 말씀이다."란 마음으로 설교했는데, 그 시간에 생각했던 형제가 오지 않을 때가 있습니다. 그때마다 "형제를 격려하고 도전하는 분은 내가 아니라 성령님이다."라는 생각을 합니다. 오늘 설교는 죽 쑤었다고 생각했는데, 설교 후에 은혜받았다고 인사하는 분들이 있고 오늘 설교는 참 좋았다고 생각했는데 아무런 반응이 없을 때도 있습니다. 그때도 "역시 말씀으로 성도들을 주도하시는 분은 성령님이다."라는 생각을 합니다.

그렇다고 목사가 필요 없다는 말은 아닙니다. 성령님은 목사들을 통해 말씀을 전달하십니다. 오늘 본문은 성령께서 말씀을 전달하는 은사를 주셔서 목사를 세우고, 지체들과 함께 그리스도의 몸, 교회를 세워가는 이야기입니다.

> **11절** 그가(성령께서) 어떤 사람은 사도로, 어떤 사람은 선지자로, 어떤 사람은 복음 전하는 자로, 어떤 사람은 목사와 교사로 삼으셨으니

성령께서는 주님의 몸 된 교회를 세우기 위해서 교회 안에 다양한 성령의 은사들을 두셨습니다. 은사는 다른 말로 말하면 직분이요, 사역입니다. 그중에서 영적 지도력을 발휘하는 은사들이 사도(예수님을 통해 직접 배웠고 세워진 제자들), 선지자(신탁을 통해 하나님의 말씀을 전하는 자들), 복음 전하는 자(선교적 사명을 띤 사람들), 그리고 목사와 교사입니다.

특이하게도 목사는 '목사'라는 한 단어로 표시하지 않고 '목사와 교사'라고 표현함으로 목사의 기능을 정확히 드러내고 있습니다. '목사이면서 교사'라는 의미로, 목사는 가르침, 예언, 돌봄의 은사를 받은 자로서 반드시 하나님의 말씀을 가르치는 교사여야 한다는 사실을 강조하는 말입니다. 목사는 곧 교사요, 교사는 곧 목사입니다. "목사, 그는 누구인가?" 목사의 은사에 관해서 이해의 폭이 더 깊어졌으면 좋겠습니다.

1. 목사는 슈퍼맨이 아닙니다.

아이들은 슈퍼맨 옷을 입으면 자신이 슈퍼맨인 것처럼 착각할 때가 있습니다. 옥상에서 뛰어내리면 하늘을 날 것으로 생각하니

다. 착각은 자유지만 결과는 죽음입니다. 목사도 자신이 슈퍼맨이나 되는 듯 착각이 일어날 때가 있습니다. 병자가 오면 의사처럼 병 고치고, 귀신들린 자가 오면 축사의 영력으로 귀신을 몰아내고, 가르칠 때 보면 교사요, 농사라면 유기농 전문가(메가 비타민 요법, 식이요법, 운동요법…)를 자처하고, 시위현장에 나타나면 시민운동가가 됩니다. 찬양하면 찬양의 대가요, 예언하면 영락없는 예언자입니다. 목사는 자신을 슈퍼맨으로 착각하기에 적당합니다. 목사 자신보다도 교인들이 목사가 슈퍼맨이 되기를 강요할 때도 있습니다. 착각은 자유지만 결과는 뭐라고요? 너무 많이 일하면서 날뛰다가 죽는 수가 있습니다.

목사는 슈퍼맨이 아니라 연약한 인간일 뿐입니다. 바울처럼 찌르는 가시를 가지고 고통할 수도 있는 인간, 베드로처럼 비겁할 수도 있는 인간입니다. 엘리야처럼 못 먹으면 배고프고, 물 안 먹으면 목마르고, 잠 못 자면 피곤합니다. 하나님의 뜻이라며 일 저질러놓고 안되면 도망갈 수도 있는 인간입니다. 한 시간 앞도, 내일 일도 모르는 인간입니다. 갈대같이 연약하고 호롱불처럼 바람에 날리면 꺼져버리는 인간입니다.

지난번 포항을 여행한 후에 페이스북에 아들을 자랑하는 글을 올렸습니다. "이렇게 멋진 청년을 알아보지 못하고 아가씨들이 다 어디 간 거야?" 그랬더니 한 분이 댓글을 달았어요. "목사님도 아들 자랑할 줄 아네요!" 예, 목사도 아들 자랑할 줄 알고 결혼이 늦어지는 아들을 걱정할 줄도 압니다.

목사는 하루에도 몇 번씩 웃고 울어야 합니다. 어떤 성도를 위해서는 정말 기뻐해 주어야 할 일들이 있습니다. 반면에 어떤

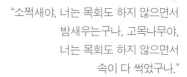

성도를 위해서는 가슴이 미어지는 슬픔을 나눠야 합니다. 자식이 대학에 붙었다고 너무 좋아하지 못합니다. 교인 가운데 대학시험에 떨어진 자식으로 울고 있기 때문입니다. 자식이 대학에 떨어졌다고 너무 슬퍼하지 못합니다. 교인 가운데 자식이 대학에 붙어서 기뻐 뛰어오는 사람이 있기 때문입니다.

목사는 교인들을 위해 늘 기도하는 사람 같지만, 사실은 교인들이 기도해 주는 도움으로 살아야 할 사람입니다. 한 목사는 이런 시를 썼습니다. "소쩍새야, 너는 목회도 하지 않으면서 밤새우는구나, 고목나무야, 너는 목회도 하지 않으면서 속이 다 썩었구나." 하나님은 스스로 강하고 유능하다는 사람을 그대로 두시고, 오히려 불완전한 자, 허물도 있는 자를 목사라고 세워 놓았습니다. 그러므로 목사들을 위해서 기도해 주시기 바랍니다. "우리 목사님을 성령으로 충만하게 해 주십시오. 성령으로 하지 않으면 죽어버릴 것입니다." 이렇게 기도해 주시기 바랍니다.

2. 목사는 꿈을 꾸는 사람(그 심장에 비전을 품은 사람)입니다.

목사는 슈퍼맨도 아니면서 하나님 나라의 꿈을 꾸는 사람입니다. 모든 사람이 하늘의 영적인 복을 충만히 받아서 그 인생들이 행

복해지는 꿈을 꾸는 사람입니다, 모든 사람을 데리고 영광스럽고 위대한 하나님 나라에 가는 꿈을 꾸는 사람입니다. 꿈 이야기를 하는 사람은 합리적이지 못할 때도 있고, 현실감각에 좀 뒤떨어진 모습도 있습니다. 꿈은 현실보다 조금 앞서갑니다. 재정을 관리하는 집사님이 "현재 우리 교회에 은과 금이 부족합니다."라고 말해도 "은과 금은 부족하지만 예수 그리스도의 이름을 믿는 믿음으로 진행합시다." 이렇게 말하기도 합니다. 목사는 남에게 금과 은은 줄 수 없어도 금보다 귀한 믿음을 주고 싶고, 은혜를 받게 하고 싶은 사람입니다.

목사는 창세 전에 하늘 아버지가 꾸었던 꿈을 이루어 가는 사람입니다. 잃어버렸던 영혼들을 찾아서 예수 십자가의 흘리신 피로 구원하신 생명으로 주님의 몸을 이루어 가는 꿈을 실현하려고 인생 전체를 드리는 사람입니다. 사도들과 선지자들이 전한 복음의 터 위에 교회를 세워가는 사람들입니다. 비록 남들이 이해하지 못해도 혼자서 하나님의 마음을 먼저 보고, 그 꿈을 이루기 위해서 말하고 또 말하고, 행동하고 또 행동하고, 설득하고 또 설득하는 사람입니다.

목사는 모세가 호렙산에서 하나님의 비전을 발견하고 "광야로 가자."라며 거침없이 광야의 길을 걸어간 것처럼, 바울이 아라비아 사막에서 하나님의 꿈을 보고 그 꿈을 향해 미친 듯이 달려간 것처럼 꿈을 꾸며 달려가야 합니다. 목사가 외롭다고 사람을 찾고, 바빠서 기도할 시간이 없고, 성경 읽을 시간이 없고, 책 읽은 시간이 없다는 것은 목사의 죽음입니다. 목사는 학위가 필요한 것 아니라 성

나, 너 그리고 우리 교회를 살다

령의 충만함이 필요합니다. 그러므로 박사학위를 가진 목사를 찾지 말고 성령 충만한 목사를 찾기를 바랍니다.

3. 목사는 혼자 일할 수 없습니다.

슈퍼맨도 아닌데 현실보다 조금 앞서가는 꿈을 꾸어요. 그래서 목사는 동역자를 필요로 합니다. 목사와 같이 꿈을 꿀 목자, 집사가 함께 일해야 합니다. 브리스길라와 아굴라 집사처럼, 스데반과 빌립 집사처럼, 바나바와 마리아, 뵈뵈 집사처럼 성령의 은사를 받은 동역자들과 함께 일해야 합니다. 목자의 은사와 집사의 은사가 동일한 성령의 은사입니다. 아내가 남편의 돕는 배필로 지음을 받은 것처럼, 목자와 집사는 돕는 배필과 같은 동역자입니다. 동역자들은 목사를 지켜주기 위해서 하나님이 보내주시는 천사들입니다.

어느 교회에 상당히 까다로운 안수집사님이 계셨습니다. 목사님이 하루는 작심하고 안수집사님 집에 심방을 가서 은혜로운 성경을 읽은 다음 간절한 마음으로 이렇게 기도했답니다. "하나님 우리 안수집사님 아들이 꼭 목사 되게 하여 주시옵소서. 꼭 목사 되게 하여 주시옵소서." 기도를 마친 후에 안수집사님이 목사님에게 말하기를 "목사님 무슨 저주를 그렇게 하십니까?!" 이런 사람을 어떻게 목사의 동역자라고 할 수 있겠습니까? 여러분들 모두 성령께서 친히 은사로 세우신 목사의 동역자가 되길 부탁합니다.

> **12절** 이는 성도를 온전하게 하여 봉사의 일을 하게 하며 그리스도의 몸을 세우려 하심이라

목사를 세우신 이유를 설명하고 있습니다. 목사는 성도를 온전하게 하여 봉사의 일을 할 수 있도록 도와서 그리스도의 몸 된 교회를 세워가는 것입니다. 어디까지 세워가야 할까요? 그리스도의 장성한 분량이 충만한 데까지 자라야 합니다.

바울은 고전 13장에서 성령께서 은사들을 주시지만, 그 모든 은사도 사랑이 없으면 아무것도 아니라고 말합니다. 사람의 방언과 천사의 말을 할지라도 사랑이 없으면 소리 나는 구리와 울리는 꽹과리라고 말합니다. 예언하는 능력과 산을 옮길만한 믿음도 사랑이 없으면 아무것도 아니라고 말합니다. 모든 것으로 구제하고, 몸을 불사르게 내어줄지라도 사랑이 없으면 아무 유익이 없다고 말합니다. 그러므로 모든 성령의 은사들이 사랑으로 포장되지 않으면 아무것도 아닙니다. 성령의 은사들은 각개전투할 때는 온전한 것이 아니지만 사랑을 위해서 찰떡궁합으로 모아지고, 그 은사들이 녹아서 사랑을 만들어내면 그것이 온전한 것이 되는 것입니다.

사랑으로 온전해진 사람들이 봉사의 일을 할 때 아름답습니다. 봉사의 일이란 "worker of service" 혹은 "ministry"를 말합니다. 영혼을 구령하고, 섬기는 일이 봉사의 일이며, 성도들이 봉사의 일을 할 때 교회는 장성한 믿음의 분량으로 세워집니다.

우리가 세워가야 할 목표는 예수 그리스도입니다. 아직은 가끔 성질도 내고, 가끔 미워하기도 하고, 가끔 넘어지기도 하지만, 그래도 넘어질 때마다 우리 주님 바라보며 다시 일어서서 달려가는 사람들입니다. 넘어진 사람을 보면 손을 내밀어 붙들어 일으켜서 함께 달려가는 사람들입니다. 지금 성장해 가고 있는 현재 진행형의 사람들입니다. 공사 중이지만 목표는 분명합니다. 예수 그리스도입니다. 사랑으로 자라는 것은 섬김의 자리로 나아가는 것입니다.

세상은 올라가는 길을 사모합니다. 올라가지 못하면 패배자 같아서 괴로워합니다. 월급도 올라가고 직책도 올라가고 아파트 넓이도 점점 커지고 승용차도 비싼 것으로 점점 올라가야 제대로 산다고 말합니다. 그러나 교회의 성숙은 점점 섬김의 자리로 나아가는 것입니다.

예수님은 제자들의 발을 씻기는 자리로 나아가셨고 자신의 살과 피를 내어 주는 자리로 나아가셨고 십자가를 지고 가는 자리로 나아가셨습니다. 우리도 예수님을 닮아서 십자가까지 나아가는 것을 목표로 삼아야 합니다. 혼자 나아가기가 힘듭니다. 우리는 각 마디를 통해서 연결되어 있기 때문입니다. 모두가 손을 내밀어서 함께 나아갈 때 성령께서 충만으로 도와주실 줄 믿습니다.

왜 안수집사님, 권사님이 되셨습니까? 예수님을 닮은 사랑으로 교회를 섬기기 위해서입니다. 왜 집사님, 위원장, 목자가 되셨습니까? 예수님을 닮은 사랑으로 교회를 섬기기 위해서입니다. 예수님의 사랑을 닮아갑시다. 진심으로 예수님을 닮아가길 사모합시다.

나, 너 그리고 우리 교회를 살다

새사람을
입으라

에베소서 4장 17-24절

그러므로 내가 이것을 말하며 주 안에서 증언하노니 이제부터
너희는 이방인이 그 마음의 허망한 것으로 행함 같이 행하지 말라
그들의 총명이 어두워지고 그들 가운데 있는 무지함과 그들의 마음이
굳어짐으로 말미암아 하나님의 생명에서 떠나 있도다…

지난 주일에 은혜 목장과 함께 하남에 있는 만두집에서 만두전골을
먹고 옆집 3층에 있는 신발 가게를 갔습니다. 만두전골이 얼마나 맛
있었는지 은우가 "와, 먹는 것이 이렇게 행복하다니!"라는 말을 반복
하며 먹더니 너무 배부르다고 해서 엘리베이터를 타지 말고 걸어서
올라가자고 했습니다. 힘들다며 간신히 3층까지 걸어 올라갔더니
매장으로 통하는 문은 잠겨있었고, 메모가 있었습니다. "매장에 오
시는 분은 다시 내려가서 1층에서 엘리베이터를 타고 오시오."

　이런 때 느끼는 감정을 '허망하다'고 합니다. 3층이니 망정이지
30층쯤 되었으면 어떻게 했을까요? 아마 30층쯤에서 느끼는 감정
은 '허망하다 + 신경질 난다.'라고 표현했을 것입니다. 60층쯤 올라
가서 이런 일이 발생했다면 '허망하다 + 신경질 난다 + 뛰어내리고

싶다' 이런 표현이 적당하겠지요. 그러나 이러한 허망함은 좀 힘들지만 고쳐서 바로잡을 수 있는 허망함입니다. 하지만 인생을 다 살고 난 후, 돌아갈 때가 되어 자녀들 불러 모아놓고 "잘못 살았구나. 너희는 결코 나같이 살지 말아라." 이와 같이 잘못 살았음을 깨닫는 후회는 다시 고칠 수 없는 허망함이기에 망한 인생이 되는 것입니다.

> **17절** 그러므로 내가 이것을 말하며 주 안에서 증언하노니 이제부터 너희는 이방인이 그 마음의 허망한 것으로 행함 같이 행하지 말라

목사와 교사로서의 영적 지도자들이 그리스도의 몸을 세우기 위해서 가르쳐야 할 중요한 내용 중 하나는 옛사람을 벗어버리는 것과 새사람을 입는 것입니다. 인생을 다 살고 난 후에 "나는 참으로 허망한 세월을 보냈다."라고 말하며 후회를 하는 사람이 있고, "나는 참으로 행복한 삶을 살았다."라고 말하며 감사하는 사람도 있을 것입니다.

여러분들은 어떠한 고백을 남기시렵니까? 바울은 그 마음의 허망한 것으로 살아가는 사람들을 이방인이라고 표현하고 있습니다. 이것은 곧 예수님을 만나기 전의 옛사람을 가리키는 것입니다.

나, 너 그리고 우리 교회를 살다

1. 허망한 마음으로 살아가는 옛사람은 어떠한 특징을 가지고 있습니까?

1) 옛사람은 총명이 어두워진 사람입니다.

> **18절** 그들의 총명이 어두워지고 그들 가운데 있는 무지함과 그들의 마음이 굳어짐으로 말미암아 하나님의 생명에서 떠나있도다

총명이 어두워지면 어리석은 말과 어리석은 행동을 합니다. 남을 이해하려는 마음이 사라집니다. 하나님의 말씀을 말하지 않고 자기 말만 합니다. 아침마다 묵상하는 사무엘상에서 총명을 잃고 어리석은 행동을 반복하는 사울을 만납니다. 사울은 하나님의 이름으로 골리앗을 무너뜨린 다윗을 좋아했습니다. 그가 부르는 찬양을 들으면 평화가 마음에 가득했습니다.

하지만 시기하는 마음, 미워하는 마음이 들어왔을 때 다윗을 죽이려고 했습니다. 미워하는 마음은 악이 뿌리를 내리는 밭입니다. 찬양하는 다윗을 향해 창을 던지기도 하고, 도망간 다윗을 좇아가 죽이려고도 하고, 또 어느 날에는 아무 일 없다는 듯이 함께 밥 먹기를 기다리는 사울을 보면 제정신이 아니라는 생각이 듭니다. 권력의 광기에 사로잡히면 온전한 정신으로 살아갈 수 없습니다. 총명함이 사라진 모습입니다.

아들 요나단이 바라볼 때도 아버지의 총명함이 사라졌습니다. 아버지가 더 큰 죄를 짓지 않도록 어리석은 행동을 막으려 했지만, 이미 권력의 노예로 변한 사울은 아들에게도 창을 던졌습니다. 주의

말씀이 심장에서 불같이 타올라 뼛속까지 타들어 가는 아들 요나단은 생명으로 사랑한 다윗을 돕습니다. 딸 미갈도 다윗이 도망갈 수 있도록 아버지를 속이고 창문 너머로 다윗을 달아 내립니다. 총명을 잃으면 자녀들에게도 인정받지 못하는 아버지가 됩니다.

목사도 마찬가지입니다. 욕심이 생겨서 하나님을 향한 시선을 돌리면 누구라 할지라도 총명을 잃어버립니다. 예전에는 존경받는 목사였으나 어느 날 총명을 잃어버리고 존경을 잃어버린 목사님들을 볼 때 마음이 아픕니다. "예전에는 저런 분이 아니었잖아." 이런 이야기 들으면 가슴 아프잖아요? 저도 이런 이야기 듣지 않고 총명함을 유지하려고, 하나님께 시선을 모으기를 힘쓰고 있습니다.

2) 옛사람은 하나님의 생명에서 떠난 사람입니다.

"그들 가운데 있는 무지함과 그들의 마음이 굳어짐으로 말미암아 하나님의 생명에서 떠나있도다" 우리 인생이 겪고 있는 가장 큰 아픔은 하나님의 생명으로부터 떠난 것입니다. 성적은 떨어져도 괜찮습니다. 다음에 잘하면 됩니다. 데이트하다가 좋은 연인과 헤어져도 견딜 수 있습니다. 다음에 더 좋은 연인을 만나면 됩니다. 그러나 하나님의 생명에서 떠나면 그때는 죽습니다. 하나님과 생명이 단절된다는 것은 식물이 빛을 잃어버리는 것과 같고 물고기가 물을 잃어버리는 것과 같습니다. 암 환자들이 찾아올 때마다 반복해서 들려주는 말이 있습니다. "암으로 죽는 것은 별것도 아닙니다. 하나님의 생명을 모르고 죽는 것이 진짜 큰 문제입니다."

하나님의 생명으로부터 떠나게 되는 이유는 무지하여 마음이 굳어지기 때문입니다. 마음이 스폰지 같이 부드러워야 말씀이 들어가면 쭉 빨아들이는 흡수력이 있는데, 마음이 워낙 딱딱하니까 말씀이 들어가도 뿌리를 내릴 수가 없습니다. 하나님의 생명에서 점점 멀어져 갑니다.

선배 목사님들은 마음이 굳은 사람들을 묵은닭이라고 표현했습니다. 묵은닭은 세 가지 특징이 있습니다. "첫째는 알을 못 낳는다. 둘째는 질기다. 셋째는 싸움을 잘한다." 혹시 자신에게서 전도의 열정과 열매들이 없고, 질기고, 싸움을 잘하면 "아하, 내 마음이 많이 굳어있구나. 내가 묵은닭이구나." 이렇게 생각하시면 틀림이 없을 것입니다.

그러므로 기도하십시오. "하나님의 생명에서 떠나지 않도록 지켜 주시옵소서. 굳은 마음을 갈아엎어서 스폰지 같이 말씀을 쑥쑥 빨아드리도록 성령님, 마음을 경영하여 주세요."

3) 옛사람은 감각이 없는 사람입니다.

> **19절** 그들이 감각 없는 자가 되어 자신을 방탕에 방임하여 모든 더러운 것을 욕심으로 행하되

죄에 대한 감각이 없어지면 죄가 내 인생을 마음대로 사용하도록 자신을 방임합니다. 중독될 때까지 자신을 내어줍니다. 술에게

자신을 내어주면 술중독이 됩니다. 도박에게 자신을 내어주면 도박 중독이 됩니다. 마약에게 자신을 내어주면 마약중독이 됩니다. 중독 되면 감각이 없습니다. 병원에서 수술할 때 감각을 없애기 위해 마취를 합니다. 감각이 없어지면 칼로 도려내도 모릅니다. 감각을 잃어버린 인생은 이 세상의 악한 세력이 자신의 인생을 야금야금 갉아 먹어도 아무것도 모른 채 점점 세상의 욕심에 빠져들어 갑니다.

감각을 잃어버린 인간의 본능은 브레이크가 고장 나서 통제력을 상실한 자동차와 같습니다. 자기만 다치는 것이 아닙니다. 주변 사람들을 아프게 합니다. 감각이 무디어져가고 있다면 속히 성령님의 도우심을 구해야 합니다. 십자가의 보혈을 구해야 합니다. "주의 보혈 능력 있도. 주의 피 믿으오. 주의 보혈 어린 그 양의 매우 귀중한 피로다." 주님의 십자가 보혈은 감각을 깨우는 능력이 있습니다. 십자가 붙들고, 거기에 무릎 꿇고 울면 성령의 능력이 임하고, 십자가의 보혈이 우리 마음을 적실 것입니다. 거기에서 치유가 일어나고 감각이 살아나게 됩니다. 이런 사람을 새사람이라고 합니다.

2. 새사람은 어떠한 특징을 가지고 있습니까?

1) 새사람은 옛사람을 벗어버리는 사람입니다.

> **22절** 너희는 유혹의 욕심을 따라 썩어져 가는 구습을 따르는 옛사람을 벗어 버리고

나, 너 그리고 우리 교회를 살다

총명을 어두워지게 만들고 하나님의 생명으로부터 떠나게 만들고 감각 없게 만들어가는 모든 것들은 유혹의 욕심을 따라 썩어져 가는 구습들로부터 시작됩니다. 자기 욕심으로 사는 모든 것이 옛사람의 모습입니다. 이런 것들을 과감하게 벗어버려야 새사람의 옷을 입을 수 있습니다.

초등학교 3학년 때 동네 뒷산에서 전쟁놀이를 자주 했습니다. 지금은 없지만, 그때는 동네 뒷산에 대인지뢰가 많았습니다. 군인들이 묻어놓은 쾅 터지는 지뢰 말고, 길을 가다가 급한 사람들이 대충 군데군데 싸놓은 황금색 지뢰들이 많았습니다. 하루는 전쟁놀이하는 중에 달려가면서 엎드렸는데 뭔가 가슴 쪽에서 물컹한 기분이 느껴졌습니다. 대인지뢰 위에 엎드린 것입니다. 개울로 내려가 빨고 씻어도 냄새가 그대로 남아있었습니다. 그 옷을 입은 채로 학교에 가서 수업할 수 있겠습니까? 옆에 있는 사람들이 제 근처에 오겠습니까? 방법은 한 가지뿐이었습니다. 그 옷을 벗어버리고 비누로 빡빡 문질러대며 씻어내는 것입니다. 이와 같습니다. 이웃에게 나쁜 냄새를 피우는 옛사람을 과감하게 벗어버리기 바랍니다. 그래야 자기도 살고 남도 삽니다.

2) 새사람은 주님이 지으신 새 옷을 입는 사람입니다.

> **23절** 오직 너희의 심령이 새롭게 되어
> **24절** 하나님을 따라 의와 진리의 거룩함으로 지으심을 받은 새사람을 입으라

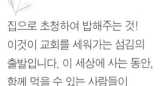

집으로 초청하여 밥해주는 것!
이것이 교회를 세워가는 섬김의
출발입니다. 이 세상에 사는 동안,
함께 먹을 수 있는 사람들이
참으로 좋습니다.

새사람은 주변의 변화로부터가 아니라 내 심령의 변화로부터 시작됩니다. 내 마음이 달라지는 것이 신앙의 출발입니다. 새사람이 되었다는 의미는 물이 변하여 포도주가 된 것입니다. 물이 변하여 얼음으로 변한 물리적인 변화가 아니라 포도주로 변한 화학적 변화입니다. 이제 물로 돌아갈 수 없는 변화입니다. 주변이 변한 것이 아니라 근본이 변한 것입니다. 그 마음속에서 의와 진리와 거룩함이 풍겨 나오는 변화입니다. 이러한 사람들의 모임을 새롭게 변화된 교회라고 부릅니다.

주님이 머리가 되어서 새롭게 세워진 교회가 망할 수 있을까요? 주님이 통치하시는 새사람들이 망할 수 있을까요? 절대로 망하지 않을 것입니다. 그래서 교회를 세워가는 사람들은 인생을 허망하게 살아가지 않습니다. 오직 행복한 미래를 활짝 열어가기 위해서 살아갑니다. 단언하건대 예수님이 교회의 머리로 계시는 한, 교회를 사랑하는 사람들의 삶은 행복하고 윤택할 것입니다. 반드시 머리이신 주님께서 매우 구체적으로 도우실 것입니다.

그러므로 교회를 세워가는 꿈을 꾸시기 바랍니다. 특별히 자기 집에 교회를 세우는 꿈을 꾸시기 바랍니다. 섬기기 위해 불편함과 수고를 받아들이는 헌신이 아름답습니다. 집에서 섬기는 자들이 많은 교회가 아름다운 교회입니다. 밥해주어 먹고 나누고 함께 기도하는 사람들입니다. 집으로 초청하여 밥해주는 것! 이것이 교회를 세워가는 섬김의 출발입니다. 이 세상에 사는 동안, 함께 먹을 수 있는 사람들이 참으로 좋습니다. 사랑하는 사람과 함께 먹으면 인생이 행복해집니다. 예전에는 움켜쥐는 재미로 살았지만, 예수님 만난 후 나누어주는 재미로 사는 것이 거룩하게 사는 것입니다. 새사람으로 사는 것입니다. 세상 사람들이 우리를 볼 때 "예수님을 닮았다. 새롭게 된 사람이다. 예전과는 달라진 삶을 사는 사람이다."라고 소리쳤으면 좋겠습니다.

성령을 기쁘게
해드리는 사람

에베소서 4장 25-32절

그런즉 거짓을 버리고 각각 그 이웃과 더불어 참된 것을 말하라
이는 우리가 서로 지체가 됨이라
분을 내어도 죄를 짓지 말며 해가 지도록 분을 품지 말고
마귀에게 틈을 주지 말라…

버럭 소리를 지르는 사람을 보면, 사랑을 고백한다고 생각하지 않고, 싸우고 있다는 생각을 합니다. "왜 소리를 지르는지 아느냐?"라는 제목의 글을 읽었습니다. 사람들은 화가 나면 서로의 마음이 멀어졌다고 느낀답니다. 마음이 통하지 않는 것입니다. 소리를 질러야 멀어진 상대방에게 자기 말이 들린다고 여깁니다. 목소리가 커질수록 상대방은 더 화가 나고, 마음은 더 멀어집니다. 그래서 점점 더 목소리가 커집니다.

사람들이 사랑에 빠지면 어떻게 되나요? 둘이 서로 가까이 다가가고 부드럽게 속삭입니다. 사랑하면 두 사람의 거리가 매우 가깝다고 느끼기 때문입니다. 그래서 서로에게 큰소리로 외칠 필요가 없습니다. 소곤소곤 이야기해도 들리기 때문입니다. 사랑하는 분이 다가

나, 너 그리고 우리 교회를 살다

오면 말하기 전부터 마음이 설렙니다. 한마디 말에도 귀를 기울입니다. 그리고 들은 말을 행동하려고 합니다.

하나님과도 마찬가지입니다. 하나님을 사랑하면 우리가 하나님과 소통이 잘 이루어집니다. 가까이 다가갈 수 있습니다. 하나님은 우리가 가까이 다가갈 때 기뻐하시고, 붙들어 일으켜 주시고, 용기를 주시고, 우리의 작은 신음에도 귀를 기울이시는 분입니다. 하나님은 우리를 사랑하시기에 우리가 말하면 그 말에 따라 행동하시려고 합니다. 하나님의 행동은 누군가 이 땅에서 기도할 때 시작됩니다. 기도하는 사람이 하나님을 행동하게 합니다. 기도는 하나님과의 소통을 위한 대화입니다. 바울은 사랑하는 사람들이 나누는 말, 하나님과 소통하는 말, 지체들과 소통하는 말을 참된 말이라고 표현합니다.

> **25절** 그런즉 거짓을 버리고 각각 그 이웃과 더불어 참된 것을 말하라 이는 우리가 서로 지체가 됨이라

"말 한마디로 천 냥 빚을 갚는다."라는 속담처럼, 선한 말은 사람을 살리기도 하지만, 악한 말은 멀쩡한 사람을 죽이기도 합니다. 사람들은 분수에 넘치는 욕심을 채우기 위해서 거짓말을 합니다. 사단은 자존심이나 교만함, 열등감 등을 자극하면 자신도 모르는 사이에 자기가 좀 잘났다는 사실을 강조하기 위해서 거짓말을 합니다. 자기에게 있는 열등감을 감추기 위해 거짓말을 합니다.

우리가 나누는 말 중에는 분명 더러운 말이 있습니다. 입 밖에 내지 말아야 할 말이 있습니다. 부부간에도 입 밖에 내지 말아야 할 말이 있습니다. 자녀들에게도, 또한 부모님에게도 입 밖에 내지 말아야 할 말이 있습니다. 지체들이 입 밖에 내지 말아야 할 말이 있습니다. 덕을 세우지 못하는 말입니다.

어떤 지체가 가슴 아픈 고백을 했습니다. 자신에게 아픈 문제가 발생했는데, 기도를 부탁하려고 전화하려 했더니 막상 누구에게 전화해야 할지 생각나는 사람이 없더라는 이야기입니다. 위로해주는 말을 듣기보다는 비난, 혹은 책망의 이야기를 들을 것 같아 두려웠다는 이야기를 들으면 가슴이 아파서 울었습니다.

말을 잘하려면 연습해야 합니다. 선한 말을 연습하고 은혜를 끼치는 말을 연습합시다. "형제와 대화를 나누면 주님이 내 마음을 만지시는 것 같아. 자매와 대화를 나누면 내 마음이 따뜻해져." 이런 말을 들을 수 있는 선한 말을 연습합시다.

말은 마음의 상태와 직결되어 있습니다. 마음에 분이 있으면 말도 거칠어집니다. 그러므로 선한 말을 하려면 분을 해결하는 훈련을 해야 합니다. 분을 낸다는 것은 어떠한 일에 자극을 받아서 흥분한 상태에 놓여있다는 의미입니다. 우리가 주로 분 내는 것은 자존심이 상처를 받거나, 자신이 손해를 보는 등 자신을 방어하기 위해서 내는 분노가 대부분입니다. 이러한 분노를 혈기라고 합니다. 죄의 본성, 옛사람의 특징으로서의 혈기입니다. 과거의 습관과 쓴 뿌리가 남아있어서 순간순간 터져 나오는 감정적이고 인간적인 혈기입니다. 이러한 혈기는 마귀에게 자신을 내어주는 행위입니다.

> **27절** 마귀에게 틈을 주지 말라

피가 거꾸로 솟구치면 마귀가 내 안에서 일하기 좋은 환경이 됩니다. 이 세상은 영적 전쟁터입니다. 마귀가 호시탐탐 노리며, 죄를 짓도록 유혹합니다. 마귀에게 틈을 내주면 무너집니다. 마귀에게 지지 맙시다. 우리 교회가 미래를 향하여, 주님을 향하여, 꿈을 향하여 함께 달려나가는 것을 막아서는 사단이 있다면 우리 서로 손에 손을 잡고 주님의 이름으로 함께 마귀를 물리쳐야 합니다. 마귀를 물리치는 구체적인 행동이 서로를 불쌍히 여겨 구제하는 삶입니다.

> **28절** 도둑질하는 자는 다시 도둑질하지 말고 돌이켜 가난한 자에게 구제할 수 있도록 각각 자기 손으로 수고하여 선한 일을 하라

선한 말이 훈련되면, 말하는 것에 그치지 말고, 그 말이 행동으

로 나타나도록 해야 합니다. 그 행동이 구제하는 일입니다. 우리 사회에는 도둑질하는 자들이 있고, 반대로 구제하는 자들이 있습니다. 도둑질이란 자기의 이익을 위해서 다른 사람들의 물건뿐만 아니라 시간과 행복 등을 훔치는 것입니다. 구제는 다른 사람의 유익을 위해서 자기 손으로 수고하여 선한 일을 행하는 것입니다. 사람들은 정부 돈이나 회삿돈, 교회 돈을 가지고 구제할 때는 잘하는데, 자기 돈으로 하라고 하면 인색해질 때가 있습니다. 성경은 남의 것을 가지고 자기가 생색을 내는 구제가 아니라, 내 손으로 일해서 내가 땀 흘려 번 돈으로 가난한 자에게 구제하라고 말합니다.

물론 생활의 평안을 위해서 돈이 필요하지만, 움켜쥐려고만 하지 말고 손을 펴서 빈궁한 자에게 구제하는 일이 성령을 기쁘시게 하는 일입니다. 남아서 나누는 것이 아닙니다. 나누다 보니 나눌 것이 점점 많아지는 것입니다. 성경은 이와 같이 구제하는 일을 선한 일이라고 말합니다.

> **30절** 하나님의 성령을 근심하게 하지 말라 그 안에서 너희가 구원의 날까지 인치심을 받았느니라

거짓과 더러운 말을 하고 분을 내고, 구제하지 않는 그리스도인들로 인해 하나님의 성령이 근심합니다. 우리가 하나님을 모르고 살았던 옛사람과 하나님을 알고 하나님의 자녀로 새사람이 된 차이를 가장 확실하게 나타내 주는 분기점이 하나님의 성령입니다.

나, 너 그리고 우리 교회를 살다

옛사람으로 살 때는 성령님이 없었고 새사람으로 살 때 성령님이 오셨습니다. 성령님이 오셔서 상한 심령을 회복시키시고, "너는 나의 자녀다."라며 하나님의 인감도장을 꽝! 찍었습니다. 이제 우리는 성령님으로 인하여 하나님의 소유가 되었습니다. 소유권이 이전된 것입니다. 그렇다면 이제부터는 당연히 하나님의 법대로 살면서 성령님을 기쁘시게 해드려야 합니다.

> **31절** 너희는 모든 악독과 노함과 분냄과 떠드는 것과 훼방하는 것을 모든 악의와 함께 버리고

성령을 근심시키는 것들입니다. '악독'이라는 말은 '날카롭다'라는 단어에서 유래되었습니다. 날카롭고 독기가 있는 마음씨를 나타내는 말입니다. 독기 품은 사람 옆으로 다가가고 싶은 사람이 있을까요? 이 독기를 빼내야 지체들이 다가옵니다. 혹시 여러분 중에서 말이 너무 날카롭거나 마음에 독을 품고 말하는 습관이 남아있다면 스스로 "나는 악독하구나." 이렇게 생각하면 틀림이 없을 것입니다. 독을 좀 빼내고 삽시다. 독이 남아있으면 성령님께서 근심하십니다.

'노함'이라는 말은 성질이 급해서 일시적으로 치밀어 오르는 분노를 뜻합니다. 성질이 급한 사람일수록 자기 마음을 다스리지 못합니다. 앞뒤 가리지 않고 화부터 내다보니 실수를 많이 합니다.

'떠드는 것'이라는 말은 '소리 지르다'라는 단어에서 유래된 말로 노함과 분냄을 밖으로 표현하며 고함을 지르는 것입니다. 고함지르

는 남편의 아내는 홧병으로 죽습니다. 옛날 우리 어머니들은 홧병으로 많이 죽었는데, 지금의 아내들은 홧병으로 죽지 않고 맞받아 고함을 지릅니다. 그래서 자녀들이 죽습니다. 고함지르는 아버지의 아들은 그 아버지를 항상 무서워합니다. 다 커서도 아버지를 무서워할 뿐 아니라 그 아들도 고함지르며 살아갑니다. 그 고함으로 인하여 다른 사람의 인생을 파괴하고, 훼방하고, 멍들게 합니다. 고함지르면 누구보다도 먼저 성령님께서 근심하십니다.

> **32절** 서로 친절하게 하며 불쌍히 여기며 서로 용서하기를 하나님이 그리스도 안에서 너희를 용서하심과 같이 하라

성령을 기쁘시게 하는 것들입니다. '친절하여 불쌍히 여기는 것'은 동정심이 많은 마음, 부드러운 마음의 표현입니다. 이런 마음에서 참된 구제가 나옵니다. 돈이 많아서 구제하는 것이 아닙니다. 돈이 많아도 남을 불쌍히 여기는 마음을 갖지 못하면 결단코 구제할 수 없습니다. 비록 돈이 부족한 사람이라 할지라도 불쌍히 여기는 마음을 가지고 있는 사람들이 그 영혼 깊숙한 곳으로부터 끓어오르는 동정심으로 구제하는 것입니다.

한 사람이 길을 가다가 강도를 만나 가진 것 모두 빼앗기고 쓰러져서 죽어가고 있었습니다. 그 장면을 먼저 목격한 제사장이나 레위인이 무엇이 옳은지를 판단하지 못하는 사람들이 아닙니다. 그들도 구제하는 일이 중요하고, 구제한 사람들을 칭찬할 줄도 알고, 평소에

나, 너 그리고 우리 교회를 살다

도 구제하라고 말하는 사람들입니다. 다만 불쌍히 여기는 마음이 부족해서 친절하지 못했습니다. 그러나 사마리아 사

영혼을 살리는 용서가 가장 잘 표현된 곳이 십자가입니다. 십자가는 나를 살리기 위한 용서입니다. 십자가는 나의 가치를 살려내는 사랑입니다.

람은 불쌍히 여기는 마음 때문에 구제했고, 돈이 부족했지만, 비용이 더 들면 돌아올 때 주겠다고 약속합니다. 주님께서 이 사람을 '선한 사마리아인'이라고 말씀하셨습니다. 예수님과 같은 마음을 가졌다는 의미입니다. 성령께서는 바로 이런 사람들을 기뻐하시는 것입니다.

또한 '서로 용서하는 것'을 성령께서 기뻐하십니다. 주님의 용서하시는 모습이 잘 나타나 있는 사건이 간음하다 현장에서 잡힌 여인 이야기입니다. 유대인들이 이 여자를 죽이려고 결심하여 끌고 왔습니다. 그러나 예수님은 이 여자를 살리기로 작정하셨습니다. 그러므로 사람을 살리기로 작정하는 것이 용서의 시작입니다. 간음한 죄를 덮어주는 것은 아닙니다. 다시는 간음하지 못하도록 그 속에 남아있는 죄는 몰아내고 그 여자의 가치를 찾아주는 것입니다. "나도 너를 정죄치 아니하노니 다시는 하지 말라." 이 한 마디로 여자의 진정한 가치는 살아났습니다. 사람을 살려준 것입니다.

친절하여 불쌍히 여기고, 서로를 용서하는 삶을 살기 위해서는 십자가의 영성이 살아나야 합니다. 그래야 성령으로 말하게 되고, 용서받지 못할 사람을 살려내어 그 사람의 진정한 가치를 찾아주는 것입니다. 이런 사람을 성령께서 기뻐하실 것입니다. "나는 성령님을 기쁘게 해드리는 사람인가?" 자신을 돌아보는 시간이 되었으면 좋겠습니다.

에베소서 5장

너희는 하나님을
본 받는 자가 되고

하나님을 본 받는 자
주님을 기쁘시게 하는 것
세월을 아끼라
성령으로 충만을 받으라
이 비밀이 크도다

하나님을
본 받는 자

에베소서 5장 1-7절

그러므로 사랑을 받는 자녀 같이 너희는 하나님을 본받는 자가 되고
그리스도께서 너희를 사랑하신 것 같이 너희도 사랑 가운데서 행하라
그는 우리를 위하여 자신을 버리사 향기로운 제물과 희생제물로
하나님께 드리셨느니라…

"너의 멘토가 누구냐?" 매우 중요한 질문이지요. 가치관을 형성하
고, 삶의 양식(Life style)에 중요한 역할을 해 준 사람, 나의 인생을 이
끌어주는 내비게이션과 같은 사람을 멘토라고 합니다. "목사님은
내 인생의 멘토입니다."라는 인사를 받으면 감사하기도 하지만, 책
임감이 강하게 들기도 합니다. 한 공동체에서 누군가를 본받기 시작
하고 누군가를 좋아하기 시작하면 전체적인 분위기가 바뀝니다. 국
가나 사회 안에서도 어린이들이 본받고 싶어 하는 영웅이나 위인들
이 있다면 그 공동체의 미래는 밝아집니다.

교회도 마찬가지입니다. 어린이들, 젊은이들이 본받고 싶어 하
는 어른, 안수집사, 권사, 목자, 교사가 있어야 희망이 있습니다. 그
런 면에서 안수집사, 권사, 목자, 어르신은 스스로 평가해보시기 바

랍니다. "우리 교인들이 나를 좋아하고 나 같은 사람이 되려고 할까?" "그렇다."라고 생각하시면 우리 교회는 희망적입니다.

'누구를 본받고 있는가? 무엇을 좋아하고 있는가? 무엇을 싫어하는가?' 이러한 것으로 인하여 공동체의 분위기가 형성됩니다. 우리 교회의 어린이들과 젊은이들이 좋아하고, 본받기를 바라는 목사가 되고 싶습니다. 하지만 목사도 불완전합니다. 때로는 교인들의 신앙 생활에 걸림돌은 되지 않았을까? 고민이 될 때도 있습니다. 하지만 우리 교회 안에 완전하신 멘토 한 분이 계십니다. 우리 인생의 내비게이션이신 하나님입니다. 능력자로서 나를 도와주시기도 하지만 그분을 닮고 싶고 점차로 닮아가는 삶을 사는 것이 올바른 신앙생활입니다.

> **1절** 그러므로 사랑을 받는 자녀같이 너희는 하나님을 본받는 자가 되고

광야에서 이스라엘 백성이 언약의 백성으로 태어날 때, 그 기초를 이룬 율법의 주제는 하나님이 거룩하니 우리도 거룩해야 한다는 말씀입니다. 율법을 철저히 지켜서 하나님의 거룩하심을 닮아가는 것입니다. 그리고 구약의 전 과정을 살아오면서 철저히 깨달았습니다. "사람이 율법을 완벽하게 지키는 것은 불가능하구나." 그래서 예수님이 십자가에 못 박혀 죽으셨고, 성령님이 오셔서 우리를 돕기 시작한 것입니다. 성령님이 도와주심으로 하나님을 닮아갈 수 있는 길이 열린 것입니다.

바울도 고린도전서 11:1에서 "내가 그리스도를 본받는 자가 된 것 같이 너희는 나를 본받는 자가 되라"고 말합니다. 그리스도, 우리 주님을 닮아가는 것이 신앙의 최종 목표입니다. 오늘 본문은 하나님을 닮아가야 하는 두 가지 영역을 말해줍니다. 첫 번째는 사랑 가운데 행하는 것입니다. 두 번째는 감사하는 말을 하는 것입니다. 이 두 가지 내용을 좀 더 자세히 살펴보겠습니다.

> **2절** 그리스도께서 너희를 사랑하신 것같이 너희도 사랑 가운데서 행하라 그는 우리를 위하여 자신을 버리사 향기로운 제물과 희생제물로 하나님께 드리셨느니라

첫째, "그리스도께서 너희를 사랑하신 것 같이 너희도 사랑 가운데서 행하라"라고 합니다. 멘토이신 주님은 자신을 버리사 자신을 향기로운 제물로 주면서 사랑하셨습니다. 그리스도인에게서 사랑을 빼버리면 무엇이 남겠습니까? 사랑이 없는 그리스도인은 그리스도인이 아닙니다. 하지만 사랑에 자신 있는 사람, 손들어보라고 하면 손들 사람이 별로 없습니다. 저 역시 사랑을 가장 주요한 삶의 실천과제로 알고 살아왔지만, 풍성한 사랑을 나누고 있느냐고 물으면 자신이 없습니다. 그럼에도 성령의 도우심과 용기를 가지고 사랑하자고 설교하며 여러분과 함께 사랑을 배워가고자 합니다. 사랑은 자신을 버리는 것으로부터 시작됩니다. 이러한 희생적인 사랑은 하나님께 향기로운 제물이 됩니다.

나, 너 그리고 우리 교회를 살다

옛날에 평화로운 작은 나라가 있었습니다. 백성들은 어진 임금님의 통치 아래서 행복하게 살았습니다. 그러던 어느 날 임금님이 심장병에 걸려 죽게 되었다는 소식을 듣고 온 나라의 백성이 큰 슬픔에 휩싸였습니다. 그런데 얼마 후 임금님이 살아날 수 있는 길이 있다는 좋은 소식이 들려왔습니다. 누군가 임금님을 위해 심장을 내놓아 이식수술을 하면 임금님이 살아날 수 있다는 것입니다. 즉, 임금님께 심장을 드리고 용감하게 죽을 사람이 필요하다는 것입니다. 임금님을 자신의 생명만큼 사랑할 사람이 필요하다는 것입니다. 이에 대신들과 백성의 대표들이 모여 고심한 끝에 공평한 방법을 고안해 냈습니다. 그동안 임금님의 특별한 사랑과 은혜를 입은 백성들을 한자리에 모아놓고 임금님이 새의 깃털 하나를 불어 그 깃털이 누구의 머리 위에 앉든지 그 사람이 임금님을 위해 심장을 내어놓기로 했습니다.

곧 임금님을 사랑한다고 고백한 사람들이 자발적으로 모였고, 임금님은 깃털을 불어 날렸습니다. 깃털은 바람을 타고 이리저리 날아다니다가 임금님 근처에 있는 사람의 머리에 앉으려 했습니다. 그는 평소에 임금의 총애를 받았고, 항상 임금님을 위해 목숨을 바쳐 충성을 다하겠다고 맹세한 총리대신이었습니다. 그런데 깃털이 그의 머리에 막 앉으려는 찰나에 그가 입김으로 훅 불어버렸습니다. 그리고 깃털은 다시 바람을 타고 날아가 다른 사람에게로 갔습니다. 그 사람도 또 불어버렸습니다. 다음 사람도 불었고, 여기저기에서 계속 불어대어서 아직도 이 머리, 저 머리 위로 날아다니고 있고, 그 사이에 임금님은 벌써 죽어버렸답니다.

자기를 희생하지 않는 것은 사랑이 아닙니다. 예수님의 십자가 죽으심은 철저한 자기희생이었습니다. 그래서 십자가는 가장 완벽한 사랑의 표현입니다. 우리에게 이런 십자가의 정신이 있었으면 좋겠습니다. 우리가 이런 사랑을 연습하려고 할 때 사랑 가운데 행하는 것을 방해하는 요소가 있습니다.

> **3절** 음행과 온갖 더러운 것과 탐욕은 너희 중에서 그 이름조차도 부르지 말라 이는 성도에게 마땅한 바니라

음행과 온갖 더러운 것과 탐욕은 사랑을 행하지 못하도록 방해하는 요소입니다. 음행이 있으면 영적 총명함이 사라집니다. 제일 먼저 파괴되는 것이 사랑의 관계입니다. 자기의 영혼을 파괴할 뿐만 아니라 사랑으로 행할 수 있는 모든 관계를 파괴합니다. 그러므로 음행을 제거하지 않는 한 결단코 하나님을 닮아갈 수 없습니다. 남에게 말도 하지 못하고 버려야 된다고 혼자서 고민하고 있다면 십자가 앞에 무릎을 꿇고, 거기서 울면서 회개하십시오. "음행을 버리고, 하나님의 자녀로 바르게 살아가도록 도와주세요."

'온갖 더러운 것'과 '탐욕'은 사랑하는 일에 치명적인 아픔을 주는 것들이기 때문에 그 이름이라도 부르지 말라고 말합니다. 하나님의 자녀로 살아가는 우리를 더럽히는 음행, 온갖 더러운 것, 탐욕을 거절하는 용기가 있기를 바랍니다.

둘째, "감사하는 말을 하라"고 합니다. 하나님을 닮아가는 일 중 하나는 항상 우리 입술에 감사의 말을 담아두는 것입니다. '감사의 말'은 은혜를 끼치는 말입니다. 우리의 마음을 주님이 주신 은혜로 채우면 저절로 감사의 말이 우러나오게 되어 있습니다. 하루 24시간을 살면서 진실로 "베풀어 주신 은혜에 진심으로 감사드립니다." 이렇게 구체적으로 몇 번이나 표현하고 계십니까? 자신을 한 번 돌이켜 보시기 바랍니다.

하나님께서 두 천사에게 사명을 주었습니다. 한 천사에게는 "너는 한국으로 내려가 각 교회를 방문하며 그들이 애타게 부르짖는 기도의 제목들, 간구의 제목들을 담아오너라." 한국 교회들은 뜨겁게 기도합니다. 저 역시 지난 주간에도 기도할 일이 많았습니다. 코로나가 다시 유행하기 시작했습니다. 예배가 방해받을 것입니다. 교회 재정도 많이 모자랍니다. 아프신 분들도 많습니다. 신명근, 임효진 선교사가 내일 시술을 받아야 합니다. 이경녀 자매는 다음 주중에 갑상샘암 수술을 받습니다. 권영탕 형제는 지난주에 형님이 돌아가셔서 위로가 필요합니다. 정명숙 권사님이 오늘 아침에 어지러워서 구토하며 구급차에 실려 응급실에 갔습니다. 제게 말씀을 잘 해석하고 설교하는 지혜가 필요합니다. 이처럼 기도하는 제목이 참으로 많습니다. 금방 광주리에 가득하게 채워지기 때문에 그 천사는 이 임무를 수행하기 위해서 한국의 각 교회와 천국을 하루에도 열두 번씩 왔다갔다 한답니다.

또 한 천사에게 사명을 주었습니다. "너는 한국에 내려가 각 교회를 방문하며 그들이 드리는 감사의 제목들을 담아오너라." 그 천사는 광주리를 채우지 못해서 아직도 천국에 가지 못하고 이 교회, 저 교회로 방황하고 다닌답니다.

그만큼 하나님께도, 또한 지체에게도 감사의 표현이 적다는 말을 풍자하는 이야기입니다. 서로 간에 남의 허물을 들추어 꺼내고 말하기는 좋아하지만 감사의 말에는 인색한 것 같습니다.

누추함과 어리석은 말이나 희롱의 말은 감사를 방해하는 말들입니다. '어리석은 말'은 원망과 불평과 시비가 있는 말입니다. 그 마음에는 원망과 불평이 가득하고 말 자체가 시비를 거는 듯한 말입니다. 이런 말들은 남을 죽이는 말입니다. 남을 모략하고 저주하는 입술에 무슨 감사의 말이 있을 수 있겠습니까?

'희롱의 말'은 상대의 가슴에 큰 상처를 남깁니다. 사랑하고 화해하며 평화가 넘치는 감사의 말을 하려면 먼저 남을 욕하고 시비 걸고, 비방하는 것부터 버려야 합니다. 그러면 자신의 마음에 주님의 은혜가 밀려오기 시작하고 감사의 말이 터지게 됩니다. 예배가 감사하고, 지체가 감사하고, 부모가 감사하고, 일이 감사하고, 오늘이 감사합니다. 그러면 다른 사람들이 말할 것입니다. "형제는 주님의 마음을 닮았어." 이런 축복이 여러분에게 충만하길 기도합니다.

나, 너 그리고 우리 교회를 살다

> **5절** 너희도 정녕 이것을 알거니와 음행하는 자나 더러운 자나 탐하는 자 곧 우상 숭배자는 다 그리스도와 하나님의 나라에서 기업을 얻지 못하리니

사랑을 행하지 않고 감사의 일을 방해하는 모든 것을 우상숭배라고 표현합니다. 음행하는 우상숭배, 온갖 더러운 음모와 술수의 우상숭배, 집요한 탐욕의 우상숭배로부터 돌아서야 합니다. 그래야 하나님 나라를 기업으로 받을 수 있습니다. 이 땅에 온전한 하나님의 나라인 교회가 바로 세워지기 위해서는 이러한 우상숭배가 근절되어야 할 것입니다. 진심으로 우리의 삶 속에서 우상숭배가 사라지고 하나님을 사랑하는 풍성한 마음이 생기도록 우상숭배를 멀리하는 결단의 고백을 드립시다.

우상숭배는 하나님의 진노가 임하는 일입니다. 그러므로 저희와 함께 참여하는 자가 되지 말아야 할 것입니다. 우리의 신분은 불순종의 자녀가 아닙니다. 전에는 어두움에 속하였었지만, 이제는 빛이신 예수 그리스도 안으로 들어왔습니다. 빛의 자녀들이 되었습니다. 빛의 자녀는 마땅히 빛의 열매를 맺어야 합니다. 여러분의 삶에 사랑하는 우리 주님, 그리스도 예수를 닮은 빛의 열매들이 주렁주렁 맺히기를 기도합니다.

주님을 기쁘시게
하는 것

에베소서 5장 8-14절

너희가 전에는 어둠이더니 이제는
주 안에서 빛이라 빛의 자녀들처럼 행하라
빛의 열매는 모든 착함과 의로움과 진실함에 있느니라
주를 기쁘시게 할 것이 무엇인가 시험하여 보라…

이스라엘은 성전 중심으로 살아가는 백성입니다. 성전 안에 지성소가 있고, 지성소에 있는 하나님의 언약궤 안에 아론의 싹난 지팡이, 언약의 돌판, 만나가 있는 항아리를 담아두었습니다. 아론의 싹난 지팡이는 "하나님은 우리를 인도하시는 길이다."라는 의미입니다. 언약의 두 돌판은 "하나님의 말씀은 우리 인생의 진리이다."라는 의미입니다. 만나는 "하나님은 일용할 양식으로 먹이시는 생명이다."라는 의미입니다. 성전의 지성소에 거하시는 하나님이 길이요, 진리요, 생명입니다. 그런데 왜 예수님은 다시 길이요, 진리요, 생명으로 우리에게 오셔야 했을까요?

"한 번 보고, 두 번 보고, 자꾸만 보고 싶네. ♬♪"라는 노래가 있습니다. 사랑하면 자꾸만 보고 싶습니다. 구약의 백성들은 하나님을 만나려면 매년 한 번씩 속죄 제물을 들고 성전으로 찾아가서 예물을 드린 후 대제사장이 대신 지성소로 찾아갔습니다. 예수님께서 십자가에 못 박혀 돌아가실 때 하나님께서 그 휘장을 찢으셨습니다. 우리가 하나님께 달려갈 수 있는 길이 열렸습니다. 그런데 사실은 우리가 달려갈 길을 여신 것이 아니라, 하나님께서 우리에게 달려오셨습니다. 사랑하기에 한 번만 보는 것으로는 기다릴 수 없어서, 자꾸만 보는 것으로도 부족해서 날마다 순간마다 함께 계시기 위하여 찾아오셨습니다. 하나님이 우리와 함께 계시는 이름 "임마누엘"로 우리에게 찾아오셨습니다. 말씀을 묵상하는 일은 사랑하는 주님과 교제하며 누리는 행복입니다.

십자가를 바라보면 사랑이 넘치는 하나님의 마음이 보입니다. 사랑하기에 자신을 버려서 희생제물이 되신 주님의 사랑이 보입니다. 주님을 사랑하는 사람들은 힘들 때마다 이 귀한 사랑을 붙들고 노래합니다. "약할 때 강함 되시네. 나의 보배가 되신 주. 주 나의 모든 것." 이런 찬양이 말해주듯이 몸이 병들고, 고난과 역경을 당하여 연약할 때는 "주님만이 나의 참된 소망입니다. 살아있어서 감사합니다. 주님 한 분으로 충분합니다." 고백하며, 주님의 이름을 붙들고 믿음으로 일어나 활활 타오르는 열정으로 충성스럽게 주님을 섬깁니다.

그러다가 병도 어느 정도 낫고, 어려움도 어느 정도 극복하고, 살만해지면 하나님과 사랑의 관계보다는 돈이 부족하고 눈앞에 보이는 캄캄한 현실의 어려움에 직면하면서 희망과 감사를 잃어버리고 빛의 자녀가 빛을 잃어버리면 다시 어두움에 갇혀 근심하며 염려하는 삶을 살아갑니다.

영적으로 총명함을 상실하는 경우가 종종 있습니다. 암 수술받고 1년 밖에 살지 못한다는 이야기를 들었을 때는 설교할 수만 있어도 감사했고, 지체들과 눈을 마주치며 손을 한번 잡을 수만 있어도 감격했습니다. 요즈음은 살만하니까 코로나가 다시 유행하는 것이 걱정, 교회 재정이 부족하다니 걱정, 교회 잘 나오지 않는 지체들이 있어서 걱정, 사택 수리해야 할 일이 걱정, 제 수준을 보니 마음이 아픕니다. 빛의 자녀가 빛을 잃어버리면 다시 어두움에 갇혀 근심하며 염려하는 삶을 살아갑니다.

우리는 빛의 자녀입니다. 예수 그리스도의 피 묻은 십자가의 복음을 만나기 전에는 어둠이었습니다. 어둠의 자녀들은 모든 것이 잘 감춰지는 어둠을 좋아합니다. 자기의 더러운 모습, 냄새나는 과거, 연약함이 노출될까 봐 자기를 은폐하기 위해서 마음의 창문을 닫아걸고, 우울함과 불안함, 두려움으로 살아갑니다. 생명의 빛이신 예수님을 만나기 전에 이렇게 살았습니다.

어느 날 어둠 속에서 방황하던 우리의 인생 깊숙한 곳으로 생명의 빛이신 예수님이 찾아오셨습니다. 우리의 마음속 깊이 자리잡은 열등감과 좌절감, 비교의식과 불신, 분노와 뼈아픈 상처의 감정들을 만지시면서 말씀하십니다. "많이 힘들었구나. 이전 것은 기억하지도 아니하겠다. 당당하게 가슴을 펴고 빛의 자녀로 살아라." 예수님의 사랑이 우리의 마음을 어루만질 때 열등감이 녹아내렸습니다. 분

나, 너 그리고 우리 교회를 살다

노와 뼈아픈 상처의 감정들이 녹아내렸습니다. 아무도 어루만질 수 없었던, 그래서 꼭꼭 숨기고 죽을 것 같았던 아픔들이 녹아내렸습니다. 주님의 빛이 우리 마음을 따뜻하게 할 때 우리 마음속에 생명의 빛이 싹트기 시작했습니다.

8절 너희가 전에는 어둠이더니 이제는 주 안에서 빛이라 빛의 자녀들처럼 행하라

전에는 어둠이었는데, 이제는 빛입니다. 예수님은 순식간에 우리 인생을 어둠에서 빛으로 바꾸어 놓으셨습니다. 하나님께서 주 안에 있는 우리를 빛의 자녀라고 말씀하셨습니다. 요한은 8:12절에서 "나는 세상의 빛이니 나를 따르는 자는 어둠에 다니지 아니하고 생명의 빛을 얻으리라"라고 말합니다. 그러므로 더 이상 숨길 필요가 없습니다. 더 이상 분노에 사로잡혀 살 이유가 없습니다. 더 이상 아픈 상처를 감추고 어둠 속으로 도망가서 불안하게 살 이유가 없습니다. 생명의 빛이 빛을 발하기 시작한 것입니다.

어느 동네에 한 나이 많은 아버지가 세 아들의 지혜를 시험하려고 문제를 냈습니다. "내가 너희들에게 만원씩 줄 테니, 오늘 저녁 때까지 만원으로 이 빈방을 가득 채울 수 있는 무엇인가를 구해오너라." 세 아들은 만원을 들고 시장에 나갔습니다만 만원으로 무엇을 사서 방안을 가득 채울 수 있겠습니까? 해질녘이 되었는데 큰아들은 지푸라기를 한 지게 지고 왔습니다. 물론 만원에다가 자기 돈을

조금 더 보태서 사 왔습니다. 그러나 방을 가득 채울 만큼의 지푸라기는 되지 못했습니다. 둘째 아들 역시 자기 돈을 조금 보태어서 솜을 사 왔지만, 방을 가득 채울 만큼의 솜은 되지 못했습니다.

한참 뒤에 셋째 아들이 돌아왔는데 손에 아무것도 들려있지 않았습니다. 그것을 이상히 여긴 아버지가 물었습니다. "빈방을 채울 만한 것을 구해오라고 했는데 왜 빈손으로 왔느냐?" 그제야 셋째 아들이 호주머니에서 양초 하나를 꺼내 들며 말했습니다. "아버지, 무엇을 살까 시장에 나가보았는데, 노숙자가 배고프다며 구걸하기에 자장면 한 그릇 사드리고, 이천 원 남아서 그 돈으로 양초를 샀습니다." 그 말을 마친 아들은 빈방으로 들어가 양초에 불을 밝혔습니다. 그러자 그 방은 순식간에 밝은 빛으로 가득 차게 되었습니다. "아버지, 비록 가진 것은 적지만, 이렇게 빛으로 세상을 채우며 살고 싶어요."

우리는 다른 사람에 비해 가지고 있는 것이 너무 부족할지도 모릅니다. 그렇지만 아무리 연약한 빛이라 할지라도 빛은 우리의 빈 마음을 가득히 채워줍니다. 우리가 빈손일 때, 우리가 연약할 때, 우리가 고난 가운데 있을 때 하나님은 오히려 생명의 빛을 채우시고 우리를 더욱 강하게 하실 것입니다. 빛은 어둠에서 더욱 진가를 발휘합니다. 내가 약할 때 하나님의 강함이 나타나는 시기입니다. 우리가 빛을 사모하면 우리 안에 있는 생명의 빛이 찬란하게 비칠 것입니다. 그리고 이 빛은 살아있는 빛이기 때문에 반드시 생명의 열매를 맺게 되어 있습니다.

빛의 열매는 착함과 의로움과 진실함입니다. 사과나무를 심으면 사과가 맺히고, 감나무를 심으면 감이 열리게 되어 있습니다. 이와 마찬가지로 빛의 자녀들에게는 빛의 열매가 맺히게 됩니다. 빛의 열매는 착하게 살아가는 것, 의로운 삶을 살아가는 것, 진실하게 살아가는 것을 말합니다. "저 사람은 예수님을 믿더니 참으로 착하게 살아간다." "저 사람은 예수님을 믿더니 참으로 정직하게 살아간다." "저 사람은 예수님을 믿더니 변함없는 진실함으로 살아간다." 이런 이야기들이 들려졌으면 좋겠습니다.

주님을 기쁘시게 하는 일이 무엇일까요? 열매가 없으면 주님이 기뻐하지 않습니다. 열매가 맺지 못하도록 갉아먹는 해충들이 있습니다. 빛이 열매를 맺지 못하도록 갉아먹는 해충들은 음행하는 것, 권모와 술수로 사람을 대하는 것, 탐심들이 열매 없는 일입니다. 어둠에 속한 일들입니다. 제가 아팠을 때 깨달은 것 중 하나는 열매 없는 일에 너무 많은 시간을 투자하고 있는 나의 모습이었습니다. 중요하지 않은 일, 열매 없는 일을 과감히 중단하는 일이 매우 중요한

과제입니다. 열매 있는 일을 위하여 만나고, 말하고, 시간을 투자하고, 물질을 투자하고, 교회를 이루었으면 좋겠습니다. 그래야 주님이 기뻐하십니다.

> **13절** 그러나 책망을 받는 모든 것은 빛으로 말미암아 드러나나니 드러나는 것마다 빛이니라

열매 없는 일에 몰두하면 책망을 받습니다. 이런 것들은 생명의 빛이신 예수님이 우리 안에 빛을 비추기 시작하면 반드시 드러납니다. 어둠 속에 감춰졌던 모든 것들이 드러납니다. 그래서 감출 것이 많은 사람은 드러나는 자리, 빛이 비춰는 자리를 싫어합니다. 잘못된 것이 있으면 빛 가운데 드러나는 것이 축복입니다. 드러나면 어떤 방법으로든지 고치게 됩니다. 드러나지 않으면 곪아서 터지게 됩니다. 암도 그렇지요? 드러나지 않으면 점점 자라서 죽음에 이르게 됩니다. 그러나 조기에 발견되면 걱정은 되지만 암을 제거하고 고치는 방법을 찾게 됩니다. 그러므로 예수님 안에서 우리의 잘못된 것들을 드러내시기 바랍니다. 수술하는 것이 무섭지만 드러내야 살 수 있습니다. 빨리 드러낼수록 수술하기가 쉽습니다.

잘못된 것들을 고칠 때 조심할 일이 있습니다. 암 덩어리를 수술해 내는 것이 중요하지만, 그것보다도 더 중요한 일은 수술한 후에 싸매주고, 회복시켜 주는 일이 더 중요합니다. 저도 암 덩어리를 제거하는 수술이 중요했지만, 수술 후 삶의 습관을 바꿔주며 관리

나, 너 그리고 우리 교회를 살다

해 나가는 과정이 더 힘들고 중요하다는 것을 느끼고 있습니다. 우리 속에 있는 잘못된 것도 그렇습니다. "나는 틀렸다. 잘못되었다."라고 지적하며 그 잘못을 끄집어내어 회개하는 것이 중요하지만, 더 중요한 것은 나 자신을 용서하고 용납하며 싸매어 주는 일입니다. 잘못을 고치고 새사람으로 살아내는 것입니다.

> **14절** 그러므로 이르시기를 잠자는 자여 깨어서 죽은 자들 가운데서 일어나라 그리스도께서 너에게 비추이시리라 하셨느니라

주님은 반드시 우리의 인생 전체에 주님의 찬란한 생명의 빛을 비춰주실 것입니다. 빛이 비치면 잠자는 자들이 일어납니다. 게으른 사람은 빛이 안방까지 비춰도 일어나지 않고 버티기는 하지만 언제까지 버틸 수는 없습니다. 빛이 비취면 잠자는 자들이 일어나야 합니다. 사랑하는 일에 잠들어 있는 영혼이 일어나야 합니다. 서로 하나가 되고 서로를 세워주는 일에 잠들어 있는 영혼들이 깨어나 일어서야 합니다. 진실한 삶을 사는 일에 잠들어 있는 영혼들이 일어나야 합니다.

마음의 문을 활짝 열고 찬란히 비춰오는 생명의 빛을 받아들이시기 바랍니다. 그 빛의 힘으로 어둠이 물러갑니다. 그 빛의 힘으로 일어나시기 바랍니다. 서로 사랑하는 일로 일어섭시다. 주님을 기쁘시게 하는 일로 일어섭시다. 모든 민족과 열방을 향하여 달려가는 교회로 일어섭시다. 손에 손을 잡고 하나님의 이름을 찬양하며 예배하는 일에 우뚝 일어서기를 기도합니다.

세월을 아끼라

에베소서 5장 15-17절

그런즉 너희가 어떻게 행할지를 자세히 주의하여
지혜 없는 자 같이 하지 말고 오직 지혜 있는 자 같이 하여
세월을 아끼라 때가 악하니라
그러므로 어리석은 자가 되지 말고 오직 주의 뜻이 무엇인가 이해하라

한 목사님이 자동차 정비하는 공장에 갔다가 사무실 액자에 쓰인 글귀를 보고 회개했다는 글을 읽었습니다. "책임을 다하지 못하면 모두에게 피해를 주는 죄악이다." 저도 이 글 앞에서 "나는 대공원 교회 목회자로서 책임을 다하고 있는가?" 생각하다가 눈물이 핑 돌아서 회개의 기도를 드렸습니다. 지체들이 아프고, 힘들어하는 모습을 볼 때마다 내가 몸이 아프다는 핑계로 목회자로서 책임을 다하지 못하는 것 같은 느낌을 받습니다. 우리가 믿음으로 구원 받고 하나님의 자녀가 되는 은혜는 귀한 것이지만, 하나님의 자녀로서 세상에서 빛과 소금으로 살아가고 그리스도인으로서 맡겨진 사명에 책임을 다하는 헌신이 더욱 중요하다는 생각을 합니다.

태어날 때부터 앞을 보지 못하고 듣지 못하고 말하지 못하는 삼

나, 너 그리고 우리 교회를 살다

중고의 장애를 가지고 살았던 헬렌 켈러가 그의 자서전(The story of my life)에서 다음과 같이 말했습니다.

> "내가 단 하루만이라도 볼 수 있다면 석양의 아름다움과 무지개의 영롱함을 보련다. 내가 단 하루만이라도 들을 수 있다면 졸졸 흐르는 시냇물 소리를 들으련다. 그리고 내가 단 하루만이라도 말할 수 있다면 하나님의 위대한 창조 솜씨를 찬양하련다."

헬렌 켈러는 단 하루만이라도 볼 수 있기를 원하고, 단 하루만이라도 들을 수 있기를 원하고, 단 하루만이라도 말할 수 있기를 원했습니다. 헬렌 켈러의 고백을 보면서 우리가 사랑하는 사람을 볼 수 있고, 사랑하는 사람의 말을 들을 수 있고, 사랑하는 사람에게 말할 수 있는 것만으로도 얼마나 감사하면서 살아왔는지 한 번쯤 깊이 생각해 보아야 할 것 같습니다. 저 역시 설교를 준비하면서 설교를 할 수 있다는 그 사실 하나로도 얼마나 큰 복을 받고 사는지, 감사로 마음이 뭉클했습니다.

오늘을 사는 우리에게 가장 필요한 것은 감사하는 마음이 아닐까 싶습니다. 감사하는 마음이 없다면 세상 모든 것을 다 가졌다고 해도 불행한 삶을 살아갈 수밖에 없기 때문입니다. 오늘 내가 가진 것과 누리는 것의 유무를 떠나 항상 감사하는 마음으로 행복한 삶을 살아가기를 다짐해 봅니다. 볼 수 있어서 감사합니다. 말할 수 있어서 감사합니다. 들을 수 있어서 감사합니다. 함께 예배할 수 있어서 감사합니다. 목회할 수 있어서 감사합니다. 형제자매가 나의 삶을 아름답게 해주어서 감사합니다. 범사에 감사하는 삶이 그리스도 예수 안에서 우리를 향하신 하나님의 뜻입니다.

> **15-16절** 그런즉 너희가 어떻게 행할지를 자세히 주의하여 지혜 없는 자같이 하지 말고 오직 지혜 있는 자같이 하여 세월을 아끼라 때가 악하니라

현대인의 성경은 이렇게 번역합니다. "그러므로 여러분은 어떻게 살아야 할 것인가를 조심스럽게 살피고 지혜 없는 사람이 아니라 지혜 있는 사람처럼 시간을 아끼십시오. 이 시대는 악합니다." 시간을 아낄 줄 아는 사람이 지혜로운 사람입니다. 인생은 긴 것 같지만 막상 살아보면 지극히 짧습니다. 저 역시 나의 인생에 남아있는 시간을 낭비하고 싶지 않습니다. 사랑만 하기에도 빠듯하고 모자란 시간입니다. 우리가 해야 할 일은 사랑하는 일입니다. 이 세상은 불평하며 살기에는 감사할 이유가 너무나 많이 존재합니다. 감사는 사랑입니다. 감사할 줄 모르면 사랑의 뜻도 알지 못합니다. 받는 것보다 주는 것이 더 복이 있다고 말합니다. 사랑은 받는 것이 아니라 주는 것입니다. 과부는 동전 두 렙돈으로 사랑을 표현했습니다. 동방의 박사들은 황금과 유향과 몰약을 드림으로 사랑을 표현했습니다. 마리아는 향유 한 옥합을 깨뜨려 사랑을 표현했습니다. 자신에게 찾아

나, 너 그리고 우리 교회를 살다

온 기회를 놓치지 않고, 가장 소중한 것에 감사를 담아 드림으로 사랑을 표현합니다.

태초에 하나님께서 아담과 하와를 창조하시고 복을 주시며 생육하고 번성하라고 말씀하셨습니다. 이처럼 하나님께서 복을 주신 행복하고 아름다운 가정들이 감사를 잃어가면서 깨지기 시작했습니다. 남편의 존재가 감사로 다가오지 않습니다. 아내의 존재가 감사로 다가오지 않습니다. 서로에게 분노하며 함께 못 살겠다고 말합니다. 우리나라의 이혼율이 세계에서 1등입니다. 우리의 가정들이 감사보다는 그만큼 많은 아픔을 가지고 있다는 뜻입니다.

하나님께서 생령을 불어넣어 주시며 생명을 창조하시고 보시기에 좋았습니다. 살아있는 것이 아름답고 감사한 일입니다. 그런데 하나님께서 복을 주신 귀한 생명에 대한 감사보다는 그 생명을 깨뜨리는 사람들이 있습니다. 우리나라의 자살률이 세계에서 1등입니다. 살아있는 것이 희망이라기보다는 도망갈 곳이 없는 꽉 막힌 막다른 골목 앞에 서 있는 사람들이 그만큼 많다는 증거입니다. 감사가 1등이어야 행복한데 이혼율, 자살률이 1등입니다. 그래서 불행합니다.

이 시대는 악합니다. 이 시대의 악한 세력들이 감사의 눈을 흐리게 하고, 사랑을 깨뜨리고, 우리를 무너뜨려 절망하게 만들고, 좌절하게 만듭니다. 실패한 자에게 다시 일어서지 못하도록 죽을 것 같은 감정을 불러일으킵니다. 분노, 좌절, 죄책감과 패배감, 열등감과 두려움 등의 감정들을 불러일으키고, "너는 외톨이다."라고 몰아붙이며 인생을 우울하게 만들어갑니다. 악한 세력들이 우리를 절망하게 만듭니다.

그러나 기억하십시오. 우리는 절대 외톨이가 아닙니다. 머리이신 주님이 증언합니다. "너는 외톨이가 아니다. 함께하는 지체들이 있다." 혼자서는 불완전하지만, 지체들이 이리저리 서로 연결되어서 머리의 통제를 받는 몸을 이루고 있다는 의미입니다. 주저앉고 싶을 때 우리의 등을 밀어주시는 주님이 계십니다. 손을 잡고 함께 걷는 지체가 있습니다. 지체들이 마음을 열어 나누기를 시작할 때 그 나눔의 공동체 중심에 성령님이 능력으로 임하십니다.

꿈을 잃어버리고 절망했다가 그 절망을 딛고 다시 일어선 사람 중에 엠마오로 가는 두 제자가 있었습니다. 존경했던 예수님이 십자가에서 처참하게 죽었습니다. 예수님은 그들의 꿈이었고 희망이었습니다. 그런 예수님이 가장 비참한 모습으로 죽고 자기들마저 위험에 빠져들자 그들은 좌절했습니다. 모든 희망과 꿈들이 와르르 무너졌습니다. 아무런 희망도 없이 엠마오로 도망가는 길이었습니다.

그런데 그들 가운데 한 분이 찾아오셔서 그 아픔을 나누기 시작했습니다. 왜 그들이 희망을 잃고 절망했는지 그 문제들을 내어놓고 주님을 나누기 시작할 때에 그들의 눈이 점점 열렸습니다. 마음이 뜨거워지기 시작했습니다. 시들었던 열정들이 불붙기 시작했습니다. 희망이 생겼습니다. 나눌 때 주님이 그들의 영적인 눈을 밝혀주시고 새 힘과 능력을 공급하여 일으키셨습니다. 살아야 할 용기가 생겼고, 다시 발걸음을 돌이켜 예루살렘으로 가야 할 이유가 생긴

나, 너 그리고 우리 교회를 살다

것입니다. 인생을 살아가야 할
분명하고 뚜렷한 이유는 주님
이십니다. 주님은 내가 이 땅에
존재해야 할 이유입니다. 주님
이 계시는 한 절대로 절망할 수

지혜 있는 사람은 사단이 "절망하라"라고
말할 때, "절망할 시간이 없다."라고
말합니다. "분노하라"라고 말할 때
"분노할 시간이 없다"라고 말합니다.

없습니다. 세상이 무너져도 좌절할 이유가 없습니다. 주님은 우리가
살아야 할 이유요 목적입니다.

　그러므로 여러분은 어떻게 살아야 할 것인가를 조심스럽게 살피
고 지혜 있는 사람처럼 시간을 아껴야 합니다. 지혜 있는 사람은 사
단이 "절망하라"라고 말할 때, "절망할 시간이 없다."라고 말합니
다. "분노하라"라고 말할 때 "분노할 시간이 없다"라고 말합니다.
절망할 시간에, 분노할 시간에 오히려 지체들과 함께 기도합니다.
지체들과 그 문제를 나누는 중에 성령께서 잠든 우리들의 눈을 밝
히실 것입니다. 나누는 중에 우리에게 다가온 고난이 더 이상 절망
해야 할 이유가 아니라는 사실을 느낄 것입니다. "아하, 성령님께서
이미 일하고 계시는구나." 그 사실을 확인하는 순간 힘이 생길 것입
니다. 그리고 지체들과 함께 손을 잡고 외치게 될 것입니다. "나는
사랑하기도 바쁘고, 감사할 시간도 부족하다. 내게는 절망할 시간이
없다."

　세월을 아낀다는 말은 주어진 기회를 놓치지 않고 잘 활용한다
는 의미입니다. 건강할 때 일할 수 있고, 먹을 것이 있을 때 남을 도
울 수 있듯이, 모일 수 있을 때 모이고, 나눌 수 있을 때 나누는 것입

니다. 선교할 수 있을 때 선교하고, 구제할 수 있을 때 구제해야 합니다. 기회를 미루다가 나중에 후회하는 사람은 어리석은 사람입니다.

누가복음 16장에 '부자와 나사로 이야기'가 있습니다. 한 부자가 있어 좋은 옷 입고 날마다 호화롭게 살아가고 있었습니다. 그런데 그 부자의 대문 앞에는 나사로라 하는 병든 거지가 그 집에서 나오는 부스러기라도 먹으려고 주저앉아 있었습니다. 어느 날 그 거지가 죽어 천사들에게 받들려 아브라함의 품에 들어가고 부자도 죽어 지옥의 고통 중에 거하게 되었습니다. 그가 눈을 들어 멀리 아브라함과 그의 품에 있는 나사로를 보았습니다. 그리고 외칩니다. "아버지 아브라함이여 나를 긍휼히 여기사 나사로를 보내어 그 손가락 끝에 물을 찍어 내 혀를 서늘하게 하소서 내가 이 불꽃 가운데서 죽어갑니다." 아브라함이 말씀합니다. "얘야, 너는 살았을 때 좋은 것을 받았고 나사로는 고난을 받았으니 이것을 기억하라. 이제 저는 여기서 위로를 받고 너는 고통을 받느니라."

여기서 말하는 것이 기회입니다. 기회가 주어졌을 때 그 기회를 놓치지 말라는 것입니다. 자신이 살아있을 때가 기회였습니다. 거지 나사로가 문 앞에 있을 때가 기회였습니다. 그 기회를 놓침으로 어리석은 자가 되었습니다. 하나님이 주신 여건과 기회를 분별하여 활용하는 자가 지혜로운 자입니다. 이 기회를 놓쳐버리고 나중에 "목장 모임에 좀 더 적극적으로 참석할 껄" "기회 있을 때 은혜와 사랑, 아픔을 잘 나눌 껄" "돈을 써야 할 때 제대로 쓸 껄." "할 수 있을 때 좀 더 노력할 껄~" 이렇게 '~껄 ~껄' 하는 자가 어리석은 자입니다.

나, 너 그리고 우리 교회를 살다

현대인의 성경은 이렇게 번역합니다. "여러분은 어리석은 사람이 되지 말고 주님의 뜻이 무엇인지 이해하십시오." 어리석은 자는 주님의 뜻이 무엇인지를 모르는 자입니다. 주님의 뜻을 아는 자가 지혜로운 자입니다. 주님의 뜻은 곧 주님의 마음입니다. 우리 주님의 마음이 있는 곳에 나의 마음이 있기를 원하는 자가 지혜로운 자입니다. 우리 주님의 눈물이 고인 곳에 나의 눈물이 고이길 원하는 자가 지혜로운 자입니다. 우리 주님이 바라보는 영혼에게 나의 두 눈이 향하길 원하는 자가 지혜로운 자입니다.

우리 주님의 마음을 아십니까? 주님을 떠난 백성이 길을 잃은 양들처럼 방황하고 있습니다. 악한 세상에서 점점 외톨이가 되어서 숨이 막힐 것 같은 절망에 빠져들어 갑니다. 이들에게 사망을 이기신 예수 그리스도가 생명의 씨앗인 것을 알려주는 일입니다. 이들에게 오늘도 살아 계신 주님이 친히 머리가 되어 그 몸을 일으키고 있다는 사실을 알려주는 것입니다. 그리고 그 몸 안에서 서로 지체가 되어 격려하고 사랑하며 튼튼하고 건강한 지체를 이루어가는 것입니다. 행복하고 아름다운 하나님의 가족 공동체를 이루어가는 것입니다.

이 일을 위하여 세월을 아끼며 시간을 활용하여 기회 있을 때 헌신해야 합니다. 지금은 교회를 이룰 때입니다. 모여서 은혜와 사랑을 나눌 때입니다. 모여서 아픔과 고통을 나눌 때입니다. 함께 교회를 일으키시는 우리 주님의 능력을 경험할 때입니다. 사랑을 표현해야 할 기회, 감사를 표현해야 할 기회를 놓치지 않고 시간을 아끼는 여러분 되시길 기도합니다.

나, 너 그리고 우리 교회를 살다

성령으로
충만을 받으라

에베소서 5장 18-21절

술 취하지 말라 이는 방탕한 것이니 오직 성령으로 충만함을 받으라
시와 찬송과 신령한 노래들로 서로 화답하며
너희의 마음으로 주께 노래하며 찬송하며
범사에 우리 주 예수 그리스도의 이름으로 항상
아버지 하나님께 감사하며
그리스도를 경외함으로 피차 복종하라

사람이 태어날 때 울면서 오지만, 사랑하는 사람들은 웃으면서 환영합니다. 사람이 죽을 때 웃으면서 떠나가지만, 사랑하는 사람들은 울면서 보냅니다. 몸이 아픈 후부터 장례식을 인도할 때면 앞으로 다가올 나의 장례식을 인도하는 마음으로 설교를 하게 됩니다. 유재영 목사님 어머님의 장례식장에서 활짝 웃고 계시는 영정 사진을 보면서 생각을 했습니다. "찾아온 사람들이 어떻게 나를 평가할까? 나는 찾아온 사람들에게 어떤 말을 들려주어야 할까?"

먹고 살기에도 힘든 세상이지만 먹기 위해서 살 수는 없습니다. 어떤 이는 성공을 위해서, 또 다른 이는 자녀를 위해서 산다고 말하지만 저는 하나님을 찬송하기 위해서 산다고 말하고 싶습니다. 그러한 관점에서 유재영 목사님 어머님은 71세라는 좀 이른 나이에 하나님 나라의 초대장을 받고 떠나가셨지만, "하나님께 소망을 두고 살아온 인생, 하나님을 찬송하며 살아온 인생"이었습니다. "나에게도 그리 많은 시간이 주어지지는 않겠구나. 남아있는 시간이 참으로 소중하구나. 한 눈 팔지 말고 성령의 인도하심에 민감하게 살아야지." 하는 생각을 하면서 말씀을 준비하였습니다.

요즈음 물가는 오르고 경기는 어려워져서 모두가 힘들어합니다. 그래서 그런지 소비가 줄어들고 기부금이나 교회 헌금도 줄어드는데 술과 로또는 더 많이 팔린다고 합니다. 사람들은 속상하거나 희망을 잃거나 열 받으면 술에 취해서 힘든 상황을 벗어나든지, 아니면 로또 대박이 나서 일순간에 모든 것을 역전시키는 꿈을 꿉니다.

하지만 힘들고 돈 없어서 죽을 것 같아도 알고 보면 돈이 없어서가 아니라 하나님을 만나지 못한 것이 인생의 근본적인 문제라는 것을 알 수 있습니다. 하나님을 만났다는 말은 하나님의 말씀이 우리의 인생 속으로 깊이 임하여서 우리가 하나님의 말씀 앞에 항복했다는 뜻입니다. 하나님의 말씀이 우리의 생각을 바꾸고 가치관을 바꾸고 삶의 스타일을 바꾸었다는 뜻입니다. 이제부터는 하나님의 영이신 성령으로 충만해서 살아간다는 의미입니다. 성령으로 충만하지 못하면 술에 취하고 싶은 유혹에 빠져듭니다.

술은 구원받은 그리스도인의 삶에 아주 강력한 영향력을 끼칩니다. 성경은 술 취하는 것과 성령으로 충만한 삶은 서로 상극이라고 말합니다. 술 취하면 성령의 충만한 삶을 적극적으로 방해받습니다. 술 취하는 사람은 절대로 성령의 충만함을 받을 수 없습니다.

15절에서 지혜 없는 자와 지혜 있는 자를 비교하여 설명합니다. 17절에서는 어리석은 자와 주의 뜻을 이해하는 자를 비교하여 설명합니다. 18절에서는 술 취한 자와 성령충만한 자를 비교하여 설명합니다. 지혜가 없어 어리석은 자는 술에 취하여 자기에게 주어진 시간을 낭비하고, 지혜로워서 주님의 뜻을 이해하는 자는 성령으로 충만하여 자기에게 주어진 시간을 아낄 줄 안다는 의미입니다.

> **18절** 술 취하지 말라 이는 방탕한 것이니 오직 성령으로 충만함을 받으라

술이 좋은 것입니까? 나쁜 것입니까? 돈은 좋은 것입니까? 나쁜 것입니까? 술이나 돈은 좋은 것도 아니고 나쁜 것도 아닙니다. 사용하는 사람이 좋게 사용하면 좋은 것이고, 나쁘게 사용하면 나쁜 것입니다. 사람의 문제입니다.

술을 나쁘게 사용하여 술 취하는 것은 방탕한 것입니다. 술 취하면 쓸데없는 용기가 생깁니다. 지나가는 사람들에게 소리치면서 시비 걸기도 하고 비틀거리면서 히죽히죽 웃어도 쪽팔리지 않습니다. 세상을 향하여 욕하는 오만함도 생기고 전봇대에 오줌 쌀 용기도 생깁니다. 쉽게 말하면 개하고 같은 줄에 서 있어도 별로 부끄러워하지도 않게 됩니다. 방탕한 생활입니다.

대전에서 목회할 때 옆집에 살던 아저씨는 평소에 저를 참으로 잘 대해주는데 술 취하면 찾아와서 시비를 겁니다. "넥타이 끌러 자

식아, 목사면 다야?"라며 술 주정을 하다가 술이 깨면 믿음도 없으면서 헌금을 들고 와서 무릎 꿇고 사과합니다. 이런 사람이 어떻게 성령으로 충만할 수 있겠습니까?

성경은 술을 좋게 사용하는 예도 많이 보여줍니다. 바울은 디모데에게 포도주를 좋게 사용하여 병을 치료하라고 했고, 선한 사마리아인도 강도를 만난 이웃의 상처에 포도주를 붓고 싸매주었습니다. 이스라엘 사람들은 저녁 식사를 할 때 빵과 포도주를 같이 먹었는데, 예수님께서 그 포도주를 축사하시고 감사의 기도를 드렸습니다. 그리고 그 포도주로 예수님의 피를 상징하여 놀라운 주님의 사랑을 기념하였습니다. 술을 좋게 사용한 것입니다.

그러나 어떤 이들은 술을 좋게 사용한다는 명목으로 술을 즐기며 술 취하는 사람들이 있습니다. 고린도 교회는 주의 만찬을 기념한다는 명목으로 술 취하기도 했습니다. 에베소 교회 안에도 술 취하는 사람들이 있었던 것 같습니다. 바울은 단호하게 말합니다. "술 취하지 마십시오. 이는 방탕한 것입니다. 성령의 충만함을 받으십시오." 우리 교회에는 술 취하는 사람들이 없었으면 좋겠습니다. 모두가 다 성령의 충만함을 받는 교회가 되길 소망합니다.

에베소 교회가 처음부터 성령을 알았던 것은 아닙니다. 에베소 교회가 시작되는 장면이 사도행전 19장에 나타나 있습니다. 사도행전 19:1-2에 "아볼로가 고린도에 있을 때 바울이 윗 지방으로 다녀 에베소에 와서 어떤 제자들을 만나 가로되 너희가 믿을 때 성령을 받았느냐 가로되 아니라 우리는 성령이 있음도 듣지 못하였노라"

나, 너 그리고 우리 교회를 살다

믿을 때 성령이 임하셔야 하는데,
에베소 교회는 성령이 무엇인지,
성령이 계신다는 사실을 듣지도
못한 교회였습니다. 아직 믿음이

듣지 않으려는 사람은 바울이 아니라 예수님이 강론해도 은혜는 눈꼽만큼도 받지 못하고 비방합니다.

무엇인지도 모른다는 의미입니다. 이런 교회가 어떻게 성령이 충만한 교회로 달라질 수 있었을까요?

사도행전 19:8, "바울이 회당에 들어가 석 달 동안 담대히 하나님 나라에 관하여 강론하며 권면하되" 바울이 에베소 교회로 찾아가 석 달 동안 바른 믿음에 관한 하나님의 말씀을 열심히 가르쳤습니다. 9절, "어떤 사람들은 마음이 굳어 순종하지 않고 무리 앞에서 이 도를 비방하거늘 바울이 그들을 떠나 제자들을 따로 세우고 두란노 서원에서 날마다 강론하니라." 바울은 바른 믿음에 관하여 열심히 가르쳤는데, 그 말씀을 배우지 않을 뿐 아니라 사람들 앞에서 비방하는 사람까지 생겼습니다. 듣지 않으려는 사람은 바울이 아니라 예수님이 강론해도 은혜는 눈꼽만큼도 받지 못하고 비방합니다.

그렇지만 바울은 실망하지 않았습니다. 배우려 하지 않는 사람들을 떠나서 두란노 서원으로 장소를 옮겨 배우려는 사람들에게 2년 동안 집중하여 날마다 하나님의 말씀을 가르쳤습니다. 가르치는 사람도 열심히 가르쳤고 배우는 사람도 열심히 배웠습니다. 그들이 점점 달라지기 시작했습니다. 변화가 일어났습니다. 어떻게 달라졌습니까?

사도행전 19:11, "하나님이 바울의 손으로 놀라운 능력을 행하게 하시니" 하나님의 말씀을 열심히 배웠더니 성령이 역사하기 시작했습니다. 말씀을 배우는 중에 병이 떠나갔습니다. 말씀을 배우는 중에 상처 난 마음이 치유되었습니다. 말씀을 배우는 중에 희망과 용기가 생겼습니다. 서로 기도하며 손만 잡아줘도 귀신이 떠나가고 힘이 생겼습니다. 주님의 은혜가 너무 벅차서 눈물을 흘릴 때, 흘리는 눈물을 닦으라고 건네준 손수건으로 얼굴을 닦으면서 치유가 일어났습니다. 성령이 강하게 역사하였습니다. 성령의 공동체가 되었습니다.

우리 교회도 말씀을 듣는 중에 병이 떠나가고, 말씀을 배우는 중에 상처 난 마음이 치유되는 일들이 일어나고, 말씀을 듣는 중에 흘리는 눈물을 서로 닦아주며 사랑이 깊어지는 은혜를 얻기 원합니다. 성령이 충만한 공동체 안에서는 이러한 놀라운 일들이 일어납니다. 에베소 교회에서 일어난 몇 가지 변화들이 있습니다.

19절 시와 찬송과 신령한 노래들로 서로 화답하며 너희의 마음으로 주께 노래하며 찬송하며

성령으로 충만하면 시와 찬송과 노래들로 화답하며 마음으로 주께 노래하는 일들이 일어납니다. 성령이 충만하면 분노와 두려움이 떠나가고 상한 마음이 치유되고 상처 난 가정들이 회복되고 실망한 마음이 새 힘을 얻습니다. 이런 일들이 노래가 되고 찬송이 되고 간증이 되어서 사랑하는 지체에게 달려가 서로 화답하며 노래합니다.

나, 너 그리고 우리 교회를 살다

"이것이 나의 간증이요, 이것이 나의 찬송일세." 에베소 교회가 지체들과 함께 노래와 찬송이 간증이 되어서 주고받는 공동체가 되었습니다.

바울이 에베소 교회를 섬긴 후 달라진 변화가 사도행전 20:18-19절에 잘 나타나 있습니다. "오매 그들에게 말하되 아시아에 들어온 첫날부터 지금까지 내가 항상 여러분 가운데서 어떻게 행하였는지를 여러분도 아는 바니 곧 모든 겸손과 눈물이며 유대인의 간계로 말미암아 당한 시험을 참고 주를 섬긴 것과" 성령이 무엇인지도 몰랐던 사람들이 말씀을 배우고 서로 나누면서 울기 시작했습니다. 마음이 아파서 울기도 했고 고마워서 울기도 했습니다.

저는 다른 사람들이 눈물을 흘리는 모습을 바라보면 그것 때문에 눈물이 나오기도 합니다. 눈물은 아름다운 것입니다. 눈물이 있는 곳에는 은혜가 넘칩니다. 눈물이 많아지면 전체가 겸손해집니다. 고난을 참을 용기도 생겨납니다. 잘 우는 것도 은사입니다. 아마도 바울은 다른 사람을 잘 울리는 은사가 있었던 것 같습니다. 이렇게 나누는 중에 바울이 고백합니다.

사도행전 20:24절, "내가 달려갈 길과 주 예수께 받은 사명 곧 하나님의 은혜의 복음을 증언하는 일을 마치려 함에는 나의 생명조차 조금도 귀한 것으로 여기지 아니하노라." 성령으로 충만하니까 하나님의 생명이 있는 말씀을 전하기 위해서 생명을 불태우는 삶을 살겠다고 말합니다. 그 이야기를 듣는 중에 지체들 마음 깊은 곳으로 십자가의 피가 흐르기 시작했습니다. 십자가의 피가 흐르면서 치유가 일어나고 헌신이 일어났습니다. 사랑하는 마음이 뜨거워져서 영혼 깊숙한 곳으로부터 뜨거운 눈물이 흐르기 시작했습니다.

사도행전 20:36-37, "이 말을 한 후 무릎을 꿇고 그 모든 사람과 함께 기도하니 다 크게 울며 바울의 목을 안고 입을 맞추고" 손잡고 기도하고, 껴안고 울고, 부둥켜안으며 격려했습니다. 이런 모습이 시와 찬송과 신령한 노래로 서로 화답하는 성령충만한 모습입니다. 서로의 삶속으로 녹아 들어간 모습입니다. 우리의 목장들이 이런 간증과 나눔이 많았으면 좋겠습니다. 눈물이 있고, 하나님의 말씀을 붙드는 일에 생명을 불사르겠다는 고백과 헌신이 있고, 뜨거운 간증이 넘쳐서 모일수록 행복한 교회가 되기를 소망합니다.

> **20절** 범사에 우리 주 예수 그리스도의 이름으로 항상 아버지 하나님께 감사하며

성령으로 충만하면 모든 일이 감사로 변합니다. 성령으로 충만하면 형제가 여기 있다는 사실만으로도 감사합니다. 저는 기도하다가 여러분의 이름을 부르면 그 이름만으로 감사하고 가슴이 뭉클합니다. 사랑하는 사람들이 서로 만나면서 서로 부둥켜안고 눈물을 흘리는 모습을 보면 가슴이 뭉클합니다. 참으로 감동적입니다. 우리 지체들을 이러한 감격과 감사로 만나고 싶습니다.

좀 힘들어도 괜찮습니다. 좀 못생겨도 괜찮습니다. 좀 없어도 괜찮습니다. 복잡한 문제들을 많이 가지고 살아도 괜찮습니다. 주님

붙들고 있는 모습이 고마워서, 그것 하나로 가슴이 뭉클합니다. 여러분이 여기 있어서 고맙습니다. "형제, 자매, 고마워요." 서로 손을 따뜻하게 잡아주며 형제가, 자매가 여기 있어서 감사하다고 인사를 나눕시다. 이것이 성령으로 충만한 교회의 모습입니다.

우리 모두 술 취하지 말고 성령으로 충만하시기 바랍니다. 술 취하면 우울하여 자기 신세를 타령하는 노래를 부르지만, 성령으로 충만하면 시와 찬송과 신령한 노래들을 서로 화답하며 아름다운 간증을 나누게 됩니다. 술 취하면 온갖 불평과 분노가 튀어나오지만, 성령으로 충만하면 일순간에 감사로 바뀌게 되는 역사가 일어납니다. 술 취하면 자기의 주장이 강하지만, 성령으로 충만하면 피차 복종하는 일들이 일어납니다. 사람이 바뀌는 것입니다. 얼어붙은 심장이 녹아서 예수 그리스도의 뜨거운 피가 흐르게 되고 사랑의 눈물이 흐르게 됩니다. 이러한 교회를 사모합니다.

이 비밀이
크도다

에베소서 5장 22-33절

아내들이여 자기 남편에게 복종하기를 주께 하듯 하라
이는 남편이 아내의 머리 됨이 그리스도께서
교회의 머리 됨과 같음이니 그가 바로 몸의 구주시니라…

청년 때 양육했던 형제와 자매가 대전에서 목회하는데, 신장 이식 수술로 기저질환이 있던 남편 목사님이 코로나에 걸리면서 합병증이 와서 폐렴으로 돌아가셨습니다. 월요일에 내려가서 꼭 안아주었는데, 사모님이 아내의 품에 안겨서 말했습니다. "사모님, 혼자 어떻게 살아요." 그 말이 아내의 가슴에 오래도록 여운을 남긴 것 같습니다.

어려운 일을 겪고 혼자 살아오신 분들도 많지만, 그래도 처음에는 살 날이 막막해져서 어떻게 혼자 살아야 할지 눈앞이 캄캄해집니다. 그만큼 함께 살아가는 부부는 소중합니다. 에덴동산의 아름다움이 있어도 아담이 혼자 있을 때 하나님께서 바라보니 독처하는 모습이 안쓰럽게 보여서 하와를 창조하셨습니다. "혼자 살지 말고 함께 살아라." 이것이 하나님의 마음입니다. 이런 면에서 어떤 이유로든지 혼자 되신 분들이 안타깝습니다. 얼마나 외로우실지를 생각하며 혼자되신 분들을 위로하는 마음을 담아서 오늘의 말씀을 전합니다.

어떤 아내와 함께 살아야 가장 행복한 남편일까요? 오래도록 결혼하지 못한 남자에게 물었습니다. "도대체 어떤 여자를 원합니까?" "완벽한 여자를 원합니다." "완벽한 여자를 찾았습니까?" "예, 한 명 찾았습니다." "그런데 왜 결혼하지 않았습니까?" "그 여자가 완벽한 남자를 찾고 있었습니다."

백설 공주 같은 아내를 기대하는 남자들이 있습니다. 하지만 백설 공주는 백마 탄 왕자를 기대합니다. 자기는 백마 탄 왕자도 아니면서 백설 공주만 찾으면 만날 수 있나요? 또 막상 백설 공주를 찾아내어도 백설 공주 값을 톡톡히 치루어야 합니다. 백설 공주가 뭐예요? '백주에 설치는 공포의 주둥아리'랍니다. 백마 탄 남자가 아니면 감당하기 힘들어요. 백설 공주의 꿈을 빨리 접을수록 행복한 길이 열립니다.

성경은 말합니다. 가장 행복한 남편은 성령으로 충만한 아내와 함께 사는 남편입니다. 성령으로 충만한 아내는 주님을 섬기듯이 남편을 섬겨줄 것입니다. 마찬가지로 가장 행복한 아내도 성령으로 충만한 남편과 함께 사는 아내입니다. 십자가의 생명으로 교회를 사랑하신 우리 주님처럼 목숨 걸고 아내를 사랑할 것입니다. 성령으로 충만한 남편과 아내가 함께 살아가는 모습이 가장 행복한 가정의 모습입니다. 여러분의 가정이 성령으로 충만한 남편, 성령으로 충만한 아내로 인하여 행복하시기 바랍니다.

지난주에 성령으로 충만한 교회에 나타나는 현상을 이야기했습니다. 첫째는 시와 찬송과 신령한 노래로 서로 화답(간증)하는 현상입니다. 둘째는 예수 그리스도의 이름으로 하나님께 감사하는 일이 많아집니다. 그리고 셋째로 피차 복종하는 일(섬김)이 일어납니다. 성령이 충만한 교회는 간증이 많고, 감사가 넘치고, 섬김이 풍성합니다. 이러한 일들이 성령으로 충만한 남편과 아내 사이에서 일어나기 시작합니다. 그러면 대화의 수준도 달라집니다.

성령으로 충만하지 않았을 때는 "밥 줘, 전기세 냈나? 술 좀 조금만 마시면 안 되나? 아이는 어디에 갔어? 그만 일어나라. 자자. 불 꺼~" 이런 정보 전달 수준의 대화를 나눕니다. 그러나 성령으로 충만한 부부는 "여보, 들어봐. 하나님이 이런 은혜를 주셨다." 대화의 수준이 주저리주저리 간증을 나누는 수준으로 달라집니다. 감사하는 표현이 많아지고, 서로를 섬겨줍니다. 성령으로 충만한 아내와 남편의 모습을 좀 더 구체적으로 살펴보겠습니다.

> **22절** 아내들이여, 자기 남편에게 복종하기를 주께 하듯 하라

성령으로 충만한 아내는 남편의 권위를 세워줍니다. 이 말이 민감하게 들릴 수 있겠지만, '복종한다.'는 말은 남자가 더 우월하다는 의미가 아닙니다. 남자를 가정의 영적 지도자로 권위를 세워준다는 말입니다. 33절에서는 "복종하라"라고 하지 않고, "존경하라"라고 말합니다.

남자들은 기질적으로 다른 사람들의 인정을 받아야 살아갈 수 있습니다. 잘난 것이 별로 없으면서도 자존심이 무시당하면 견디질

못합니다. "당신 하는 것이 다 그렇지 뭐. 제대로 하는 것이 하나라도 있어?" 이런 소리 들으면 절망하며 마음이 시퍼런 멍이 듭니다. 속이 밴댕이 같아서 어쩔 수 없습니다. 남자는 여자의 칭찬을 들어야 살도록 그렇게 창조되었습니다. "당신 괜찮은 사람이야."라고 칭찬해주며 조금만 인정해줘도 남편의 인생이 달라집니다.

성경은 아내들에게 남편의 영적 권위, 믿음의 권위를 세워주라고 말합니다. 믿음이 개떡 같아도 찰떡 같다고 말해주면 남편의 믿음이 성장합니다. 저도 남자입니다. "오늘 설교는 죽 쑤었다."라는 생각이 들 때가 있습니다. 그래도 아내가 "오늘 설교 흐름이 아주 좋았다. 은혜받았다."라고 말해주면 기분이 좋습니다. "나 오늘 설교 죽 쑤었네."라고 말할 때, "맞아. 당신 설교 오늘 죽 쑤었어."라고 하면 사실을 정확히 말해주는 것이지만 "나도 알아." 이렇게 소리치고, 갑자기 저녁밥이 먹기 싫습니다. 남자들은 인정해주지 않으면 삐돌이가 됩니다. 그래서 저도 밖에서는 별명이 '행복 아저씨'이지만, 집에서는 '삐돌이 대장'입니다.

생각해보세요. 자녀를 혼내면서 "하는 짓이 지 애비 닮아서…" 이렇게 아버지의 부정적인 이미지를 심어주면 되겠습니까? 남편과 자녀의 자존감을 짓밟아서 뭐가 좋은 일이 되겠습니까? 그렇다고 자녀가 자기 편이 되는 것도 아닙니다. 자녀에게 줄 수 있는 좋은 선물 중의 하나가 아버지의 영적 권위를 세워주는 것입니다. "네 아버지가 최고다. 참 좋은 아버지야." 이런 이야기를 많이 듣고 자란 아들은 "나도 아버지처럼 되겠다."라는 꿈을 꾸고, 딸은 "나는 우리 아버지 같은 남자하고 결혼하겠다."라는 꿈을 꿉니다.

남편과 아내가 서로 존경하며 순종하는 모습이 아름답습니다. 물론 열 받아서 성질내기는 쉬워도, 모든 것을 참아내며 순종하는 일은 쉬운 일이 아닙니다. 그러므로 성령으로 충만해야 합니다. 성령으로 충만하지 않은 아내는 남편을 존경하거나 순종하기가 너무 어렵습니다. 순종할 힘은 성령의 도우심에서 우러나옵니다. 성령으로 충만한 아내는 남편의 연약한 점을 비난하지 않고 섬겨주려고 합니다. 연약한 점을 주목하지 않고, 십자가에 달리신 예수님을 주목합니다. 예수님이 순종하기 위해서 십자가를 지고 가셨는데, 십자가를 생각하면 순종하지 못할 이유가 없습니다. "남편에게 순종하는 일이 십자가를 지는 고통이지만, 예수님처럼 십자가를 지겠습니다."란 고백이 있기를 바랍니다.

> **25절** 남편들아, 아내 사랑하기를 그리스도께서 교회를 사랑하시고 그 교회를 위하여 자신을 주심같이 하라

성령으로 충만한 남편은 아내 사랑하는 것을 가장 중요한 목적으로 삼습니다. 제가 초등학교 다닐 때 국가에 대한 충성과 복종을 배경으로 하는 국민교육헌장이 선포되었습니다. 그때는 무슨 뜻인지도 모르고 줄줄이 외웠습니다. "나는 민족중흥의 역사적 사명을 띠고 이 땅에 태어났다. 조상의 빛난 얼을 오늘에 되살려…" 그런데 성경을 연구하다 보니 이 말을 남편들이 응용하면 딱 맞는 말입니

나, 너 그리고 우리 교회를 살다

다. "나는 아내를 사랑할 역사
적 사명을 띠고 이 땅에 태어났
다. 하나님이 주신 십자가 정신
을 오늘에 되살려…" 성령으로

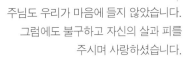

주님도 우리가 마음에 들지 않았습니다.
그럼에도 불구하고 자신의 살과 피를
주시며 사랑하셨습니다.

충만한 남편들은 마땅히 이런 고백을 할 것입니다.

물론 아내로 인해 열 받아서 소리치기는 쉽습니다. 애써 노력하
지 않아도 저절로 됩니다. 그러나 지속적인 사랑을 표현하기는 쉽
지 않습니다. 노력해야 하고 기도해야 합니다. 어떤 남편이 이렇게
말합니다. "아내가 사랑받을 짓을 해야 사랑하든지 말든지 하지요."
그러면 그 남편에게 묻습니다. "형제는 사랑받을 짓을 해서 예수님
이 십자가에 못 박혀 죽으면서까지 사랑을 표현하셨나요?" 주님도
우리가 마음에 들지 않았습니다. 그럼에도 불구하고 자신의 살과 피
를 주시며 사랑하셨습니다.

아내에게서 허물이 발견될 때 그 손을 잡고 "괜찮아, 이제부터
잘하면 되잖아." 이렇게 용기를 주는 남편이 되어보셨습니까? 30년
쯤 함께 살아오면서 사랑한다는 말 표현 한 번 하지 않은 남편이 '부
부의 삶'을 공부하는 중에 설거지하는 아내를 뒤에서 살짝 껴안아
주었답니다. 30년 만에 처음 취한 행동이었습니다. 아내가 깜짝 놀
라서 "당신이 어쩐 일이야?"라고 물었더니, "어, 이것 숙제야. 이렇
게 한 번 하고 오래." 이 소리를 들은 아내가 얼마나 허망하겠어요.
김샜습니다.

다음날 이 남편이 꽃다발 들고 와서 아내에게 주면서 정면에서

안아주었습니다. 아내가 묻습니다. "이것도 숙제야?" "아니? 이번에는 진짜야. 그동안 안아주지 못해서 미안해. 당신을 정말 사랑해." 그랬더니 아내의 눈시울이 붉어지면서 눈물을 주르르 흘리더랍니다. 그 모습을 바라보면서 이 남자는 생각했습니다. "내가 지금까지 뭐 하고 살았는가? 나는 아내에게 있어서 무엇이었는가?" 여자는 남편의 사랑을 받으면 인생이 달라집니다.

그러므로 세상과 직장에서의 성공보다 가정에서의 성공을 우선하는 남편이 되시기 바랍니다. 먼 훗날 사랑하는 아내로부터 "당신이야말로 가장 뛰어난 남자였습니다."라는 소리를 듣게 된다면 이보다 더 큰 성공이 어디 있겠습니까? 남편들도 "목숨을 다하여 아내를 사랑하는 일이 힘든 일이지만, 예수님처럼 십자가를 지겠습니다." 이런 고백이 있기를 바랍니다.

> **31절 우리는 그 몸의 지체임이라**

바울은 성령으로 충만한 아내와 남편 이야기를 하다가 갑자기 몸 이야기, 지체 이야기, 교회 이야기를 풀어나갑니다. 가정과 교회는 서로 다른 이야기가 아니라는 뜻입니다. 부부 이야기가 곧 교회 이야기입니다. 남편과 아내는 몸의 지체로 서로를 이해해야 합니다. 주님과 교회의 관계, 머리와 몸의 관계를 잘 알아야 성령으로 충만한 부부 관계를 이룰 수 있다는 의미입니다. 주님과 교회의 관계가 어떤 관계인지를 모르면 성령으로 충만한 부부 관계를 이루는 일도 불가능하다는 말씀입니다.

> **32절**　이 비밀이 크도다 나는 그리스도와 교회에 대하여 말하노라

　아내들과 남편들에 관하여 이야기하는 줄 알았는데, 가만히 듣고 보니 결론은 그리스도와 교회에 대하여 말한 것입니다. 교회의 비밀을 알잖아요? 창세 전부터 아버지와 아들이 친밀한 사랑의 교제를 하고 싶어서 십자가의 피 흘린 터 위에 몸을 세우셨습니다. 십자가의 피가 흐르고 사랑의 눈물이 흐르는 사랑의 공동체, 교회를 세우셨습니다. 교회는 건물도 아니고 모였다가 흩어지는 집단도 아닙니다. 서로 사랑하는 주님의 몸들입니다. 지체들입니다. 주님을 섬기는 지체들과 사랑 때문에 목숨을 바친 주님의 은혜가 흐르는 곳입니다. 이것이 부부와 같다는 것입니다.

　하나님은 동일한 사랑의 구조 속에서 가정과 교회를 세우셨습니다. 하나님이 세우신 기관이기에 운영하는 정신과 원리가 똑같은 사랑의 관계성입니다. 그러므로 가정은 작은 교회요, 교회는 큰 가정입니다. "이 비밀이 크도다." 교회를 알면 가정이 보이고, 가정을 알면 교회가 보입니다. 주님이 머리로 설 때만이 비로소 하나님이 계획하신 가정이 되고, 교회가 되는 이 위대한 비밀을 우리는 알게 되었습니다. 남편과 아내가 성령으로 충만하여 서로 손을 잡고 "나의 힘이 되신 여호와여 내가 주님을 사랑합니다." 이런 고백이 있는 가정, 작은 교회를 이루시길 바랍니다.

에베소서 6장

그 힘의 능력으로
강건하여 지고

◆

아무도 대신해 줄 수 없는 자리

주께 하듯, 사람을 대하는 사람들

하나님의 전신 갑주를 입으라

주 안에서 진실한 일꾼

아무도 대신해 줄 수
없는 자리

에베소서 1장 1-4절

자녀들아 주 안에서 너희 부모에게 순종하라 이것이 옳으니라
네 아버지와 어머니를 공경하라 이것은 약속이 있는
첫 계명이니 이로써 네가 잘되고 땅에서 장수하리라
또 아비들아 너희 자녀를 노엽게 하지 말고
오직 주의 교훈과 훈계로 양육하라

"목사님이 계셔서 행복합니다."라는 문자를 받았습니다. 저는 여러
분이 계셔서 행복합니다. 목사로 살지만 똑똑하고 완전해서 목사로
살아가는 것은 아닙니다. 욕심도 많고 넘어지기도 잘하지만 오직 하
나님의 은혜로 대공원교회의 목사가 되게 하셨습니다. 우리가 함께
있어서 고맙습니다. 다른 사람에게 듣고 싶은 말이 있습니다. "목사
님은 하나님이 세워주신 성령충만한 분입니다. 목사님이 계셔서 행
복합니다." 이런 이야기를 계속 들을 수 있다면 얼마나 행복하겠습
니까?

남편과 아내, 부모와 자녀도 이런 소리 들으면 얼마나 행복하겠
습니까? "당신은 성령 충만한 남편, 아내입니다. 하나님이 나에게
주신 좋은 남편, 아내입니다." 이런 부부는 자녀도 잘 양육합니다.

"너는 성령 충만한 아들, 딸이다. 참 좋은 아들, 딸이야." 이런 이야기를 듣고 자란 아이들이 부모를 어떻게 공경할까요? "성령 충만한 우리 아빠, 엄마, 하나님이 내게 주신 부모입니다. 엄마, 아빠가 계셔서 행복합니다." 하나님이 계획하셨던 가정이 이런 모습입니다.

우리는 어려서부터 '1등 해라. 이겨라.' 요구를 많이 받으며 성장했습니다. 이러한 교육철학으로 성장한 부모들은 자녀에게 '함께 더불어 사는 방법'을 가르치기보다는 좋은 대학에 보내서 돈 잘 벌고, 경쟁에서 이기는 사람으로 만들어 주는 것이 가장 좋은 선물이라고 생각합니다. 그 결과 입시교육, 학원교육, 1등 영재교육의 정형화된 틀에 자녀들을 집어넣고, 틀에 맞는 규격품을 만들어냅니다. 문제는 불량품이라고 규정되는 자녀들입니다. 상상력도 없고, 창의력도 없이 그 비틀림 안에서 발생하는 패배감과 열등감, 수치심, 분노, 두려움 등을 차곡차곡 쌓아갑니다. 무시당한다고 생각하면 참지 못하고 공격적인 성향을 나타내며 분노를 폭발합니다. 인성과 감성, 영성을 교육받을 기회가 없습니다. 왜 똑똑하다고 하는 학생들이 스스로 목숨을 끊고 있습니까? 이러한 사회적인 흐름은 가정을 파괴하는 결정적인 요인입니다.

성경은 어머니가 자녀에게 줄 수 있는 가장 귀한 선물은 좋은 아버지라고 말합니다. 좋은 어머니는 자녀에게 좋은 아버지를 줄 줄 압니다. 남편을 존경하고 섬겨주며, "아빠는 참으로 자랑스럽고 훌륭하시다."라고 자녀들에게 말해주는 어머니가 좋은 어머니입니다. 남편의 머리 됨을 세워주고, 아버지의 자리를 찾아주는 것입니다.

식사를 차려놓고 아들이 먼저 와 맛있는 것을 골라 먹을 때 "아이고 우리 아들 잘 먹는다." 이러면 안 됩니다. "잠깐, 아버지가 오시지 않았다. 조금만 기다렸다가 같이 먹자." 이렇게 가르쳐야 합니다.

좋은 아버지를 보고 자란 아들은 아버지처럼 살고 싶어 하고 좋은 아버지를 보고 자란 딸은 아버지 같은 사람과 결혼하려고 합니다. 그러나 좋은 아버지를 경험하지 못한 아들은 결코 아버지와 같은 삶을 살지 않겠다는 분노를 품습니다. 좋은 아버지를 경험하지 못한 딸은 여자로 태어난 것을 수치스럽게 생각하며 결혼 같은 것은 하지 않겠다는 분노를 품고 성장합니다.

성경은 아버지를 가정의 머리요, 영적 지도자라고 말합니다. 그러나 오늘날의 가정에는 영적 권위와 지도력을 상실한 아버지들이 많습니다. 아버지의 지도력이 살아있어야 가정이 살아납니다. 아내는 특히 자녀들 앞에서 남편의 권위를 세워주어야 합니다. 지도력이 세워지는 남편과 아버지는 사회에서 힘이 넘칩니다. 물론 그 아버지를 바라보는 자녀들도 힘이 넘치고, 그래야 아내 역시 사랑을 받습니다.

딸이 시집간 이후로는 편지를 받아보지 못했지만, 결혼 전에는 어버이날이 되면 종종 아빠, 엄마에게 편지를 보냈습니다. 몇 년 전에 받았던 편지입니다.

✢　✢　✢

…어렸을 적에 아빠는 저에게 있어서 만능 슈퍼맨이었습니

나, 너 그리고 우리 교회를 살다

다. 못하는 것은 하나도 없고, 어려울 때는 언제든지 나타나서 모든 문제를 척척 해결해주시는 세상에서 제일 멋지고 능력 있는 영웅이었습니다. 하지만 자라면서 아빠는 만능 슈퍼맨이 아니라는 것을 알았습니다. 아빠도 못 푸는 수학 문제가 있었고, 저보다 못 다루는 기계도 있었으며 컴퓨터 타자도 독수리 타법이었고 키도 별로 크지 않더라고요.

그렇지만 아빠는 저에게 슈퍼맨도 못 가르쳐준 둘도 없는 귀한 것들을 가르쳐 주셨습니다. 움켜쥐는 것보다 나누는 것을 알려주셨고, 최고의 자리에 올라가는 것보다 최선을 다하는 법을 알려주셨고, 화내는 것보다 대화를 나누는 법을 알려주셨고, 다른 영혼을 사랑하는 법을 알려주셨고, 작은 것에 기뻐하는 법을 알려주셨고, 어떤 상황이든 감사하는 법을 알려주셨고, 힘들 때 좌절하기보다는 무릎 꿇고 기도하는 법을 알려주셨고, 누구보다도 하나님을 의지하는 법을 알려주셨습니다.

말로만 가르쳐주신 것이 아니라 이 모든 것을 아빠의 삶으로 보여주셨습니다. 사랑으로 하나하나 알려주셨습니다. 그 어떤 것보다도 이 사실이 너무나 감사합니다. 저는 이런 아빠가 너무나 자랑스럽습니다. 진심으로 존경하고 사랑합니다. 슈퍼맨보다도 더 멋진 아빠입니다. 아빠의 딸로 태어난 것은 하나님이 제게 주신 가장 큰 축복입니다. 무엇보다도 아빠의 딸로 태어나 하나님을 알고 경험하게 하신 것이 너무나 감사합니다.

아직은 너무나 부족하지만, 이제는 아빠에게 배운 많은 것들을 다른 사람들에게 삶으로 보여주며 살고 싶습니다. 요즘 몸이 약해져 가는 아빠의 모습을 보면 마음이 아픕니다. 언제든지 건강하고 힘 있게 사셨으면 좋겠어요. 아빠 많이 사랑해요.

⁂ ⁂ ⁂

내리사랑의 반대말은 "치사랑"이라고 한답니다. 순수한 우리말로 "올리사랑"이라고 합니다. "내리사랑은 있어도 치사랑은 없다."라는 속담이 생길 만큼, 윗사람이 아랫사람을 사랑하기는 하여도 아랫사람이 윗사람을 사랑하기는 어렵습니다. 자녀가 아플수록 부모는 자녀를 품속으로 끌어안습니다. 자녀는 부모가 아플수록 요양원에 맡기려고 합니다. '올리사랑'이 쉽지 않습니다. 그러나 성경은 '내리사랑'뿐 아니라 '올리사랑'도 강조합니다.

일주일 전에 저희 고모님이 돌아가셨습니다. 장례예배를 인도하면서 "사람이 태어날 때는 울면서 세상에 오는데 사람들은 웃으면서 맞이하고 사람이 죽을 때는 웃으면서 떠나는데 사람들은 울면서 보낸다.(어어령) 왜 울까? 언젠가는 이별할 것을 알고 있었지만, 이별을 준비하지 못한 아쉬움으로 운다. 사랑한다고 말 한 번 더 하지 못하고 좋은 음식 한 번 더 사드리지 못하고 그때 한 번 참지 못하고 성질냈던 것들이 생각나서 운다."라고 설교했는데, 그 설교 들으면서 자녀들이 다 울었습니다.

부모님은 우리가 올리사랑을 깨닫고 이제부터는 부모님을 공경해야 하겠다고 결심할 때까지 기다려주지 않습니다. 내리사랑은 이미 충분하게 경험하고 있습니다. 지금 부모님이 살아계신 자녀들은 더 늦기 전에, "아, 늦었구나!" 이렇게 후회할 날이 이르기 전에 부모님을 공경하라는 하나님의 말씀을 기억하고 살아야 합니다.

> 1절 자녀들아 주 안에서 너희 부모에게 순종하라 이것이 옳으니라
> 2절 네 아버지와 어머니를 공경하라 이것은 약속이 있는 첫 계명이니
> 3절 이로써 네가 잘되고 땅에서 장수하리라

부모님을 모시고 있는 자녀들에게 물어봅니다. "부모님을 잘 공경하십니까?" 쉽게 대답하기가 어려운 질문입니다. 그래서 "어머님 은혜"를 불러보라고 하면 마음이 아프고 죄송해서 울지 않습니까?

"낳으실 제 괴로움 다 잊으시고
기르실 제 밤낮으로 애쓰는 마음
진자리 마른자리 갈아 뉘시며
손발이 다 닳도록 고생하시네.
하늘 아래 그 무엇이 넓다 하리오.
어머님의 은혜는 가이 없어라!"

이 노래를 부르면 부모님을 잘 공경하지 못한 것이 생각나서 가슴이 아파요.

"주 안에서 너희 부모에게 순종하라" 이 말씀은 순종과 섬김의 출발이 주님으로부터 시작된다는 말입니다. 주님과 바른 관계에서 성령으로 충만해야 부모님께 순종할 수 있을 뿐 아니라 부모님께 순종하는 것을 주님이 기뻐하신다는 뜻입니다. 부모님께 효심이 있는 자녀들을 보면 주님의 마음이 좋습니다. 그 자녀들이 예뻐서 많은 복을 주고 싶어 하십니다. 하는 일마다 잘 되게 해주고 싶고 오래 살도록 은혜를 베풀고 싶어 하십니다.

'주 안에서'라는 말은 '주님 안에 존재하는 사람으로서 주님을 기쁘시게 하는 사람으로서 주님을 기쁘시게 할 목적을 가지고'라는 의미입니다. 주님을 기쁘시게 하는 사람으로 준비되어야 부모님께 제대로 순종할 수 있게 된다는 말입니다. 마음에 하나님을 사랑하는 열정의 불을 일으키시기 바랍니다. 그러면 주 안에서 부모님을 순종하는 불도 덩달아 일어납니다. 놀라운 일은 우리 마음속에서 하나님을 사랑하는 불이 일어나면 하나님께서 불로서 응답하십니다. 뜨거운 열정을 새롭게 하시며 말씀하실 것입니다. "사랑하는 아들아, 내가 너를 잘 되게 할 것이다. 너로 장수하게 할 것이다." 이러한 놀라운 응답이 있기를 축복합니다.

> **4절** 또 아비들아 너희 자녀를 노엽게 하지 말고 오직 주의 교훈과 훈계로 양육하라

나, 너 그리고 우리 교회를 살다

성경은 아버지들에게 분명하고 명확하게 말합니다. "너희 자녀를 노엽게 하지 말고 오직 주의 교훈과 훈계로 양육하라." 교훈과 훈계의 출발이 주님의 말씀으로부터 시작된다는 말입니다. 주님과 바른 관계에서 성령으로 충만해야 하나님의 말씀에 민감하여 자녀를 바르게 양육할 수 있습니다.

주의 교훈과 훈계는 당연히 말씀입니다. 시편 기자는 "복 있는 사람은 하나님의 말씀을 즐거워하며 그 말씀을 묵상하는 자"라고 선언합니다. 말씀을 묵상하지 않으면 주의 교훈과 훈계로 양육할 수 없습니다. "하나님을 인정하고 주의 교훈과 훈계로 양육할 것인가? 아니면 내 욕심대로 가르치다가 안 되면 버럭버럭 화를 낼 것인가?" 부모의 선택입니다. 자신의 선택으로 열매를 맺을 수도 있고, 바람에 나는 겨처럼 허무함을 느낄 수도 있습니다. 자녀는 행복과 기쁨을 가져다주는 열매이어야 합니다. 이러한 생명력 있는 열매를 맺기 위해서 말씀을 묵상하는 법을 잊지 마시기 바랍니다.

제 삶을 되돌아보면 제가 잘 지키는 것들, 그렇게 만들어진 나의 습관이 나를 지켜줍니다. 음식을 함부로 먹고, 스트레스를 관리하지 못하고, 제 몸을 함부로 대할 때 병이 찾아왔습니다. 함부로 대하는 그것들이 나를 함부로 대했습니다. 하지만 잠자는 시간을 잘 지키고, 음식 먹는 시간, 운동하는 시간을 잘 지켰더니, 그 지키는 습관이 나의 건강을 지켜주었습니다.

마찬가지입니다. 내가 자녀를 잘 지켜주면 자녀들이 나를 지켜줍니다. 내가 부모님을 잘 지켜주면 부모님이 나를 지켜줍니다. 내가 주의 말씀을 잘 묵상하고 지키면 주의 말씀이 나의 영성과 나의 인생과 나의 가정을 지켜줍니다. 부모님을 공경함으로 하나님을 공경하는 법을 배우고 하나님께서 오래 참아주시는 사랑으로 자녀를 양육하시기 바랍니다. 꼭 기억하십시오. 남편의 자리, 아내의 자리, 부모의 자리는 누구도 대신해 줄 수 없는 자리입니다.

나, 너 그리고 우리 교회를 살다

주께 하듯,
사람을 대하는 사람들

에베소서 6장 5-9절

종들아 두려워하고 떨며 성실한 마음으로
육체의 상전에게 순종하기를 그리스도께 하듯 하라
눈가림만 하여 사람을 기쁘게 하는 자처럼 하지 말고
그리스도의 종들처럼 마음으로 하나님의 뜻을 행하고…

"남태평양 피지에 우리 집이 있다."라는 주제로 KBS 인간극장에서 이숭배 선교사님 가족이 5부작으로 방영되었습니다. 피지에서 생명의 복음을 함께 나누며 알콩달콩 살았던 추억이 새록새록 솟아났습니다. 청년의 때에 선교하며 함께 피지를 여행했던 형제자매들이 추억을 소환하며 기쁨을 공유했습니다. 'HIS HAND'라는 기업을 운영하며, 학교를 섬기는 기업가로서 주님을 섬기듯 피지인을 섬기는 모습을 보면서 일주일 내내 울었습니다. 라면과 필요한 용품을 보내자는 제안으로 조금씩 모아서 보낼 물건을 살 때 가슴이 뛰는 뿌듯함을 느꼈습니다.

지난 수요일 설교에서 유 목사님이 성령이 충만하니까 기도실에 모여있던 갈릴리 촌사람들, 배움의 끈도 짧고 지극히 평범한 사람들이 기도실을 박차고 나가서 "예수가 그리스도다."라는 생명의 복음을 외치기 시작했다는 사도행전 2장 말씀을 풀어주셨습니다. 무서워서 방안에 모여서 기도만 하고 있던 그들이 문을 박차고 나가서 각국 언어로 "예수가 그리스도다."라는 말을 외칠 때 그들이 눈빛도 빛났고, 표정도 활기찼으며, 가슴은 벅찬 감동으로 쿵쿵 뛰었을 것입니다. 그들이 외친 생명의 복음이 씨앗이 되어 이 땅에 하나님의 꿈이 담긴 교회가 출현했습니다.

제 주변에 있는 목사님들 중, 성경을 잘 풀어서 설교를 깊이 있게 잘하는 목사님 다섯 명을 추천하라면, 그중에 한 명으로 유목사님을 추천하는데 조금도 망설이지 않습니다. 이렇게 귀한 말씀을 수요일 저녁 예배 때 전하시는데, 몇 사람밖에 듣지 못하는 현실이 안타깝습니다. 코로나 때문이라고 변명도 하지만, 사실은 그동안 성실하지 못했던 저의 책임이 가장 크다는 것을 잘 알고 있습니다.

부목사가 설교를 너무 잘하면 담임목사가 긴장한답니다. 그때 등장하는 문화가 갑질입니다. 직장에서 종종 갑질한다는 뉴스가 등장하지만 목사의 세계에서도 드러나지 않는 갑질이 있습니다. 담임목사가 똑똑한 부목사를 은근히 쪼아대는 것입니다. 혹시 저의 행동에서 갑질의 모습이 나타나면 즉시 말해주길 바랍니다. 저는 부목사님이 설교도 잘하고 교인들의 존경을 받으며 그의 언어와 행동에서 예수님의 모습이 보이길 원합니다.

바울은 예수 그리스도를 생명의 주님으로 모시고 살아가는 사람들, 성령으로 충만한 사람들이 직장에서, 삶의 터전에서 동료 및 이

나, 너 그리고 우리 교회를 살다

웃과 어떠한 인간관계를 맺어야 하는가? 이런 문제를 언급해줍니다. 하나님은 특정한 시간과 장소 안에만 계시는 것이 아닙니다. 우리가 만나는 모든 사람의 관계 속에 거하십니다. 하나님을 대하는 것처럼 사람들을 대하면 얼마나 아름다운 사회가 될까요?

성령으로 충만한 부부는 시와 찬송과 신령한 노래로 서로를 향해 하나님의 위대하신 능력을 간증합니다. 남편의 존재가 감사하고 아내의 존재가 감사하다고 말합니다. 서로를 향한 섬김이 풍성합니다. 성령이 충만한 부모는 자녀의 미래를 신앙으로 준비합니다. 성령으로 충만한 자녀는 주안에서 부모를 공경합니다. 성령으로 충만한 사람들이 맺는 관계의 중심에는 항상 하나님이 계십니다. 성령으로 충만한 사람들이 근무하는 회사, 근무하면서 맺는 상사와 부하, 동료들과의 사회적 관계는 어떨까요?

1994년도에 우리나라에 방영되었던 '쉰들러 리스트'(Schinder's List)라는 영화가 있습니다. 이 영화를 보면서 엉엉 소리 내어 울었고 약 30분으로 재편집해서 여러분들에게 보여드린 적이 있습니다. 이번 설교를 준비하며 기업인이 어떠한 정신으로 기업을 운영해야 하는가? 하는 생각으로 이 영화를 다시 보았습니다. 영화를 보고 있었더니, 아내가 말했습니다. "뭘 보는데, 울면서 봐?"

폴란드에서 군수회사를 운영했던 쉰들러는 독일군들이 유대인을 학살하는 참상을 보면서 어떻게 해서든지 유대인 종업원의 생명을 지키고 살려내는 것을 기업의 목표로 삼았습니다. 특히 마지막 장면을 보면서 엉엉 울었습니다. 전쟁이 끝나고, 쉰들러는 군수공 무엇이 그리스도인으로서의 변화를 말할까요? 자기가 이루고 싶어 했던 인생을 하나님이 원하시는 인생으로 바꾸는 것입니다.

장을 운영한 전쟁 범죄자로 체포될 상황이었습니다. 유대인 노동자들은 한마음으로 쉰들러의 도피를 돕습니다. 유대인 노동자들의 배웅을 받으며 수용소를 떠날 때 자신의 차에 오르기 전에 쉰들러는 절규하듯이 눈물로 외칩니다. "이 차를 '괴트'에게 팔았으면 열 명은 더 구했을 거야. 이 금배지를 팔았으면 두 명은 더 살릴 수 있었는데, 한 사람의 생명을 살릴 수 있었는데 그렇게 하지 못했어."라며 울부짖습니다. 유대인 대표가 전날 밤에 금이빨을 녹여 만든 반지에 '탈무드'에 나오는 글귀를 새긴 것을 읽어줍니다. "한 사람을 구하는 것은 세상을 구하는 것이다."

무엇이 그리스도인으로서의 변화를 말할까요? 자기가 이루고 싶어 했던 인생을 하나님이 원하시는 인생으로 바꾸는 것입니다. 하나님의 마음과 시선으로 세상과 이 세상에서 살아가는 사람을 바라보는 것입니다. 하지만 변화하기가 그리 쉬운 일은 아닙니다. 일주일에 설교 한 번씩 듣는 것으로는 쉽게 변하지 않습니다. 20년을 교회 다녀도 똑같은 사람이 많은 이유입니다.

오래되어도 변하지 않는 사람들 때문에 "내가 이런 목회를 계속해야 하나?" 가끔 절망할 때도 있습니다. 어떻게 해야 주님을 닮은 사람으로 변할 수 있을까요? '사랑하는 관계성'이라는 신앙 안으로 들어가야만 합니다. 전통적으로 내려오는 제도의 틀이 아니라 친밀한 사랑의 관계성으로 형성된 구조가 필요합니다. 이 구조 안에서

나, 너 그리고 우리 교회를 살다

하나님을 간증하고 감사를 표현하고 풍성한 섬김을 반복하면서 조금씩 변하게 됩니다.

> **6절** 눈가림만 하여 사람을 기쁘게 하는 자처럼 하지 말고 그리스도의 종들처럼 마음으로 하나님의 뜻을 행하고

그 변화의 출발은 사람을 기쁘게 하던 삶에서 하나님을 기쁘게 하는 삶으로 바뀌는 것입니다. 예전에는 사람 눈치를 보느라고 눈가림만 하는 인생을 살았습니다. 눈가림이라는 것이 무엇입니까? 사람의 눈앞에서만 열심히 봉사하는 것 같이 살아가는 삶을 말합니다. 사람의 눈치를 살피고 사람들의 말에 민감하고 사람들의 인정을 받으려고 섬김을 다합니다. 그래서 자신의 섬김을 알아주지 않으면 우울해지기도 하고 화도 내고 결국 "안 해"라고 말하며 섬김을 중단하게 됩니다. 사람들이 중요하다고 생각하는 것을 최고의 가치로 받아들이고, 그것을 위해서 목숨을 걸고 살아가는 인생들입니다.

이렇게 살던 인생들이 어느 날 삶의 전환점 앞에 서게 됩니다. 말할 수 없는 고통이 찾아오기도 하고, 인간관계가 깨지기도 하고, 낭패와 실망, 좌절을 경험하며 통곡해야 할 일도 생기고, 병이나 기타 큰 위험으로 절망하기도 합니다. 이때 두 가지 반응이 나타납니다. 첫 번째 반응은 아예 좌절하고 포기하는 것입니다. 점점 회복이 불가능한 수렁으로 더욱 깊이깊이 들어가는 것입니다. 그러나 이러한 고통의 현장에서 시선을 새롭게 정비하는 사람도 있습니다.

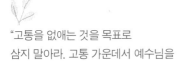

제게 고통과 시련이 찾아왔을 때 베드로를 만나서 물었습니다. "선생님, 어떻게 하면 고통과 시련을 이겨나갈 수 있을까요?" 그러자 베드로전서를 통해 말씀해 주셨습니다. "고통을 없애는 것을 목표로 삼지 말아라. 고통 가운데서 예수님을 바라보는 것을 목표로 삼아라." 예수님을 바라볼 때 나의 마음을 두드리고 계시는 주님이 보였습니다. 나를 향해 손을 내밀고 계신 주님의 손을 덥썩 잡을 수 있었습니다. 내 안에 계신 성령님이 응원해 주셨습니다. 내가 외쳐야 할 말을 "내가 고통 가운데 있습니다."란 이야기가 아니었습니다. "내가 고통 가운데서도 예수님을 바라봅니다. 예수님이 나의 주님이십니다."라는 외침이 내 안에서 터져 나왔습니다.

주님을 바라보고, 주님께 집중하여 주님을 만나면 모든 것이 바뀌게 됩니다. 사람의 눈앞에서만 열심히 봉사하는 것 같이 살아가던 인생이 바뀌어서 하나님 앞에서 일하는 인생으로 변화해 나갑니다. 사람의 눈치를 살피고, 사람들의 말에 민감하고, 사람들의 인정을 받으려고 땀을 흘리며 고생했던 인생들이 변하여서 하나님을 기쁘시게 하는 삶으로 바뀝니다. 사람들에게 인정받으려고 애쓰던 삶에서 해방되어 자유를 누립니다. 사람들이 알아주지 않아도 나의 섬김과 순종이 천국에서 해같이 빛날 것을 생각하며 기뻐합니다. 사람의 시선으로부터 자유로워지는 것입니다. 하나님 중심의 삶으로 전환되는 것입니다.

나, 너 그리고 우리 교회를 살다

청평 장날에 시장에 나가보았더니, 물건을 팔러온 시골 어르신들이 울상이었습니다. 올해는 비가 많이 와서 고추, 오이, 가지도 많이 열리지 않고, 채소들이 물러져서 엉망이 되었다며 한숨을 쉬었습니다. 기후변화로 이상기온이 찾아왔다는데, 구약의 선지자 학개가 활동할 때도 이상기온은 있었던 것 같습니다. 쌀이 20가마는 나올 줄 알았는데 5가마도 나오지 못하고, 포도주가 50통쯤 나올 줄 알았는데 10통도 나오지 못했습니다. 그들이 깨달았습니다. 하나님께서 한 번 후욱~ 하고 불어버리면 주워 담을 수도 없고, 하나님께서 한 번 가뭄을 주시면 손도 마르고, 목도 마르고, 인생이 목마르며 영적 갈증만 많다는 사실을 깨달았습니다.

"하나님께서 함께하시지 않는 인생은 아무리 사람 눈치를 보며 열심히 살아도 무능력이요, 빈손이구나." 이 사실을 깨닫고 사람을 기쁘게 했던 삶에서 돌아서서 하나님을 기쁘게 하며, 하나님의 은혜로 살라고 촉구합니다. 예배하는 삶에 변화가 일어났습니다. 하나님과의 사랑의 관계성을 확인하며 하나님을 만나는 하나님의 성전을 새롭게 했습니다. 그들의 마음에 하나님을 기쁘시게 하는 열정들이 일어났습니다. 하나님의 영이 그들의 마음에 열정의 불을 일으킨 것입니다. 우리들의 마음에도 이러한 열정의 불들이 일어났으면 좋겠습니다.

그들은 변화하면서 고백합니다. "My Disability is God's ability" 우리가 무능력할 때 그때가 하나님의 능력이 나타날 때입니다. 그들이 변화했을 때 빈손이었던 그들의 손을 채우셨고 배고

파 굶주렸던 그들의 굶주림을 채워주셨습니다. 그들은 날마다 고백했습니다. "하나님이 우리와 함께 계시는구나. 하나님 감사합니다." 이런 고백을 함께 나누었던 것입니다. 이런 고백을 나누는 장소가 여러분의 직장이어야 합니다. 눈가림만 하여 사람을 기쁘게 하는 인생이 아니라 무슨 일을 하든지 하나님을 기쁘시게 하는 인생을 바꾸어주실 것입니다. 이러한 인생이 아름답고 행복합니다.

> **9절** 상전들아 너희도 그들에게 이와 같이 하고 위협을 그치라 이는 그들과 너희의 상전이 하늘에 계시고 그에게는 외모로 사람을 취하는 일이 없는 줄 너희가 앎이라

지위가 높은 사람들에게 갑질하지 말라고 합니다. 갑질은 자신이 외적으로 우월한 위치에 있다고 생각할 때 일어납니다. 성령이 충만하면 외모를 중요하게 생각하던 삶에서 내면을 새롭게 하는 삶으로 변화합니다. 외모라는 것이 무엇입니까? 남에게 보여주므로 자기를 나타내는 것들입니다. 이 땅에서 신분의 차별, 가진 자와 가지지 못한 자, 장애를 가지고 있는 자와 없는 자들의 차별을 만들어 내는 것입니다. 이런 것으로 우월감을 조장하고 열등감을 만들어 내는 것들입니다. 이러한 시선으로 사람들이 만만하게 보이면 갑질하려고 덤빕니다.

바울이 다음과 같이 고백을 합니다. "나는 외모를 자랑할 것이 여러분들보다 많습니다. 팔일 만에 할례를 받았고, 베냐민 지파요

율법에 정통한 바리새인이요 흠이 없는 자입니다. 하지만 이러한 모든 것을 배설물로 여기고 삽니다. 왜냐하면, 오직 예수 그리스도의 은혜로 살고 싶기 때문입니다. 오직 그리스도를 얻고, 그리스도 안에서 발견되기 위해 지금 다 완성된 것이 아니지만 주님께서 목적하셨던 그 십자가의 지점에 도달할 때까지 예수님을 닮으려고 변화하고 또 변화하고 또 변화하며 달려갑니다." 바울이 이렇게 고백하며 달려간다면 우리가 무슨 할 말이 있겠습니까?

사람 눈치 보지 말고 하나님을 기쁘시게 합시다. 지위를 이용해서 갑질하지 맙시다. 성령으로 충만해야 모든 인간관계가 아름다워집니다. 모든 인간관계에서 성령으로 충만한 모습이 나타나서 "형제는 예수를 그리스도로 모시고 사는 사람이 분명합니다."라는 칭찬을 받기를 소망합니다.

하나님의
전신 갑주를 입으라

에베소서 6장 10-20절

끝으로 너희가 주 안에서와 그 힘의 능력으로 강건하여지고
마귀의 간계를 능히 대적하기 위하여 하나님의 전신 갑주를 입으라
우리의 씨름은 혈과 육을 상대하는 것이 아니요 통치자들과 권세와
이 어둠의 세상 주관자들과 하늘에 있는 악의 영들을 상대함이라…

마틴 로이드 존스 목사님이 신학교에서 강의할 때 한 학생이 다음과
같은 질문을 했습니다. "하나님께서 인간에게 고난을 주신 이유가
무엇입니까?" 학생의 질문에 목사님이 대답했습니다. "안 그래도 교
만한 인간이 고난조차 없다면 얼마나 더 교만하겠습니까?" 의사들
도 이야기합니다. "고통은 우리 몸을 살리기 위한 신호입니다."

고난은 지금 우리가 겪고 있는 코로나처럼 인간의 연약함을 깨
닫게 하고, 전적으로 하나님을 의지하게 만드는 것이라 할 수 있습
니다. 감당할 수 없을 만큼 억수같이 퍼붓는 폭우, 집을 송두리째 날
려 버릴 것 같은 태풍, 유럽과 아프리카를 휩쓸고 있는 가뭄 같은 천
재지변 앞에서 인간은 아무것도 할 수 없는 무력함을 보입니다. 시
편 기자는 119:67에서 고백합니다. "고난당하기 전에는 내가 그릇

행하였더니 이제는 주의 말씀을 지
키나이다."

고난이 우리를 정신 차리게 하고,
기도하게 하고, 하나님의 도우심을
구하게 합니다.

고난이 우리를 정신 차리게 하
고, 기도하게 하고, 하나님의 도우
심을 구하게 합니다. 흉년이 들면 농부들이 눈물을 흘리는데, 우리
나라는 작년에 이어서 올해도 쌀농사가 풍년을 이루었지만, 쌀값이
폭락하는 바람에 풍년을 감사하지도 못하고, 농사가 잘되었어도 농
부들은 고난의 눈물을 흘리고 있습니다. 어떤 나라는 전쟁과 기근
으로 굶고 있는데, 우리나라에서는 풍년을 감사하지 못하고, 오히려
분노하며 벼를 수확하지 않고 갈아 엎어버리는 일들이 일어나고 있
습니다. 지금은 우리가 정신 차려서 기도할 때요, 하나님께 도움을
구할 때입니다.

경제학자들이나 정치가들은 세상을 유토피아, 천국으로 만들고
싶은 꿈을 꾸지만 인간이 타락하여 하나님을 거절한 이후로 에덴동
산의 가치는 사라졌습니다. 세상은 공중권세를 가진 사단이 조종하
고 있습니다. 죄인들은 한쪽에서는 남아서 버리고 한쪽에서는 모자
라서 죽어가는 구조적인 모순을 벗어나지 못합니다. 죄를 지은 모든
사람이 이 세상을 살아가면서 고통을 당하고 있습니다.

하나님께서는 고통당하는 사람들을 세상으로부터 불러내려는
위대하고 영광스러운 계획을 세우셨습니다. 예수 그리스도를 통해
서 피 흘리신 십자가 생명의 복음을 전하셨고, 이 복음을 믿는 모든
자를 세상으로부터 불러내었습니다. 세상으로부터 불러냄을 받은

사람들을 교회라고 말합니다. 천국을 바라보며 천국 시민으로 살아가지만 아직 천국에 이르지는 않았습니다. 우리는 여전히 이 세상에서 살아가고 있고 앞으로도 세상에서 살아가야만 하는 나그네입니다.

본래 나그네는 특급호텔에서 잠을 자도 피곤한 법입니다. 나그네로 살아가는 우리 주변에는 사단의 앞잡이가 되어 우리를 괴롭히는 사람들과 환경들이 평안을 방해하고, 행복을 깨뜨리며 우리를 공격합니다. 그리스도인에게 있어서 세상은 영적 전쟁터입니다. 모든 그리스도인은 교회의 평안과 행복을 깨뜨리는 요소들과 싸워서 반드시 승리해야만 합니다.

전쟁터에 나가려면 힘이 강해야 합니다. 힘과 전술이 탁월한 사람이 좋은 전투복과 무기를 들고 나가야 승리하지 않겠습니까? 그것도 혼자 나가는 것이 아니라 군대 속으로 들어가서 함께 나가야 합니다. 영적 전쟁도 혼자 하는 것이 아닙니다. 교회와 더불어 하는 것입니다. 서로 호흡을 맞추어야 합니다. 본문에는 영적 전쟁터에 나가는 하나님의 자녀들을 무장시켜 주는 아버지의 마음이 담겨있습니다.

10절 끝으로 너희가 주 안에서와 그 힘의 능력으로 강건하여지고

전쟁터에 나가려면 훈련을 잘 받아서 힘이 강해져야 합니다. 세균이나 암세포 등이 우리 몸속에 들어오면 약한 사람이나 노인들이

병에 취약합니다. 간단한 원리입니다. 육체가 약해지고, 면역력이 떨어지면 세균이 침투하는 길목을 지키지 못하여 병이 깊어집니다. 마찬가지로 영적으로 우리가 건강하면 사단이 날뛰어도 결코 우리를 침범할 수 없습니다. 그런데 우리가 약해지면 사단이 침범할 틈새가 생깁니다.

"너희가 주 안에서와 그 힘의 능력으로 강건하여지고" 하나님의 크신 능력으로 지체들이 강해져야 영적 전쟁에서 승리할 수 있습니다. 내게 능력 주시는 자 안에서 모든 것을 할 수 있는 그 이름의 능력으로 집사들, 목자들, 전 교인 모두를 무장시켜서 강한 공동체로 만들어야 영적 전쟁에서 이길 수 있습니다. 영적 전쟁에서 승리하기 위해서 교회가 입어야 할 옷이 하나님의 전신 갑주입니다. 혼자만 잘 입어서는 안 됩니다. 서로 잘 입었는지 챙겨주고 보살펴서 온 지체들이 다 함께 전신 갑주를 입는 것입니다.

> **11절** 마귀의 간계를 능히 대적하기 위하여 하나님의 전신 갑주를 입으라

우리의 평안을 파괴하고, 행복을 무너뜨리고, 절망하여 좌절하게 만드는 마귀의 음모가 있습니다. 이러한 음모와 맞서 싸워서 백전백승하기 위해서 우리 모두 하나님의 전신 갑주를 입어야 합니다. 아마 바울이 이 편지를 쓸 때 자기를 지키고 있는 로마 병정들의 모습을 살피면서 영감을 얻었을 것입니다. "맞다. 저렇게 입어야

한다. 우리의 지체들이 하나님의 전신 갑주를 저렇게 입어야 한다.”
그 모습은 어떤 모습입니까?

14-17절 그런즉 서서 진리로 너희 허리띠를 띠고 의의 호심경을 붙이고, 평안의 복음이 준비한 것으로 신을 신고, 모든 것 위에 믿음의 방패를 가지고 이로써 능히 악한 자의 모든 불화살을 소멸하고 구원의 투구와 성령의 검 곧 하나님의 말씀을 가지라

이 모습을 그림으로 한번 그려보십시오. 완전무장한 군인이 칼을 빼 들고 서 있는 멋진 모습입니다. “서서” 군인이 칼을 빼 들고 서 있다는 말은 이미 전쟁 중이라는 말입니다. 현재 진행형입니다. 우리가 살아가는 이 세상은 앉아서 편히 쉬는 곳이 아니라, 우는 사자 같이 공격해오는 사단과 맞서 싸우는 영적인 전쟁터라는 의미입니다. 전쟁 중이라면 반드시 이겨야 하지 않겠습니까? “영광 영광 할렐루야, 영광 영광 할렐루야, 영광 영광 할렐루야, 곧 승리하리라” 손에 손을 잡고 이런 개선행진곡을 가슴 벅차게 부르는 교회가 되었으면 좋겠습니다.

“진리로 너희 허리띠를 띠고” 하나님의 전신 갑주 중의 하나는 진리의 허리띠입니다. 진리로 허리띠를 단단히 졸라매야 합니다. 진리를 왜곡시키고 헷갈리게 하는 세력들이 우리 주변에 많습니다. 진리는 예수 그리스도입니다. 피 흘리신 십자가 생명의 복음입니다. 구원을 얻게 하는 생명의 말씀입니다. 진리에 바로 서지 못하고, 헷

나, 너 그리고 우리 교회를 살다

갈리기 시작하면 사단에게 넘어갑니다.

스스로 "내가 곧 길이요 진리요 생명이다"라고 선언하신 분은 예수 그리스도 한 분밖에 없습니다. 피 흘리신 십자가 생명의 복음, 오직 예수 그리스도만이 생명을 얻는 진리입니다. 이 진리가 분명치 않은 사람들은 이단에 쉽게 넘어가고, 어려운 일이 오면 전철을 갈아타듯이 신앙이 왔다리 갔다리합니다. 기억하십시오. 오직 예수 그리스도만이 길이요, 진리요, 생명입니다. 이 진리만이 사단의 세력을 이길 수 있는 능력의 무기입니다. 예수 그리스도가 생명이라는 이 진리로 허리띠를 단단히 졸라매고 사단과 싸워 승리하는 여러분 되기를 바랍니다.

"의의 호심경을 붙이고" 의로 가슴막이를 삼으라는 말입니다. 방어하는 무기로는 호심경과 함께 믿음의 방패가 있습니다. 우리는 예수 그리스도를 믿음으로 의롭게 되었습니다. 그래서 의인은 오직 믿음으로 살아갑니다. 사단이 의심과 죄책감, 열등감에 불을 붙여서 불화살을 내 심장에 쏘아도, 나 같은 죄인을 살리신 하나님의 은혜를 믿는 믿음으로 살아가겠다는 강한 의지가 내 심장을 지키는 호심경이 되어서 다 막아냅니다. 믿음의 방패를 들고 찬송할 때, 사단이 쏘아대는 의심의 불화살, 죄책감의 불화살, 열등감의 불화살이 다 튕겨 나갈 것입니다. 믿음으로 새겨진 하나님의 의가 사단이 쏘아대는 불화살을 모조리 막아낼 것입니다.

"평안의 복음이 준비한 것으로 신을 신고" 평안은 복음을 듣는 자가 누리는 하늘의 축복입니다. 우리는 이 세상에서 참 평안을 잃

여러분이 가는 곳에 화해의 역사가
일어나고, 분리되고 깨졌던 것들이
하나로 조화를 이루어야 합니다.
이것이 바로 복음의 신을 신는 것입니다.

어버린 사람들에게 복음을 전하여 평안과 행복이 넘치는 공동체로 불러내는 사람들입니다. 예수님은 제자들을 가르칠 때 "화평케 하는 자(Peace maker)가 복이 있다. 이런 사람들이 하나님의 아들이라 일컬음을 받을 것이다."라고 하셨습니다. 화평케 하는 자(Peace maker)가 되시기 바랍니다. 여러분이 가는 곳에 화해의 역사가 일어나고, 분리되고 깨졌던 것들이 하나로 조화를 이루어야 합니다. 이것이 바로 복음의 신을 신는 것입니다.

"구원의 투구와 성령의 검 곧 하나님의 말씀을 가지라" 머리를 보호하는 것이 투구입니다. 팔은 한쪽이 좀 다쳐도 다른 팔로 싸울 수 있습니다. 다리는 한쪽이 좀 다쳐도 견딜 수 있습니다. 그러나 머리를 다치면 큰일납니다. 마찬가지로 그리스도인의 삶도 때로는 완전무장하지 못해서 넘어지고 깨질 수도 있습니다. 하지만 좀 깨졌어도 회개하고 툴툴 털면서 다시 일어날 수 있습니다. 하지만 구원의 확신이 없어서 머리를 다치면 곤란합니다. "예수 그리스도의 피 흘리신 십자가 생명의 은혜로 나는 구원받았다."라는 구원의 확신은 어떠한 일이 있어도 흔들려서는 안 될 것입니다.

하나님의 전신 갑주는 모두 방어용이지만 유일한 공격용 무기가 검입니다. 사단이 무서워서 벌벌 떠는 가장 강력한 하나님의 능력은 성령의 검 곧 하나님의 말씀입니다. 하나님의 말씀은 살았고 활동력이 있어 좌우에 날 선 어떤 검보다도 예리하여 우리의 영과 혼과 관

절과 골수를 찔러 쪼개기까지 하며 우리의 마음과 생각을 감찰하십니다.

성령의 검 곧 하나님의 말씀을 손에 드는 방법은 여러 가지입니다. 설교 말씀을 하나님이 주시는 말씀처럼 열심히 듣고, 성경을 읽고, 아침 묵상을 나누는 방법입니다. 저도 우울해질 때가 있고, 불안할 때가 있습니다. 하지만 놀랍게도 성경을 읽는 중에 악한 생각들, 우울하고 불안한 감정들, 악한 영들이 떠나갑니다. 억눌렸던 마음이 시원해집니다. 병든 마음과 육체가 힘을 얻습니다. 말씀으로 무장하십시오. 여러분들은 반드시 승리할 것입니다.

> **19절** 또 나를 위하여 구할 것은 내게 말씀을 주사 나로 입을 열어 복음의 비밀을 담대히 알리게 하옵소서 할 것이니

하나님의 전신 갑주로 무장한 교회가 기도하면 하나님께서 그 힘과 능력으로 도와주십니다. 바울은 "나로 입을 열어 복음의 비밀을 담대히 알리게 하옵소서"라고 기도해달라고 부탁합니다. 바울은 로마를 거쳐 스페인까지, 땅끝 방방곡곡으로 다니며 십자가 생명의 복음을 전하고 싶었습니다. 이러한 복음을 전하는 일을 위하여 감옥에 갇히고, 쇠사슬에 매여도 흔들리지 않고 담대히 복음을 전했습니다. 그가 힘을 낼 수 있었던 이유는 교회가 바울로 입을 열어 복음의 비밀을 담대히 알리게 해달라고 기도하는 중보기도의 힘이 있었기 때문입니다.

정년이 되면 담임목사에서 은퇴는 하겠지만, 남아있는 생명이 다할 때까지 피 흘리신 십자가 생명의 복음을 전하는 일을 쉬고 싶지는 않습니다. 제가 약하여 찾아갈 수 없을 때도 찾아오는 사람에게 생명의 복음을 전하고 싶습니다. 여러분의 기도가 필요합니다. "목사님의 입을 열어 복음의 비밀을 담대히 전하게 해 주십시오." 이렇게 기도해 주시기 바랍니다.

에베소 교회는 사단의 공격으로부터 승리를 경험한 교회입니다. 그때도 함께하셨던 성령님이 오늘도 함께하십니다. 그러므로 21세기를 살아가는 우리 교회도 반드시 승리할 것입니다. 손에 손을 잡고 함께 승리의 개선가를 부르는 교회이기를 기도합니다.

나, 너 그리고 우리 교회를 살다

주 안에서
진실한 일꾼

에베소서 6장 21-24절

나의 사정 곧 내가 무엇을 하는지 너희에게도 알리려 하노니
사랑을 받은 형제요 주 안에서 진실한 일꾼인 두기고가
모든 일을 너희에게 알리리라
우리 사정을 알리고 또 너희 마음을 위로하기 위하여
내가 특별히 그를 너희에게 보내었노라…

마음으로 읽는 요한복음 『도망갈 수 없었던 그 길』과 『저항할 수 없었던 그 길』에 이어서 올해의 버킷리스트로 추수감사절에 『마음으로 읽는 에베소서 나, 너 그리고 우리 교회를 살다』의 출판을 계획하면서 설교를 시작했는데, 오늘 마무리하는 설교를 하게 되어서 감개무량합니다.

에베소 교회에게 편지를 쓸 때 바울은 로마의 감옥에 갇혀 있었고, 등에는 차가운 기운이 올라왔지만, 에베소 교회 지체들을 생각할 때마다 감사한 마음이 넘쳤습니다. 주변 환경은 열악해도 자신이 살아온 삶의 영광이요, 기쁨의 열매인 지체들을 생각하면 행복했습니다.

피 흘리신 십자가 생명의 복음으로 태어난 교회는 바울에게 있어서 사역의 전부라고 할 수 있습니다. 한 형제가 "하나님 앞에 납작 엎드리는 것보다 위대하고 가치 있는 일은 없다."라는 문자를 보내왔습니다. 하나님 앞에 납작 엎드린다면 예수님의 마음과 소원이 보일 것입니다. 땅끝까지 제자들을 보내어 잃어버린 영혼을 찾으시려는 예수님의 열정이 보일 것입니다. 예수님을 만난 이후로 바울은 이러한 예수님의 소원을 인생의 목적으로 삼았습니다. 예전에는 예수 믿는 사람들을 핍박했지만, 예수님을 만난 이후로 잃어버린 영혼을 찾아 교회를 이루는 일에 자신의 열정을 불태웠고 바울의 서신 대부분이 교회를 든든히 세우기 위한 서신들입니다.

> **24절** 우리 주 예수 그리스도를 변함없이 사랑하는 모든 자에게 은혜가 있을지어다

'우리 주 예수 그리스도를 변함없이 사랑하는 모든 자'가 교회입니다. '변함없이'라는 말은 '불멸' 혹은 '썩지 아니함'이란 뜻을 포함합니다. 주님을 사랑하는 마음이 변하여 뒤로 물러서는 일이 없기를 바라는 당부입니다. 여러분도 예수님을 사랑하고 섬기는 마음이 변함없기를 바랍니다. 때로는 섬기고 사랑하는 일이 힘들고 어렵더라도 결단코 뒤로 물러서는 일이 없기를 바랍니다.

바울은 편지를 두기고를 통해 보내면서 두기고가 어떠한 사람인지, 또한 이 편지를 두기고의 편에 보낸 목적이 무엇이었는지를 말합니다. 두기고는 바울에게 매우 특별한 사람이었습니다. 주님을 위

나, 너 그리고 우리 교회를 살다

해 함께 인생을 바친 형제요, 생각하면 감사하고 만나면 기뻐서 부둥켜안으며 함께 교회를 꿈꾸었던 형제입니다. 형제가 있어서 내 인생이 아름답고, 내가 있어서 형제의 인생이 행복한 관계입니다.

> **21절** 나의 사정 곧 내가 무엇을 하는지 너희에게도 알리려 하노니 사랑을 받은 형제요 주 안에서 진실한 일꾼인 두기고가 모든 일을 너희에게 알리리라

두기고는 사랑을 받은 형제요, 주 안에서 진실된 일꾼입니다. 사람들에게 알려지지 않은 매우 평범한 사람이었지만, 주님을 만난 이후로, 십자가의 사랑에 사로잡혀서 바울과 함께 주님의 몸 된 교회를 이루는데 특별한 인생을 보낸 사람입니다. 로마에서 에베소까지는 상당히 먼 거리입니다. 지금이야 비행기 타고 몇 시간 가면 되지만, 그때는 걸어서 이탈리아와 그리스를 거쳐 다시 배를 타고 소아시아까지 가야만 하는 멀고도 먼 거리였습니다. 하지만 그 먼 거리를 멀다 하지 않고 사랑의 편지를 들고 찾아온 사람이 두기고입니다.

사랑하는 사람이 제게 어떤 일을 부탁하면 기분이 좋습니다. 두기고도 그랬을 것입니다. 사랑하는 사람의 소식이 담긴 편지, 교회가 무엇인지를 알려주는 편지, 이 편지 한 통 전해달라는 바울의 부탁을 받고 오는 길이 행복했을 것입니다. 그만큼 두기고의 가슴 속에는 목자 바울을 사랑하는 마음과 교회 지체들을 사랑하는 마음이 불타오르고 있었습니다. 참으로 멋진 인생을 살아가는 사람입니다.

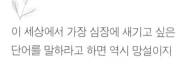
이 세상에서 가장 심장에 새기고 싶은
단어를 말하라고 하면 역시 망설이지
않고 '사랑'이라고 말합니다.

바울 곁에는 이렇게 사랑하는 사람과 교회! 이 단어만 생각하면 보고 싶어서 눈물이 나고 먼 거리를 마다하지 않고 달려가고 가슴이 불타오르는 형제들이 여럿 있습니다. 여러 서신서에서 이들을 소개할 때마다 '사랑을 받는 형제들'이라고 표현하고 있습니다. 아마도 이들에게 있어서 가장 소중한 것은 사랑이었고, 교회는 반드시 이러한 사랑의 관계성으로 세워져야 하기 때문이었을 것입니다.

저는 이 세상에서 가장 아름다운 단어를 말하라고 하면 망설이지 않고 '사랑'이라고 말합니다. 이 세상에서 가장 생명력 넘치는 단어를 말하라고 하면 역시 망설이지 않고 '사랑'이라고 말합니다. 이 세상에서 가장 심장에 새기고 싶은 단어를 말하라고 하면 역시 망설이지 않고 '사랑'이라고 말합니다. 사랑은 하나님의 이름이요, 예수님의 십자가입니다. 그리고 우리들은 사랑의 동역자들입니다.

저는 여러분에게 사랑을 받은 목자이기를 소망합니다. 여러분들이 저를 생각하면 보고 싶어서 가슴이 뜨거워졌으면 좋겠습니다. 어떤 일을 부탁하면 그 일을 감당하는 일이 행복했으면 좋겠습니다. 저 역시 여러분들을 사랑하는 일에 제 인생을 드리는 목자가 되고 싶습니다. 우리 지체들이 서로 진하게 얽혀진 사랑의 동역자들이길 소망합니다. "주께서 사랑하시는 형제, 나도 형제를 사랑합니다. 나는 형제의 사랑을 받고 싶습니다." 이런 관계를 이루고 싶습니다.

아침에 집을 둘러보면 하룻밤 사이에 거미가 그물을 만들어 놓

나, 너 그리고 우리 교회를 살다

은 것을 발견합니다. 거미가 그물을 만들기 위해서는 첫 줄이 가장 중요하답니다. 첫 줄이 질기고 강해야 다음 줄을 계속 엮을 수 있기 때문입니다. 그래서 거미는 첫 줄을 칠 때 가장 많은 힘을 쏟아붓습니다. 약하다 싶으면 미련 없이 걷어내고 다시 첫 줄을 칩니다. 그렇게 몇 차례 줄을 치고 걷어내기를 반복하여 가장 질기고 강한 첫 줄을 완성합니다. 첫 줄이 완성되면 다음부터는 거미집 전체를 짓기가 아주 수월해집니다. 첫 줄이 기준을 잡아주기 때문입니다.

두기고는 사랑의 공동체인 교회를 세워 갈 때 첫 줄과 같은 목자입니다. 바울은 이러한 첫 줄과 같은 목자들을 만들어 내기 위한 삶을 살았습니다. 충성된 사람들에게 많은 시간을 투자하며 말씀을 나누고 인생을 나누며 동역자들을 만들었습니다. 두기고뿐만 아니라 누가, 디모데와 디도, 실라, 아리스다고, 뵈뵈, 오네시모, 에바브라, 브리스가와 아굴라 같이 사람들이 있었기에 이러한 첫 줄을 기준으로 하여 위대한 신약 교회를 세워갈 수 있었습니다.

우리 교회도 '사랑을 받은 형제'로 표현되는 첫 줄들이 있어야 합니다. 사랑하는 일에 질기고 강한 줄이어야 합니다. 첫 줄이 되기까지 많은 희생과 섬김이 있어야 할 것입니다. 새로운 일은 모두 어렵고 힘들기 마련입니다. 그렇다고 포기해선 안 됩니다. 처음은 어렵지만, 그 처음이 토양과 역사를 만들어 갑니다. 주님은 첫 줄이 되기로 결단하고 헌신하며 섬기는 목자들을 찾으십니다.

교회를 지켜온 여러분들이 첫 줄이었으면 좋겠습니다. "주님, 제가 여기 있습니다. 사랑의 첫 줄이 되겠습니다." 이런 고백이 있는 집사님들, 목자들이 많아지기를 기도합니다.

> **22절**　우리 사정을 알리고 또 너희 마음을 위로하기 위하여 내가 특별히 그를 너희에게 보내었노라

　두기고는 바울의 사정을 알게 하려는 목적을 가지고 왔습니다. 또한 에베소 교회 지체들의 마음을 위로할 목적을 가지고 왔습니다. 두기고는 바울의 사정을 구석구석까지 잘 아는 형제입니다. 그리고 에베소 교회가 바울의 사정을 잘 알기를 소망했습니다. 서로를 잘 알아야 사랑이 깊어지고 서로를 위해서 기도할 수 있고 서로를 위로할 수 있고 하나님의 힘과 능력을 함께 체험할 수 있기 때문입니다.

　목회하면서 가끔 이해할 수 없는 상황들을 맞이할 때가 있었습니다. 어떤 문제가 생겼을 때, 서로에게 잘 알려주지 않으려고 할 뿐만 아니라 심지어 목사에게도 알리려고 하지 않는 모습을 발견합니다. 이유를 물으면 "목사님이 여러 가지 일로 바쁜데, 나까지 신경 쓰이게 할까 봐 그랬습니다."라고 합니다. 하지만 염려하지 마십시오. 목회의 일이 본래 성도들의 일에 신경 쓰는 일입니다. 말씀은 그렇게 하지만 목사가 신경 써주지 않으면 섭섭하잖아요?

　서로의 사정을 알리려 하지 않는 이유는 다른 곳에 있습니다. 사정을 알리면 기도해주고 위로해 주며 함께 하나님의 능력을 경험하기보다는 말을 주고받는 중에 다른 말들을 만들어서 오히려 비난하고 상처를 받는 경험들이 있었기 때문입니다. 두려워서 자기의 사정

을 알리지 않는 것입니다. 그
리고 한편으로는 자신의 연약
한 모습이 드러나 자존심이 상
처받을까 봐 숨기는 것입니다.

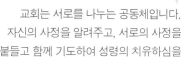

교회는 서로를 나누는 공동체입니다.
자신의 사정을 알려주고, 서로의 사정을
붙들고 함께 기도하여 성령의 치유하심을
경험하는 공동체입니다.

아직 주님 안에서 주님의 인격으로 덜 다듬어졌기 때문입니다.

교회는 서로를 나누는 공동체입니다. 자신의 사정을 알려주고, 서로의 사정을 붙들고 함께 기도하여 성령의 치유하심을 경험하는 공동체입니다. 자신의 문제를 내놓기가 쑥스럽지만, 내놓을 때 성령께서 만지시기 시작합니다. 두기고는 바울의 사정을 알려주고, 또 에베소의 사정을 나누기 위해서 머나먼 길을 걸어왔는데, 우리는 가까이 살면서 교회, 목장을 이루며 살아갑니다. 조금 멀더라도 사정을 알고, 알려주기 위해서 달려가는 우리 교회이기를 소망합니다.

사랑하는 지도자 바울은 로마 감옥에 갇혀 있습니다. 교회도 고난과 핍박을 피해갈 수 없었습니다. 로마의 박해를 피해 숨어서 교회를 섬기다 보니 경제적으로도 매우 힘이 듭니다. 가정 형편들이 모두 어렵습니다. 용기와 위로가 필요한 시점입니다. 두기고는 교회의 중심에 능력의 주님이 계시기 때문에 교회가 세상을 능히 이길 힘을 가지고 있음을 알려주고 싶었습니다. 살아계신 주님이 우리와 함께 계시는 신앙으로 용기를 주고 싶어서 먼 길을 마다하지 않고 달려왔습니다. 이런 사람이 목자입니다.

아무리 능력이 있는 자라도 피곤하고 지칠 때가 있습니다. 누구나 위로와 격려가 필요합니다. 능력의 종 엘리야도 사역에 지쳐 광야로 들어가 로뎀나무 아래서 스스로 죽었으면 좋겠다고 생각할 때가 있었습니다. 하늘에서 불을 끌어낸 능력의 종이 우울증에 걸렸다는 말이 쉽게 이해될 수 없지만, 분명히 우울증에 걸릴 만큼 약할 때가 있습니다. 하나님께서는 엘리야에게 천사를 보내어 주셨습니다. 지친 엘리야를 어루만지시고 떡과 물을 공급해 주며 위로해 주었습니다. 엘리야는 천사의 위로를 힘입어서 다시 일어설 수 있었습니다. 참된 위로는 우울증을 떠나가게 하고, 다시 일어서게 하는 힘과 능력을 공급해 줍니다.

능력의 종 베드로도 예수님을 세 번이나 모른다고 부인하고 죄책감에 빠져서 갈릴리 호수에서 고기 잡고 있었을 때, 예수님께서 숯불에 구운 고기와 떡을 주시며 위로해 주셨습니다. 함께 먹는 일이 지체를 위로하는 일에 매우 중요합니다. 베드로는 그 위로를 힘입어 다시 일어설 수 있었습니다. 위로는 좌절감에 빠진 형제들에게 일어날 힘을 공급해 줍니다. 실패와 낙심 가운데 빠진 형제들에게 다시 도전할 힘을 공급해 줍니다. 두기고는 위로를 주기 위해서 먼 길을 달려온 것입니다.

여러분도 이런 위로자가 되길 바랍니다. "힘을 내십시오. 주님이 우리 가운데 계셔서 우리의 손을 붙잡고 계십니다. 주님이 우리와 함께함을 믿는다면 어떤 고난도 이길 수 있잖아요." 이런 위로의 노래를 불러주시기 바랍니다. 때때로 조금 바쁘기도 하고, 조금 멀기도 하지만, 내가 달려가서 위로할 때 한 형제가 다시 일어설 수 있기에 힘을 내어서 달려가는 여러분 되기를 바랍니다.

나, 너 그리고 우리 교회를 살다

에필_
로그_

"목사님은 지금까지 몇 교회나 다녔어요?"

교회가 한 몸이요, 유기체라는 관점으로 책을 집필한다고 했더니 지체 한 분이 질문했다. 생각해 보지 않았던 질문에 곰곰이 생각하며 그동안 거쳐온 교회들을 돌이켜 보았다.

추운 겨울에도 형들의 손을 꼭 잡고, "고무신 신고 아장아장 느린 걸음 걸을지라도 해바라기 해 따라가듯 나도 예수님 따라갈 테야." 노래를 부르며 열심히 다녔던 유치부 시절, "빈들에 마른 풀 같이 시들은 나의 영혼"(183)이 무슨 뜻인지도 모르면서 줄줄 외워 불렀던 찬송과 1년 동안 76원을 헌금하여 상을 받았던 유년부 시절의 기억이 아련하다.

문학의 밤과 여름 수양회 등, 친구들과 함께 어울려 다녔던 청소년 시절, 캠퍼스에서 매일 아침 성경을 읽는 모임을 만들어 영혼을 구원하려고 애썼던 대학 시절도 아름다운 추억으로 남아있다. 군 장

나, 너 그리고 우리 교회를 살다

교로 입대하여 신앙의 갈등으로 잠시 떠났던 방황을 접고, 예수님을 나의 주님, 나의 그리스도로 인격적인 만남과 고백을 드린 후, 부대와 관동대학교 등 캠퍼스로 나가 전도하며 청년의 열정을 드렸던 시절도 있었다.

신학교를 졸업하고, 교회를 개척하고, 선교사로 다녀오고, 오늘의 대공원교회를 섬기기까지 여러 교회를 다닌 것 같은데, 지금 돌아보니 다닌 것이 아니라 바울의 심장을 뛰게 했던 동역자들, 지금도 그 이름을 부르면 심장이 뛰는 동역자들을 얻으며, 한걸음 한걸음씩 교회를 이루어왔다. 싹을 피웠고, 꽃을 피웠고, 열매를 맺었다. 아직 무르익지는 않았지만, 그 열매를 다음 사람이 거두어도 괜찮다. '너는 여기까지다'라고 말씀하실 때까지 이루어갈 뿐이다.

신학교에 가면 "목회학"이라는 과목이 있다. 나는 목회학을 공부하지 않은 어머니에게 먼저 목회를 배웠다. 어머니는 세 가지를 주문했다.

"첫째, 설교할 때는 가끔 웃겨라. 둘째, 심방 가서는 잘 먹어라. 셋째, 상담할 때는 잘 들어주어라." 이렇게 목회하다가 25년 전(95년)에 심근경색으로 쓰러져서 1년간 남태평양 Fiji에서 안식년을 보내고 왔다. 그때 아내와 함께 「하나님을 경험하는 삶」을 공부하며 비로소 목회를 바르게 이해할 수 있었다. 목회는 설교, 심방, 상담, 교육… 이런 것이 아니라 하나님을 경험하는 삶을 살아가는 목사의 삶이다. 목사의 삶에 예수가 보여야 한다. 그래야 설교할 때도 예수가 보이고, 상담할 때도 예수가 보이고, 함께 밥 먹을 때도 예수가 보인다. 예수가 보이는 삶을 살아가는 것! 이것이 신앙이요 목회다.

신학교 다닐 때 목회학 교수님이 질문했다.

"자네의 인생 목표가 무엇인가?"

소명감에 대한 열정은 펄펄 끓었지만, 목표에 대해서는 별로 생각해 보지 않아서 잠시 생각하다가 구체적이지 못하고 추상적인 목표를 세 가지를 말씀을 드렸다.

"첫째는, 마음을 다하고, 성품을 다하고, 힘을 다하여 하나님을 사랑하는 것입니다. 둘째는, 아내를 사랑할 역사적인 사명을 띠고 이 땅을 살아가는 사람처럼, 아내를 사랑하는 것입니다. 셋째는, 나의 형제 나의 자매, 주님의 몸을 이룬 지체들, 그들을 위해 죽을만큼 사랑하는 것입니다."

나의 이야기를 듣고 난 교수님이 말씀하셨다.

"자네 참 어렵게 살겠다. 목회학 교수인 나도 못하고 있네."

30년쯤 흐른 후에 췌장 머리를 누르고 있는 담도암으로 큰 수술을 받았다. 죽음을 생각하며 나의 인생을 돌이켜 볼 때 잘못한 것들, 가장 많이 실패한 영역 세 가지가 뚜렷하게 보였다.

첫째는, 하나님을 사랑하는 일에 가장 많이 실패했다. 분노를 해결하지 않은 채 설교한 적이 있었다. 생각 없이 손을 들고 찬양한 적도 있었다. 억지로 기도한 적도 많았다. 하나님께 참으로 죄송한 마음이 들었다. 둘째는, 아내를 사랑하는 일에 가장 많이 실패했다. 부부생활에 관련된 공부하고 오는 날 다투기도 했다. 같이 살아준 것만도 감사요 기적이다. 아프고 나서 더 잘해주는 아내에게 물었다.

나, 너 그리고 우리 교회를 살다

"왜 이렇게 잘해주셔?" "당신 먼저 보내고 후회하지 않으려고…" 아내의 대답이 아프게 들려왔고, 미안해서 눈물이 핑 돌았다. 셋째 는, 지체들을 사랑하는 일에 실패했다.

목회가 힘들어서 정리하려고 한 적이 있었다. 정리할 때는 정리 하더라도 기도는 해보고 정리하라는 아내의 권면을 듣고, 기도원을 가는 대신에 하용조 목사님이 주최하는 부부 세미나에 참석했었다. 마치기 전, 주의 만찬을 할 때 하 목사님은 노래 부르고 나는 떡을 들고 아내에게 말했다.

> "주님께서 자신의 몸이 찢기시면서도 나를 사랑하는 것을 포 기하지 않으셨듯이, 나도 내 몸이 찢긴다 할지라도 당신과 교회 사랑하기를 포기하지 않겠습니다."

목회를 그만두려고 하는 사람이 할 소리는 아니다. 잔을 들고 아 내에게 말했다.

> "주님께서 자신의 몸에 남은 한 방울의 피를 다 쏟으시기까 지 나를 사랑하는 것을 포기하지 않으셨듯이, 나도 내 몸에 있는 피를 쏟아낸다 할지라도 당신과 교회 사랑하기를 포기 하지 않겠습니다."

이 말을 하다가 아내 앞에 엎드려서 통곡하며 울었다. 숨이 막히고 심장이 터질 것 같았다. 그때 예수님을 세 번 부인하고 밖으로 뛰쳐나가 통곡하는 베드로의 모습이 보였다. "베드로가 이랬구나. 아무 말도 할 수 없어서 터질 것 같은 심장을 쥐어뜯으며 이렇게 통곡했구나." 한 시간쯤 통곡한 후에, 교회로 돌아와 지금까지 목회하고 있다. 그들은 변하지 않았는데, 내가 변했다. 내가 변하지 않으면 아무것도 할 수 없다.

그리스도인에게는 죽음도 아버지 품으로 가는 희망이다. 이 땅에서 살아갈 나의 생명이 얼마나 남았는지 모른다. 오늘은 내 남은 인생의 첫날이다. 많은 실패를 거듭했지만 오늘 새로운 인생 목표를 세 가지 세운다.

첫째는, 하나님을 생명으로 사랑하는 삶이다. 둘째는, 아내를 생명으로 사랑하는 삶이다. 셋째는, 지체들을 생명으로 사랑하는 삶이다. 하나님께서 "여기까지다."라고 말씀하시며 하나님 나라의 초청장을 보내주실 때까지 이 목표를 향하여 뚜벅뚜벅 걸어가려고 한다. 나 혼자 걷는 길이 아니다. 사랑하는 동역자들과 함께 걷는 길이기에 희망찬 길이다.

나, 너 그리고 우리 교회를 살다